“镜与灯人文译丛”编委会

镜与灯人文译丛

新社会学想象力

The New Sociological Imagination

[美]史蒂夫·福勒 著 施丽华 译

江苏凤凰教育出版社
Phoenix Education Publishing, Ltd

图书在版编目（C I P）数据

新社会学想象力/ （美）福勒著；施丽华译. —南京：江苏凤凰教育出版社，2014.10
（镜与灯人文译丛）
ISBN 978-7-5499-4460-6

Ⅰ.①新… Ⅱ.①福… ②施… Ⅲ.①社会学—科学史 Ⅳ.①C91-09

中国版本图书馆 CIP 数据核字(2014)第 234220 号

书　　名　新社会学想象力
原 书 名　The New Sociological Imagination
作　　者　[美]史蒂夫·福勒
译　　者　施丽华
责任编辑　陈爱芳
出版发行　凤凰出版传媒股份有限公司
　　　　　江苏凤凰教育出版社（南京市湖南路 1 号 A 楼 邮编 210009）
苏教网址　http：//www.1088.com.cn
照　　排　南京凯建图文制作有限公司
印　　刷　江苏凤凰通达印刷有限公司（电话 025-57572508）
厂　　址　南京市六合区冶山镇（邮编 211523）
开　　本　787 毫米×1092 毫米　1/16
印　　张　12.75
版　　次　2014 年 10 月第 1 版　2014 年 10 月第 1 次印刷
书　　号　ISBN 978-7-5499-4460-6
定　　价　26.00 元
网店地址　http://jsfhjycbs.tmall.com
新浪微博　http://e.weibo.com/jsfhjy
邮购电话　025-85406265，85400774 短信 02585420909
盗版举报　025-83658579

主编的话

作为一个外国文学翻译者与研究者，有太多的机会接触大量外国文化，并深深为世界各民族文化的缤纷多彩、丰富浩荡所折服。在这世界文化丰富多彩的浩浩荡荡中，各民族文化的独特性与多元化彼此交融、互相渗透，并在此过程中不断发展着和变化着。这种发展与变化又进一步促发了各民族文化之间的激荡、交流、碰撞、吸收、借鉴、扬弃、融合与改造，进一步催发出更加无愧于时代和人民的优秀文化作品，使得各民族文化在不断丰富自己内涵的同时，也丰富着全人类的文化宝库，使之日新月异，从而推动了人类社会的不断向前、不断发展。

在这样一种浩浩荡荡的交融与发展中，无论是个体，还是群体，任何把自己禁锢、封存、隔绝起来，意欲独善其身的做法与想法，无疑都是愚昧的、不可取的。只有置身其中，勇敢面对，从这种交融与碰撞中博采众长，吸取自己发展所需要的营养才是正确选择。问题是，面对这样丰富多彩、浩浩荡荡的海样文化大潮，如何更加方便和自如地去选择我们自己的需要，并不是那么容易做到的事情。毕竟，就大多数人来说，直接阅读国外文化作品，依然要受诸多条件，特别是语言障碍的限制与影响。因此，不断推荐、翻译与出版更多的优秀国外文化作品给我们的大众，正是我们翻译工作者与文化出版人责无旁贷的职责。这套由江苏省翻译协会与江苏凤凰教育出版社联手打造的《镜与灯人文译丛》，就是肩负着这样的职责，来为我们新时期的民族文化创新与未来文化发展战略服务的。

《镜与灯人文译丛》取名于美国文学理论家艾布拉姆斯的著作《镜与灯》。镜者，映像其中，意在反映外在事物；灯者，明示外物，意在指示外物的发展变化。《文丛》之所以取名于此，一者表达入选著述皆为对外在现实或精神世界的心灵映照，一者意为入选著作可提供理论上或思想上的指引。

综观世界各民族文化，不论是古代的，还是现代的，也不论是东方的，还是西方的，一切文化思想的形成，都是人类智慧的结晶，都是人类文明发展的象征。研究借鉴世界各民族文化，对于光大人类文明，开拓智慧领地，扫除愚昧落后，振兴本民族文化,无疑具有重要意义。人们只有用人类创造的一切知识来丰富自己的头脑,才能成为无坚不摧的力量驾驭者。对于国外文化中的科学理性精神、现代人文精神与人道主义、近代民主政治与法制思想、现代市场经济理论、西方现代理论、可持续发展的思想和战略等,我们要以充分的民族文化自信,敢于敞开胸怀,大胆接纳,在激荡中学习借鉴,在碰撞中扬弃升华,在交融中丰富发展。我们完全有能力坚持"以我为主、为我所用"的原则,博采各种优秀文化之长,向世界展示中国现代文化建设的成就。我们也完全有能力把我们的民族文化建设成符合时代要求的、代表人类文化发展最高水平的社会主义现代化文化。这,就是我们中华民族的文化自信。

《镜与灯人文译丛》译介西方优秀、积极的社会学、心理学、哲学或跨学科的著作,旨在反映当前国外理论界与学术界的优秀成果和研究方法。镜,鉴也,景也。借鉴国外精华思想,领略国外学术风骚,是出版的重要使命。灯,光也,明也。引入国外优秀学术成就,照亮未来学术之路,亦是出版的重要责任。江苏凤凰教育出版社秉承多年专业出版的理念,积极探索学术领域的发展和进步,举大教育概念,行大教育事业,始终致力于开发教育学术领域的先进思想,展示人文领域的先进成就。

《镜与灯人文译丛》的引进出版得到了江苏省翻译界各位专家学者的全力支持和有益指导,相信本《文丛》的出版必定会给我们的文化界与学术界带来不凡的亮点。

长江学者,南京大学教授、博士生导师,中国翻译协会常务副会长

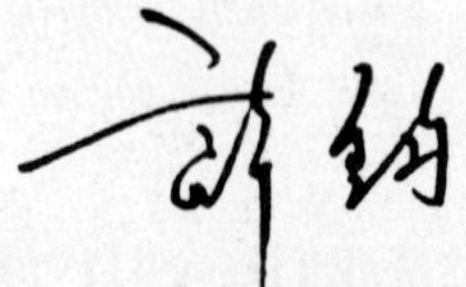

2014.9.19 于南京

目 录

前言 …………………………………………………………………… 001

简介 …………………………………………………………………… 001

第一篇:21 世纪对社会学的拼命寻求

第一章　学术界不死族的故事:社会的神秘消失 ……………………… 003

第二章　处于危险中的社会科学:该危险的发展简史 ………………… 013

第三章　社会主义作为难以捉摸的合成体处于社会科学的中心地位 ……… 020

第四章　继承问题和社会主义向自然主义的最终撤退 ………………… 029

第五章　福利的恢复和英国社会学的重新发现 ……………………… 039

第六章　插曲:当今社会科学的奥韦尔倾向 ………………………… 046

第二篇:社会科学的生物学挑战

第七章　经典社会理论隐藏的生物学过去 …………………………… 061

第八章　当今,区分社会学和生物学至关重要 ……………………… 070

第九章　谨防拥有左翼天赋的达尔文主义者:争当马克思继承者的斗争 … 084

第十章　谁(或什么)值得我们同情? ……………………………… 093

第三篇:人类是我们这个时代濒于灭绝的物种

第十一章　科学与宗教方面即将到来的世界历史斗争 ……………… 105

第十二章　理解原教旨主义对世俗主义的反击 ……………………… 118

第十三章　因果报应的世俗化:发展政策的达尔文倾向 …………… 129

第十四章　我们会成为天堂里的纳粹吗? ………………………… 146

结论:真的没办法逃离人性吗? …………………………………… 156

词汇表 ………………………………………………………………… 164

参考文献 ……………………………………………………………… 171

前言

多年前,苏嘉达·拉曼(Sujatha Raman)竭力主张我写一本明确奉献给“社会理论”的书,因为社会理论家明显与任何其他专业的人士一样狭隘,对知识社会学引进的这种反思尤其反感。实际上,社会理论轻易将其关注的问题从经验社会学中分离开来,从而使自己成为意识形态批评下手的目标。那么,在过去的四分之一世纪里,社会理论作为一个独立领域的兴起与意识形态批评的末期衰退相一致也就不奇怪了。相比之下,我一直坚信,最有趣的社会理论在本质上关注的永远不是理论,而是某些经验的领域或紧迫的政策问题。

我写这本书的机会源于克里斯·罗杰克(Chris Rojek)的鼓动,他非常喜欢我对阿多诺(Adorno)的《社会学导论》(*Introduction of Sociology*)的评论,后者发表在2000年《欧洲社会理论期刊》(The European Journal of Social Theory)秋季刊上。其本意是让我写赖特·米尔斯(Wright Mills)1959年的经典《社会学想象力》(*The Sociological Imagination*)的21世纪版。本书赞同米尔斯有些偏执的政治敏锐性、他大体上实证主义的方法论支持、他对时髦的学术官方语言(newspeak)(这里的结构功能主义已为后现代主义所代替)的反感以及他认为社会科学对等待我们的将来(现已非常不同)至关重要的坚定信念。看一眼本书词汇表中列出的术语和定义就能梳理出自米尔斯那个时代以来这个世界究竟发生了多大的变化,他能认识的估计只有一半。

在过去的五年里,我在各种不同的场合中发表过本书的部分观点。然而,就呈现本书的整体性而言,首先应该感谢的是在英国华威大学就读哲学和社会理论,以及现代性社会学这两门硕士课程的我的学生们,此外还有在瑞典赫尔辛堡隆德大学暑期研究生学校的学生们。感谢安妮·科瓦莱宁(Anne Kovalainen)和佩卡·萨尔库恩(Pekka Selkunen),他们2002年邀请我开设向芬兰社会学协会介绍韦斯特马克(Westermarck)的年度讲座。感谢戴维德·格林伍德(Davydd Greenwood)和伊曼纽尔·沃勒斯坦(Immanuel Wallerstein),他们允许我在分别由福特(Ford)和古尔本金安(Gulbenkian)基金会资助的课题中提出我自己的思想。过去和现在,我的一些研究生从事的工作让我接触到相关问题,我有可能忽略了。他们中有阿迈德·布齐德(Ahmed Bouzid)、奈杰尔·克里斯琴(Nigel Christian)、吉姆·科利尔(Jim Collier)、威廉·吉斯比(William Gisby)、柯克·琼尔克(Kirk Junker)、琼·利奇(Joan Leach)、比尔·林奇(Bill Lynch)、雨果·门德斯(Hugo Mendes)、詹姆斯·米特拉(James Mittra)、戈文丹·帕拉伊尔(Govindan Parayil)、彼得·施瓦茨曼(Peter Schwartzman)、马克·史密斯(Mark Smith)、米莲娜·斯泰特瓦(Milena Stateva)、渡边麻衣子(Maiko Watanabe)。扎内尔·阿比丁(Zainal Abidin)、阿尔夫·邦(Alf Bång)、芭贝特·巴比奇(Babette Babich)、兰德尔·柯林斯(Randall Collins)、杰勒德·德兰蒂(Gerard Delanty)、戴维·迪皮尤(David Depew)、让-皮埃尔·迪普伊(Jean-Pierre Dupuy)、阿迪提·高里(Aditi Gowri)、保罗·格里菲思(Paul Griffiths)、帕特里克·希兰(Patrick Heelan)、米尔拉·南达(Meera Nanda)、格雷格·雷迪克(Greg Radick)、格雷格·兰塞姆(Greg Ransom)、阿曼达·里斯(Amanda Rees)、弗郎西斯·雷米迪奥斯(Francis Remedios)、吉恩·罗莎(Gene Rosa)、阿诺·塞尔斯(Arnaud Sales)、齐亚·萨达(Zia Sardar)、斯卡利·西格森(Skuli Sigurdsson)、尼科·斯特尔(Nico Stehr)、罗杰·特里格(Roger Trigg)、斯蒂芬·特纳(Stephen Turner)和安妮·威茨(Anne Witz)也给予了我很多灵感以及有益的批评。最后,我要将本书献给我的前合作者斯蒂芬妮·劳勒(Stephanie Lawler),没有她我可能没有这么有人性。

简介

写该书的初衷是因为作为社会科学龙头学科的社会学正处于认同危机中,学术界内外都有人认为该领域已经不能从人性和自然科学中汲取养分,因此质疑该领域能新增什么成果,这正是这种认同危机的集中体现。即使这个问题缺乏严肃的智力基础,它仍然有着坚实的机构基础——尤其是迫于市场的压力,很多大学非常乐意进行院系的重组。其实,要证实社会学存在的合理性是件很简单的事情,只需看看可观的科研经费和报考该学科的学生人数就行了。对于那些只关心将其需求最大化的人来说,下一个问题不是如何加强社会学,而是寻找更有效的方法来满足并增加需求,社会学因此被降格为一种可以随意处置的方法,从而尽可能多地获取相关政策支持的研究收入,提供用人单位青睐和认可的学位。社会学家应该拥有这门具有崇高历史理想的学科的更好基础。

社会学——更广泛地说是社会科学——的主要理想一直是实现 18 世纪启蒙运动创造"人间天堂"的愿望。这个形象的甚至有点吓人的措辞指的是一神论系统的世俗化和科学化,特许人类按照上帝的形象和外貌被创造出来。因此,其目的就是创造一个人类控制自然而不相互控制的世界。《新社会学想象力》(*The New Sociological Imagination*)是清晰表达这个目标的最新尝试。在社会科学问世之前,人道主义者和自然科学家都认为这个目标很荒谬。一方面,在社会学催生的文化研究领域之前,人道主义者发现,人类中只有少数人适合实施控制,也就是那些作家和"经典"的权威诠释者。另一方面,自然科学的历史也就是一部长期的斗争史,它一直试图抹去一神论者区分人类与非人类的区别——也就是马克斯·韦伯(Max Weber)最早提出的"世界的解咒"。

我们不该忘记,以弗朗西斯·培根(Francis Bacon),奥古斯特·孔德(Auguste Comte)以及社会学更有争议的卡尔·马克思(Karl Marx)的"神圣三位一体",韦伯、涂尔干(Durkheim)等为代表的工具主义和实证主义认为,自然科学是克服经典人文主义偏见的一种途径,后者打着"真正的社会科学"的旗号,认为社会科学和每一个人相关,为每一个人服务。过去,推理一直被认为是天赐的财富,也许可以作为一种天资被传递给人,而现在被“贬为”一种工具,特别的人可以利用它达到特别的目的。在实证主义借数据、清晰的逻辑以及能证实的程序为有效性铺平道路之前,如果说真理还没有完全被人类遗忘的话,那它往往掌握在一些像神一样地被指定的专家手中。在人文学科的独特性本身如此岌岌可危的时代,强调这些当今如此轻易被打发的运动所具有的独特的人类中心特征显得尤其重要。

诚然,工具主义和实证主义带来了很大的危害——但与其他的危害相比也不过如此。很难找到一个自称为实证主义者的人支持希特勒(Hitler),然而一些诠释学者和解构主义者至少来凑了凑热闹。无论如何,只要这些危害可以追溯到各种各样的社会安排中的人,这些人能够为自己的行为负责,能够给他们的后代留下可以学习的东西,那社会科学的前景始终光明。这就和另一个观点形成了鲜明的对比,后者认为,世界的弊端源于一个无可救药的莫名其妙的神,或源于隐蔽的自然力,包括那些潜藏于我们身体内部的自然力。后现代状况的一个非常可悲的特征就是,开始的时候我们承认追究人类行为的前因后果是件非常难的事情,可是很快就完全放弃这项任务了,其中以尼采式(Nietzschean)的“后伦理学”姿态尤为突出。对于真正的社会科学家来说,这个姿态既不大气也不聪明,不过是放弃了责任,不敢对那些挑战和界定我们共有的人性的决策背景负起责任。

在下面的数页中,读者会注意到,我尤其重视人们对历史的态度,这和我自己正在做的课题“社会认识论”(social epistemology)是一致的,后者是有关知识社会学的标准版本,旨在利用人们凭经验对有组织的探究的理解来教导我们的现在,给予我们的将来力量(Fuller, 1988)。即使在社会学家中间也存在着一种趋势:对社会学的知识存在刻板的印象,也就是将复杂的思维模式简化为对社会历史环境纯粹的“思考”,因此每种争论都是自私的。这个讽刺画面最基本的问题在于,它将历史上与一个人的定位和目标相关的问题都混合在一起了。如果人们的思维仅仅是简单反映周边的环境,那知识社会学就无用武之地了,经验主义或现象学就可以搞定。然而,人们总是不满足于自己所处的现状,总是追求更好的状态,除了热衷于将神学的权威非神秘化并篡夺神权权威,这也就是早期社会科学家对宗教的“自我超越”特性如此着迷的原因了。如果我们的知识是经验最清晰的表达,那为什么在生活中总是要得更多?我们为什么不能更加优雅地接受忧伤、失望、失败和死亡?因为它们是事实,所以我们总是愿意把它们变成社会政策和政治行动关注的问题?为什么长期以来我们想要改变这个世界,而不仅仅是应对它?在我看来,这些都是界定社会科学合理性的问题,知识社会学因为不断地提出这些问题也值得肯定。

我坚定地认为，人性是社会科学的中心课题，这反映了我对学术界的早期涉猎以及后来的发展。初涉猎时该课题正开始走下坡路。1950 年至 1975 年的这段时间里，有两种趋势是被载入史册的，强调阿尔文·古尔德纳(Alvin Gouldner)提出的“福利国家”的深刻性，与整个国家前所未有的政治和经济资源重新分配相一致，这是世界各地普遍破坏力史无前例的扩张。就权力政治而言，在一个多数人从根本上互不信任的世界里，威胁和贿赂就成了两种可以选择的威慑策略。然而，早期逻辑实证主义者之一奥托·诺伊拉特(Otto Neurath)在“一战”后曾经提议，与战时经济相关的再分配伦理即使不在“永久性紧急状态”也是合理存在的，“永久性紧急状态”一词是德语，最早由俾斯麦(Bismarck)提出，丹尼尔·贝尔(Daniel Bell)后来用它来捕捉“冷战”思维(Proctor, 1991)。的确，在“二战”后，随着福利国家的蔓延，有证据表明资本主义和社会主义的过剩达到了平衡，哪怕是在英国和美国等有着根深蒂固的自由传统的国度。我跟踪并判断这种感知力的衰退，目的是为了重新展望“社会感”，确定适合研究它的科学并致力于该科学的研究。著述本书时我还为我更渴求的感性留下重要篇幅：联合国试图将世界聚焦到各国联合起来，而不是在敌对状态下能更有效处理的问题上。萨克斯(Sachs)就是最近很卓越的一个表现，其甚至承认马奎斯·德·孔多塞(Marquis de Condorcet)是我们的精神祖先，这个名字也会在书中出现。

期待将这些学术上的问题延伸到“机构对结构”、“微观对宏观”以及“建构主义者对现实主义者”等领域的读者会非常失望。20 世纪 70 年代之前，这些二元体在社会学方面没有任何突出的特点，对于 21 世纪该学科遭遇的困境也没有什么帮助，这纯粹是因为这些二元体认为社会学的合理性是理所当然的，这种立场也许对于那些易受影响的在校大学生有用，但对于那些熟悉当代知识潮流的人来说就不太能说得过去了，在第一篇中我阐述了这个观察结果。第一章阐述的是，随着新自由主义和后现代主义的兴起，“社会”作为一个明确的研究领域，其生动性已逐渐消失，而新自由主义和后现代主义大致上算是同一世界历史运动的政治和哲学体现。在第二章里，在将智人变成正常的人类的重大课题中，我将我们所处的这个濒临迷失的世界描述为一个将社会科学和社会主义结合在一起的世界。第三章和第四章阐述了作为该课题政治工具的社会主义的兴衰，将关注点引向人的生物性在界定福利问题方面所起的存在争议的作用，尤其是在人们对动物以及更广泛的生态的关注的增长与为人类的福利设定的公共资金的缩减达成一致之后。第五章强调了英国社会学传统长期以来被忽视的对这个讨论的贡献，在各主要国家的传统中，仅英国的就够对付达尔文(Darwin)了，这促进了社会学的科学和政治相关性，福利社会是其留下的最主要的遗产。美国的传统是另外一个同样渗透着达尔文主义的国家传统，但是其早期的社会学家将其带向了完全不同的科学和政治方向,主要代表有威廉·格雷厄姆·萨姆纳(William Graham Sumner)的自由资本主义、爱德华·罗斯(Edward Ross)的平民优生主义、乔治·赫伯特·米德(George Herbert Mead)的符号互动论和罗伯特·帕克(Robert Park)的生态隔离主义(Hofstadter, 1955)。最后,第六章阐述了当代有关社会学的论述如何使得前面五章提出的问题变得更加模糊。

第二篇关注生物学影响并质疑社会科学的各种方式。第七章表明某些生物学观点是如何由社会学传统的主流预先假设的,有的时候心照不宣,更多的时候是类推。第八章将这个问题提到议事日程,确认社会科学家与人类生物学交战的更好和更拙的方法。这里有个教训,社会学家们应该不再遵从生物学家的权威——那些鼓励我们和不鼓励我们吸收他们的研究成果的生物学家们。社会学家需要对生物学知识进行独立理解,尤其是在生物勘探兴起的情况下——后者是分子生物学、医疗关怀和全球资本主义的灵活结合。第九章介绍的是在一个见证社会主义命运逆转的时代里,彼得·辛格(Peter Singer)试图用达尔文代替马克思,作为政治进步的科学基础,这里是需要对那些致力于保持社会科学尊严的人敲响警钟的地方。辛格的"达尔文左派"造成的从"人类"到"人性"再到纯粹的"自然"的规范退却将在第十章做进一步阐述,将"同情"这个概念的跨物种迁移作为道德关注的基础。

第三篇将这个社会世界近期的再生物化投射到更大的世界历史画面上。第十一章将这个问题提炼为世界观的冲突,尽管就西方与伊斯兰教的冲突而言,这种冲突公然向界定全球紧张局势的当代动向提出了挑战。的确,我将伊斯兰教和西方的问题归入"人类学"的文化问题,这门科学一直渗透着一神论,这种现象在社会学传统中的中心地位经常被忽视。然而,"达尔文左派"在我称之为更加"因果报应"的方向上迈出了重要的一步,在这里,人类重新被纳入自然历史。第十二章明确指出是什么正处于危险之中,也就是将人类的特权作为价值的本质取向。"东方主义"和"西方主义"是当代信奉基督文化和穆斯林文化的民众未能尊重这种特权而相互妖魔化的方式,这点可以帮助我们应对"9·11",并警醒我们注意,在过去的四分之一个世纪里,国际发展的政策已经从减轻人类痛苦这个具体的目标转到更加广泛的全球生态议事日程上来,其中人类所起的作用尽管重要,但相对削弱了。这些问题将在第十三章继续讨论。第十四章将这种转变置身于"种族卫生"的复苏中,"种族卫生"是一门生物社会科学,因为和大屠杀密切相关,现在丧失了信誉,尽管如此,在近年来对生物多样性和人类膨胀的控制的呼吁中仍然有它的声音。我从反事实的角度提出,如果纳粹没有着手进行大屠杀,他们很有可能带我们向当今生态活跃分子提出的"天堂"更近一步。

最后,本书提出,"达尔文左派"、社会生物学的附属学科以及进化心理学绝不可能让社会科学消失,因为这些准继承领域使得人类究竟意味着什么变得更加不确定了。然而,它们的确促使我们去思考,人文学科对生物学的依赖到底达到了什么样的程度。在完全不同的哲学理性主义和唯心主义、人工智能、电子技术科学以及“法人”(如“团体”或“公司”)等传统中,都可以看到强烈的反生物潮流,其中“法人”属法律范畴,社会科学最初就是在它的基础上提出来的。或许这些潮流的某种结合可以将重新想象的社会学变成我们这个时代的现实。

正如总结中明确指出的,我认真接受这个有表面证据的主张,认为生物科学可以解释社会生活,特别指出,我并不否认将社会学降格为生物学的假定基础,也就是说,不管什么物种,所有的社会生活始于个体之间的交易,而个体身份的确认则依赖于家庭的成员关系。按照这种逻辑,最像家庭构成的社会结构(如原始的种族)是最有可能幸存下来的。举一个这种思路的例子,国家的失败是因为他们人为地试图在个体之间保持复杂的关系,而这些个体本身互相之间并不存在“自然”的关系。因此,我更愿意把理查德·道金斯(Richard Dawkins)关于现代进化理论的“自私的基因”观看成社会科学为了保持自身相对于自然科学的独立性而必须克服的负担,我回应的观点是,让某些动物“人性化”的是它们参与了大规模的合作课题,后者公然挑战世界的基因观,主要是因为它们已经成功地掌控了选择的环境,足以使达尔文所提出的“自然选择”的效果无效,有时甚至可颠倒这种效果。这些社会建构起来的选择范畴于是就成了个人身份确认的主要来源,“幸存”一词也因此被重新界定。

人类有个粗浅的特征,比起对他们的基因,甚至是家庭世系的了解,人们总是更加关注思想,甚至是声望的代代相传。任何有物质基础的思想都为人们展现了一丝尽管是有悖常理的希望,的确,这个观点通常很难被人们接受,包括社会科学之外的学术界人士。一方面,它帮助阐释了长期以来人们对知识社会学的怀疑,另一方面,它同样解释了历代以来人们为什么总是不愿意接受对人类状况的纯生物学阐释。

就“自然选择”而言,历史上有三个反生物理念的明显先例:宗教的、学术的和政治的。首先,在基督教的普遍主义愿望基础上,奥古斯特·孔德明确提出社会学作为一门科学旨在让某些动物(智人)更接近于神的救赎。长期以来学术界比较感兴趣的是根据个人成就来独立考察候选人,这样就削弱了功绩和家庭出身之间的任何联系,这是第二个,也是更加实在的先例。阐释了长期以来社会学对霍布斯(Hobbes)的迷恋的第三个先例最为广泛,即公民权制度,强加给个体相应的义务,如选举、纳税和兵役,这些义务又促使他们参与各种活动,这些活动的受益人远远不止是他们自己和亲属。

最后,在着手完成摆在面前的这个任务之前,社会学实践在我的“再想象”中如何不同——或是否有不同之处——的一些相关评论已经就绪。“社会学”一词无疑要找回它原有的规范力量，通过培养调查对象的集体自我意识，该学科的从业者对所研究的社会的构成做出贡献。这样的描述自然最适合当今以行动为导向的研究，然而我相信，甚至——或尤其是——更加经典的实证主义者对社会研究采取的“假说演绎法”应该在这里露面。比起将科学和政治完全分开，更重要的是社会学的主张相对于其目标人群来说很多都是可以测试的。在这方面，认为实验是研究的“金”标准的实证主义方法有两个被低估的很大的优点，其一是它们明确区分社会学家的主张和受试对象表达或透露的有关自己的情况，其二是它们倾向于将受试对象放在跟他们所处的自然环境稍微不同的情境中。前者为调查者的可描述性和自主性提供了基础，从而抵制了不负责任的口技的诱惑，而后者则指向了受试对象成为他人以及更理想的超越自己的能力，因此避免了对变化前景的自满悲观。实证主义这种赋予力量的进步一面得到了前所未有的关注和支持，然而，正如我现在开始努力去证实的，它值得被重新归入新社会学想象力的一部分。

第一篇

21世纪对社会学的拼命寻求

第一章 学术界不死族的故事：社会的神秘消失

我们社会学家就是学术界不死族，无止境地漫步在地球上，梦想着一个充满“社会事实”的世界，并常常把它误认为是我们不再居住的现实世界。这个假设当然可以解释为什么我们看不见投射在科学通史中的自己。它也许还能阐释，为什么我们这些最极力保护“社会科学家”头衔的人——社会学家——也最可能将所有现有的问题拉回到马克思、韦伯和涂尔干（也许还有其他一两个人）的集大成之作中，在这里人们没有把已经过去的20世纪最初十年的欧洲现实看成消逝的理想的坟墓，而是看成后来所有社会理解出现的背景，社会学的“重要”立场通常来源于这个现实世界，却没有对其居民讲述太多这个世界应有的面貌，原因也许就在这里。人文主义者和自然科学家在建立“第三文化”方面取得越来越大的成功，这也许是社会学不死地位的最后一个信号，“第三文化”重申了强烈的人性概念，后者在我们的退缩面前即便没有被锻造成匕首，也被当成十字架挥舞（Brockman, 1995）。

希望我所描述的不过是一位在世的社会科学家的噩梦。但假使我们真的是学术界不死族，识别我们的命运被注定的时刻并不是件难事。首次被宣布是在1987年10月3日，在全英国的超市报刊亭里，《女人专属》（Women's Own）杂志刊登了对首相玛格丽特·撒切尔（Margaret Thatcher）的访谈，其中包含如下臭名昭著的一段：

> 我认为我们已经经历了一个时期，这个时期让太多人明白，如果他们有问题，那么应对这些问题是政府的事。“我有问题，我可以拿到补助金。”“我无家可归，政府必须为我提供住处。”他们把问题抛给社会，可是，你要知道，根本就没有什么社会，有个体的男人和女人存在，有家庭存在，政府除了借助人根本做不了任何事情，人们首先应该依靠自己，照顾好自己和邻里是我们的责任。人们的脑子里装得太多的是权利，没有义务。可是，除非人们首先履行了义务，否则根本就没有权利这种东西。

这个论断掀起了一股社会科学、社会理论以及社会主义的批评洪流，不仅是费边社（Fabian Society）很重要、很有代表性的小册子，时任伦敦经济学院（LSE）政治理论教授的布赖恩·巴里(Brian Barry)还写了篇题为《社会存在吗?》(Does Society Exist?)的文章。册子专门权衡了就此问题双边的争论,最后得出的结论是,与撒切尔夫人的断言相反,社会是确实存在的。尽管巴里可能缓解了工党特工人员的恐惧,但他几乎没有意识到,撒切尔预知的是当今横扫艺术界和科学界的一种备受推崇的自封为“进步的”观点。尤其是在社会学方面,英国主流部系的著名教授,同时也是国家“科研评估”两任的学科教授将他对21世纪的展望称为“超越社会的社会学”,其中“超越”一词的意义被减弱了,而非被加强了(Urry,2000)。

我称这种和新“第三文化”相关的,甚至社会学家也逐渐向其靠拢的突现的感知为生物自由主义,其中包含出于政治目的下达的优生政策,鼓励人类状况的临时化,意思是让人类更加容易地存在或不存在的趋势,尤其是在不假定人类完全处于很好状况的方面。不管是作为一门学科还是作为一个政治课题,社会学和社会主义、社会科学的最大威胁都是生物自由主义,这个概念比起很多人愿意承认的都更加复杂。的确,如果说要相信社会科学家成为学术界不死族还需要别的原因的话,那便是我们很轻易地将社会主义毋庸置疑的衰败同社会学的可持续性分离开来,后者作为一个领域仍然有着天生的吸引力,仍然是研究者的研究立足点。

我的哥特式形象化描述部分地受到了世界系统理论家伊曼纽尔·沃勒斯坦召集的古本根委员会(Gulbenkian Commission)有关社会科学未来的讨论的启发。这个讨论最后得出的结论是,社会科学这个特定的概念——尤其是作为社会普遍科学的名称的“社会学”——已经没有什么用处了。在这个委员会看来,在之前的一百五十年里,社会学的存在合情合理,在欧化的世界里,民族国家占有绝对优势,它们越来越热衷于用一套子系统将不同的人民结合在一起,每个子系统负责一项基本的社会功能,标准的社会学教科书会给每项功能安排独立的一章:家庭、教育、经济、健康、国家,等等。在社会学的这个意义上,塔尔科特·帕森斯(Talcott Parsons)的结构功能主义达到了最高水平(Parsons, 1995)。

然而,帕森斯坚持由一个实体来界定明确的思想忠诚,确保国家地理边界的安全和控制全球资本的流动,阿尔文·古尔德纳(1970)给这个实体取了一个响亮的名字,可是,回想起来,“冷战”的结束导致了“福利国家”的衰退。毫不奇怪的是,随着20世纪的结束,经验主义者和理论学家都对“社会”不明确的可渗透的边界越来越关注,通常高举“后现代”或“非现代”的旗帜,用成员甚至都可以不是人的可以无限扩展的模糊网络本体论来代替“宏观”与“微观”实体的传统等级关系(Lyotard, 1983; Latour, 1993)。

当然,如果说社会学——或更普遍的说法是社会科学——当前正濒死挣扎的话,那么它一定在某个时期诞生过。它的诞生当然非常明确,即使其父辈们本身被结合在一起也只有毁灭的结局。虽然没有人认真质疑过涂尔干和韦伯作为其开创者的地位,他们俩始终是住在两个相邻国家里的同代人,从来没有对对方的作品表现出过多的兴趣,法国和德国学术界之间的贸易禁运也无法解释他们之间的不认识,两个人都觉得另一国家里的同事更加有趣。令人感觉非常乏味的事实是,韦伯和涂尔干认为各自在做不同的事情,他们死后,帕森斯(1937)勉强以美国的风格将他们结合在一起。

对于和韦伯同时代的很多德国人来说,"社会学"——涂尔干非常乐意接受的——仍然带有奥古斯特·孔德的痕迹,后者创造这个术语是为了促进社会科学和社会主义作为同一课题的两个方面的发展,马克思也以自己的方式为下一代做这个课题(虽然没有孔德的术语,也没有他对该课题的终点具体化的急切关注)。德国社会科学家曾经努力斗争过,不让自己被降格为政策驱动的研究者和教室里的宣传员——"社会学"一词只是把危险的政治河水搅得更加浑浊。

一个世纪之后,社会学可以说从学术上得到了承认,这个问题的映象却从两个领域体现出来了,一方面是热衷于取悦他人的"基于证据的政策"研究者,另一方面是真正信奉"身份认同政治"的人。对双方来说,"社会学"听起来都挺狂妄的,它提出了一个相当浮夸的有关社会的概念,超越并凌驾于(政策)当事人和(学生)委托人愿意支持的程度之上。然而,如果愿意从终结的角度来看待这些问题,涂尔干和韦伯很有可能最终在"社会学"一词的价值上达成一致意见——如果只是提醒那些几乎等同于具体的当事人或很容易迎合市场需求的支持者的社会研究人员,对社会知识的系统追求却解体了,对社会生活某些方面的兴趣吸引了人们的注意,但代价是其他一些同样也很重要的方面被淡忘了。

涂尔干和韦伯对社会学创立的贡献看起来具有两面性,他们俩年轻时都亲历了1870至1871年的普法战争,从各自国家的命运中得出了对社会完全不同的看法。法国是欧洲最古老的民族国家之一,它在战争中受到了屈辱,同时这也导致了它的衰败,甚至是沦丧,相反,统一的德国则展现了活力。因此,不足为奇的是,涂尔干把"社会"看成一个有机体,生病了是可以解释的,也可以用医学方法来治疗,而韦伯则把"社会"看成个体的人工结合体,最好是通过各种各样的法律和经济协议来理解,这些法律和经济协议使得他们能够做自己无法做的事情,如经过一代人的努力将德国变成欧洲强国。涂尔干想要用规范来稳定可能恶化的形势,而韦伯则寻求用规范来解决党派行动能力扩大时产生的力量不均衡问题。因此,涂尔干将自己放在社会再生产方式的保持者的位置上,教授下一代的法国教师,而韦伯则时不时地"玩玩"政治,达到顶点时他在德国第一部共和国宪法的起草中发挥了作用。

在社会学随后的发展史中这些对社会的各种看法都有展开。从认识论的方法看,涂尔干和韦伯分别代表了对社会的"自上而下"和"自下而上"两种看法,在他们各自的国家里,不同时期跨入社会行为场景的分析家们对此都有所体现,一方是直入本题,另一方是从头开始。20世纪70年代,学术界借用本体论的术语——"结构"对"机构"——来加强对涂尔干和韦伯的区分(Giddens, 1979)。相对于对早期马克思的"动因型"(又名"人文主义的")的偏见和对后期马克思的"结构主义的"(又名"经济主义的")的偏见,一个学术上被本土化的马克思作为可能的一个综合体多少有点绝望地被插进了这个裂缝(Bhaskar, 1979)(社会理论这个令人遗憾的持久转变支持沃勒斯坦对社会科学作为一个整体的悲观预测,相关批评请参考福勒)。

在某些与"异常"相关的课程中也许还能听到社会学的教育战壕里发出的垂死挣扎之音,"异常"保留了它们传统的通俗性,尽管该词现在一般出现在骇人的引述中,研究者一般也避开这个"社会问题"角度,而这个领域正是在这个角度中出现的。毕竟,"异常"预示了强烈的"规范性"意识,对此,米歇尔·福柯(Michel Foucault)得出一个否定的内涵,而涂尔干是认识不到的。从普遍的规范结构角度来看,公众对"异常"的认识鼓励了包容性,涂尔干将焦点放在了这上面,而现在,这个重点被转移到了如此被排斥的"异常"之上。再者,在过去的二十五年里,主要由象征互动论者和民族方法学者进行的微观社会学研究已经证实了福柯基于历史的观察结果,他们已经把问题指向"规范-异常"这个二元体最终是不能强制的——更准确地说,是任意的强制。因此,尽管对于辅助法律和辅助医学的专业人士来说,社会学始终是较受青睐的训练平台,可是学生学成后希望加强那些一直以来被法律和医学制度排挤在外的训练平台。

当然,这种反对系统规范性的转变是"进步的",它显然确立了对受害者、病人、罪犯和残疾人的一种全新的力量感(Rose, 1990)。然而,它带来的利益是短期的,需要通过长期的努力来衡量,这个学术上"反制度的愤怒"本身被看成一个终点,而不是通向更大目标的手段。福柯和他的追随者对于历史的辩证特性没有多少感知,而在后者看来,所有假定存在的目标实际上都是通向更远的目标的手段,这就是那个复苏的黑格尔(Hegel)和再生的实用主义者约翰·杜威(John Dewey)的工具主义的含义,在那些更加倾向于实证主义的崇拜者中得不到推崇。因此,福柯追随者将视线固定在了辩证体——"对立面"——的二阶矩上,没有认识到它本身也是可以被更加全面的规范感知取代的。

福柯对辩证法的降级让一种深刻的启蒙思想——本身就是基督教救赎故事的世

俗化——岌岌可危,如果说不是迷失的话。这种启蒙思想在19世纪和20世纪得到了黑格尔和马克思的追随者的发扬光大,尤其是马克思的追随者。只有一开始管辖一小部分人的一种规范被延伸到更多人,推翻所有相关人的默认("自然的")倾向,才能重建一个让所有人得到更大利益的世界。过去,通过稳固他们的不同之处,少数人控制着大多数人,尤其是通过法律和意识形态的手段,这其实就是贵族的本质。启蒙运动提出一种更加动态的,甚至是自我毁灭的支配意识,启发了各种"左倾"的政治倾向,从扩大选举权的自由政策到在生产的社会中更加明确的财富再分配社会主义政策,社会科学和社会主义的命运正是作为这个遗产的共同接受者被连在一起的。

20世纪70年代末,福柯的历史编纂和附属的微观社会学最先被看成加入了抵制帕森斯结构功能主义社会学的共同事业,当时把后结构主义的"解构"理解为马克思主义的"使非神秘化"是件很普遍的事。在这种背景下,"批判的"和"条件反射的"等词汇的随意使用掩盖了取向的重大区别,这在后来才得到体现。起初,福柯和朋友们被认为是伟大的疑难纷争解决者,他们准确指出启蒙运动是如何缺乏潜力的,而这一点大概可以通过更好的精心立法和管理得到改进。然而,福柯的追随者真正得到承认是在20世纪80年代,那时人们对福利国家——更普遍的说法是社会主义政治——的信任在消退,此时他们的观点更容易被看成同正在兴起的新自由主义相一致,政治经济的权威弗里德里希·冯·哈耶克(Friedrich von Hayek)是后者的坚决捍卫者,他是撒切尔的追随者。这个转变的一个很重要的语义标记就是从康德(Kant)的自主回归到用亚里士多德(Aristotle)的能动作用来描述异已人群对自我决定的强烈愿望,实际上,"自主"意味着自然倾向的抵制和超越(比如说被诱惑去犯罪和对传统的服从),而"能动作用"则很简单,就意味着可以表达之前受到压制的自然倾向(比如说受到国家的压制)。

1932年,哈耶克接受伦敦经济学院的主席职位,开始传播新自由主义反革命的种子,在那之前,他的导师路德维希·冯·米泽斯(Ludwig von Mises)一直是非正统维也纳学派及另一更负盛名的与逻辑实证主义者相关的维也纳学派的中心,路德维希·维特根斯坦(Ludwig Wittgenstein)和卡尔·波珀(Karl Popper)是他们的常客(Hacohen, 2000;Ebenstein, 2001)。这两个维也纳学派在当代社会科学中分别播下了"微观"和"宏观"视角的元科学观种子。首先以后者为例,逻辑实证主义者在鼎盛时期以"黑色维也纳学派"闻名,因为其成员都是奥托·诺伊拉特和鲁道夫·卡纳普(Rudolf Carnap)等彻头彻尾的社会主义者,他们坚持认为,以一些操作上可行的相互作用的变量为基础,社会可以像封闭的实体系统一样被仿效和调整(Reisch,2005)。帕森斯的结构功能主义和凯恩斯(Keynes)的福利经济普遍采用的平衡法从这个视角汲取了认识的营养,并在"冷战"时期借助保罗·拉扎斯菲尔德(Paul Lazarsfeld)之流的维也纳移居者,大力发展联系个体和集体感知的深奥定量研究法,从而使美国的社会科学专业化(Platt, 1996)。因此,社会学成了福利国家的科学和为福利国家而存在的科学,"社会"就在这个政治标题下游荡。在这个传统中最近的、最有创意的思想家大概要数詹姆斯·科尔曼(James Coleman)了。

相比之下,米泽斯学派的成员却希望时间倒回到18世纪的苏格兰启蒙运动时期,那时候,"民间社会"仍然是自然历史的研究对象(与社会工程相反),民族建构尚未成为治国方法的期待。避开所有的数学方法,尤其是统计学,米泽斯维也纳学派认为,从来没有国家计划制订者可以在一个自由的市场中汇集所有机构的经验,更不用说取代它们了。他们强烈批评魏玛共和国将民主化看成集体动员的倾向,后者相应地在个体的现象学上把错误的认知优势归咎于有组织的学派(Peukert, 1993)。

除了哈耶克,该学派最有影响力的人大概要数国际金融律师和业余社会学家艾尔弗雷德·舒茨(Alfred Schutz)了。通过普遍的看不见的手的社会秩序模式,他的作品逐渐融入该学科的主流,他的这个模式也以"现实的社会建构"之名继续前行(Schutz, 1964; Berger & Luckmann, 1967)。实际上,该传统近期最忠实的维也纳追随者做了一次长途的——也许是无意的——旅行,从生物医学研究的分布特征一直到其最先开始的金融市场的分布特征的研究(Knorr-Cetina, 1999; Knorr-Cetina & Bruegger, 2002)。20世纪20年代出现了通俗小报和广播电台,舒茨认为它们使得情感的人为集体化成为可能,他最先提出所谓的"知识的社会分配"就是对这个现象的回应。舒茨是在扩展韦伯后期政治作品中已经提到的一个观点,希望得到公众的认可,认为现代社会的复杂性需要政治的"职业化",而其中的一个结果就是普通公民将对如何在政治舞台上运作会有更多的了解,却更不知道该怎么做(Baehr, 1998)。

舒茨对社会科学的影响的平衡表因此显得非常复杂。一方面,舒茨对大众传媒的伪即时性的批判可以被用来对当今的反全球化运动进行认识上的批判,另一方面,舒茨受市场驱动的对"相互主观性"的固念(又名价格制度,通过它,买者和卖者互相揣摩对方,从而对自己的预期作出相应的调整)有助于削弱个体自发拥有超越于日常交往的社会情感的观点,我指的是实用主义者乔治·赫伯特·米德声称的"概化他者"和存在主义者让-保罗·萨特(Jean-Paul Sartre)所谓的"受支配的我们"。这也是古典社会学家坚持认为的对大批"混杂的"(经常是"冷漠"和"敌意"的委婉说法)认为自己等同于最不合群的集体代表"上帝"的居民负有责任的东西,"上帝"因此被赋予了强大的力量,促使忠实的追随者成为拥有同一目标的集体机构。这种自发的社会情感为普遍主义者研究的人类特有课题提供了保障。然而,多亏了舒茨和他的追随者，现在时兴的做法是将社会学的方法简化为相互自主，认为不可以简化的残余无用而非有用——“集体思考”而非“团结”的例子。

如今，舒茨最坚定的拥护者大概要数安东尼·吉登斯(Anthony Giddens)了，在过去的二十年里，他从一个多产的教科书作者成长为托尼·布莱尔(Tony Blair)“第三条路线”的设计师。吉登斯一直对传统上以工会和阶级基础政治为代表的一类有组织的运动前景表示怀疑，因此，他呼吁将政治重心从“福利”转移到“生活方式”上来(Giddens, 1994; Fuller, 1995)。舒茨要是听到这个会笑的。吉登斯在自己最初的教学法著作中就强调过，社会生活的“条件反射”维度并非在更高的社会分析层面上寻求更多的公共控制，而是认识到社会现实的新层面总是在不经意间作为社会互动的结果出现罢了(Giddens, 1976)。社会学家能享受到的唯一荣耀就是成为(通常如此)最先识别这些新层面的人，他们并不具备有关社会该走向何方或是会走向何方的更高知识，因为社会代理人本身就“已经经常”是社会理论家了。实际上，吉登斯所指的条件反射使得社会研究人员可以卸下个人责任，去寻求本来可能很容易从“有知识的特工人员”中得来的发现，如果他们有意去发展的话。因此，就马克思主义意义上的二阶认识论批判的“理论”而言，吉登斯用以取而代之的是一个不那么带有威胁性的维特根斯坦对有生命的社会本体论的一阶描绘，或者是“生活世界”，温奇(Winch)和瑟尔(Searle)就舒适地“生活”在这个课题两端。正如乔治·卢卡奇(György Lukács)坚持认为的那样，如果新闻学是即时性的商品化，那么构成即时性具体化的大概就是吉登斯模式的社会理论的建构了。

前面的论述颠覆了对立的双方——人文学科和自然学科——的社会科学想象。

一方面，一种坚固的社会感的消失使得在文化研究方面接受过人文主义教育的研究者能够预测潜在的“身份认同政治”，也就是规范上自足的异己学派的官方说法。随着马克思普遍主义在世界舞台上的政治命运逐渐衰退，原本隐含着自欺的自私意识的意识形态负面概念作为文化被赋予了积极的倾向，其四散的又“强有力的”方面使得文化研究成为当今社会学最主要的研究领域(在过去的二十五年里，在社会学的教科书中，“意识形态”逐渐被“文化”所代替，追踪“软马克思”理论家这种不着边际的转变会是件很有趣的事情)。过去需要社会学家去掉意识形态的神秘色彩并与之抗衡，如今则需要社会学家“呼吁”并加强文化认同。就好比文化研究实践者把易卜生(Ibsen)的《野鸭》(*Wild Duck*)当实例来读，看看怎样才能不研究社会科学。书中将埃克达尔家族团结在一起的“终生谎言”放大为过去两个世纪里身份认同政治所杜撰的“想象中的共同体”(Anderson, 1983)。

另一方面，后现代主义更加微妙地——我深信是更加深刻地——重新开启了严格统计学意义上的将规范简化为“正常”的大门，对这点生物医学是非常熟悉的，其中包括实验心理学，也就是说，围绕某一自然趋势或平均值而产生的不同事件的集合。福柯本人在自己的方法论大作《知识考古学》(*The Archaeology of Knowledge*)中已经做过这样的诠释，认为教科书是记录言论“频率”和“分布”的场所。值得回想的是，该著作反映了《事物的顺序》(*The Order of Things*)使用的方法，后者声称，直到18世纪末，“人文学科”才作为具有充分特色、能自成一体的科学——“人类的科学”(就我们的目标而言，相当于社会科学)——的研究对象出现，并随着20世纪的渐渐离去而迅速崩溃(Foucault, 1970)。在福柯看来，“人类”远非一个综合实体，更不用说拥有永恒的本质了，而是某种独立的社会和智力倾向的暂时稳定的集合。

由于害怕知识潮流的流沙在改变世界方面被给予太多的功劳，最终对社会科学进行攻击，因此认为其有别于人文学科和自然科学的是国家力量在民间社会中的退却，而不是任何具有决定性的经验发现，更不消说受到哲学启发的二元对立的恶性本质的实现了。尽管如此，这种攻击置社会科学于防御地位，负隅顽抗，从而避开相当平淡无奇但又频频显现的支配意识，用现在时髦的话说就是“帝国”(Hardt & Negri, 2000)。在这种背景下，“抵抗”被用来代替“革命”，显得稍稍缓和一些，用以在一个被混乱的资本主义洪流吞没的世界上维持秩序的范围——就好比“不挂电话”。在这个方面，“身份认同政治”借助民族主义的衰退填补了剩下的意识形态真空(Castells, 1998)。虽然这些新观点很容易借助热力学和其他随机科学的传播得到交流，人们却很容易想象出早期基督教学派的形象，他们在撒旦各种各样的诱惑面前不屈不挠，受到模糊的千年希望的鼓舞。

1895年涂尔干的《社会学方法的规则》(*Rules of the Sociological Method*)一经出版，对超越历史默认模式的独具一格的社会事实独特领域的怀疑主义随之出现(Gane, 1988)。尽管如此，他的主要反对者加布里埃尔·塔德(Gabriel Tarde)提出的反对意见随着涂尔干开始让这门学科逐渐为社会接受而淡出人们的视线，也就是说，直到20世纪80年代，多亏了吉勒斯·德勒兹(Gilles Deleuze)以及近期布鲁诺·拉图尔(Bruno Latour)等法国当代思想家，塔德的声誉上升到了新的高度。考虑到福柯是涂尔干的陪衬者，当我们得知塔德是法国司法部首席统计学家的时候就不足为奇了，他认为犯罪行为不过是偏离了某种规范的行为而已，而国家坚持这种规范只是为了自己的利益。塔德试图将涂尔干描述成一个在政策事务方面非常天真的学术界人士，将法兰西第三共和国的规范的表面意义看得太重，从而将科学问题和政治问题混合起来。

尽管涂尔干承认，在非异常人中间维持住一种普遍的认同，异常行为起到了一定的社会功能,他也深信,至少有一些异常行为的模式可以通过适当的国家行为得到纠正,使得默认的"自然规范"同人们规定的"人造的规范"相一致。在这个方面,涂尔干的政治敏感性是"社会主义的",认为社会学的讲授应该成为一种工具,将社会变成一个比起其各部分相加之和大得多的整体。相比之下,塔德这个老练的——也许是愤世嫉俗的——公务员却对国家没有这么大的期待,有的是更多的反应。在塔德看来,至少在某些不正常的个人和事件成功改变现有的规范之前,异常行为的经常发生足以说明国家是个包容的(而不是转变的)工具,而这种改变反过来会使得国家做出相应的政策调整,因此,塔德的国家只是多种能适应的代理机构中的一个,而每一个都根据自身自发生成的倾向做出表现。

到目前为止,对社会学家都是学术界不死族这一论断,我的回应应该非常明确了:借助系统的自己诱导的健忘症,我们的对手接受后社会主义和新自由主义时代的世界,试图让时光倒流。这种策略的独特性值得关注。通过对比,乔治·桑塔亚纳(George Santayana)发表过著名的评论:那些忘记历史的人经常受到重复历史的谴责(Santayana, 1905)。这个评论最先提出时是为"整个社会经历的生活周期比得上每个个体的生活周期"这个观点辩护的。因此,对他来说,对历史的遗忘就是社会衰退的一种表现,他以伊壁鸠鲁(Epicurus)的宿命论的精神接受这个观点:尽管遗憾,遗忘是不可避免的,而且是——更重要的是——无法控制的。很明显桑塔亚纳没有展望过乔治·奥韦尔(George Orwell)《1984》(*1984*)中的真理,该书费尽心思,重写历史,将这种自然的倾向化为"大哥哥"的优势。然而,学术文本的洪流迅速蔓延到了被束缚在教室里的听众,并重复宣称"后现代"、"后社会主义",甚至是"后人类"的状况,而这一切到最后实际上就是那个过去人们常说的"巨大的谎言",希特勒和斯大林(Stalin)犹在记忆之中。

因此,当拉图尔大胆地宣称"我们从来没有现代过"时,他实际上是在将当今人们的失望和(尤其是)焦躁转化为一个一开始就不该犯的长期以来的大错。我们自己的缺点因此被推给了——或者我应该说是"授权给"——我们邪恶的或不称职的祖先。拉图尔想要我们回到一些重要理论家和政治家建构社会科学为现代性的旗手之前的时光。实际上,他往回跳跃的一大步带我们回到了起初市场声称自己反对社会生活的传统模式的时候——欧洲历史上的"大变革",社会科学和社会主义应运而生(Polanyi, 1944)。在这个过程中,社会科学知识显著的励志性逐渐被摒弃,成了一场噩梦,我们——至少我们这些活着的人——正从这个噩梦中醒来。

对于将社会主义作为一场政治运动并将社会科学作为独立的知识体系的创立者来说,他们共有的基本直觉是:人文学科是一项在发展中的课题,通过以一些特定的方式将某种特定的动物组织起来得到实现。我们的基因组合和默认的行为模式提供的只是原材料,从中"人类"得以创建,并被赋予政治和科学的意义。这便是在现代意义上"社会"一词的主要规范意义,是启蒙运动留下的遗产,民族国家及其机构——尤其是大学——是主要的合法执行者。然而,成为人类的渴望并不需要通过智人来实现,历史已经摒弃了多种妨碍,甚至预先制止却还是应该被称为"社会主义"课题的方法。实际上,为了捕捉人类课题的励志本质,后现代主义力图复苏半贬义的"乌托邦",而这恰恰说明失败是不可避免的。为了避免过分乐观地接受这个判断,让我们一起来调查一下,看看什么正处于危险之中。

第二章　处于危险中的社会科学：该危险的发展简史

纵观历史，社会科学的兴起在以犹太教、基督教和伊斯兰教为代表的一神论宗教观的世俗化中是一个非常重要的阶段。14 世纪的穆斯林学者伊本·卡尔敦(Ibn Khaldun)就在历史变化的规律方面做过最初的尝试，这些规律体现了现代社会科学对政治、文化、经济乃至生态等因素系统相关的渴望。有特殊相关性的是人相对于神圣的造物主所处的独特位置，据说智人是根据他的"形象和外表"被创造出来的。两个隐含的神学特征——人类有别于其他动物以及上帝眼里人人平等——一直停留在随后有关社会科学与自然科学、人文学科这两大学术知识体系有明显区别的讨论。一方面，自然科学传统上假设一切事物都可以根据它们同其他事物的"外部关系"加以研究，无须考虑它们的"内心生活"(或灵魂)。另一方面，人文学科传统上认为，智人的个体成员之间存在坚实的荣誉等级制度，"天才"和"典型"等类别扮演着重要的评估甚至是解释的角色。

这里我们要回顾一下自然科学和人文学科源远流长的历史联系，它掩饰了"两种文化"冲突的信口胡言。两者从传统上都关注超越空间和时间偶然性的现实感，也经常受到某种认知感受的限制，这种认知感受通常是经过深思熟虑的，有时甚至使人丧失自信，尤其是在现实往往被等同于对刻意尝试去变化的抵制的时候。一方面，自然科学兴起于两门基于观察的学科：自然历史和天文学，其研究对象——有机物种和天体——被认为是永恒存在的；另一方面，对于社会改革，人们一直有种普遍的看法，认为它是"反人类本质的"，最早的文化哲学家约翰·戈特弗里德·冯·赫德(Johann Gottfried von Herder)甚至也认为社会强加"第二种本质"给他人。说到人类的状况，这两大学术文化都偏爱研究人文学科，可以不用和血肉之躯的人作为整体混杂在一起。当今的进化心理学家推测是什么让我们从石器时代的祖先(包括他们的 DNA)进化到现在的样子，而人文学者则继续将焦点放在更近、更有文化的时代的人工产物上。

人文学科和自然科学历史上一直被捆在一起，从来没有被当成独立的社会科学，对这点持怀疑态度的人应该审视一下查尔斯·默里(Charles Murray)的职业生涯,他是米泽斯学派的美国忠实信徒,是臭名昭著的反福利主义畅销书《钟形曲线》(*The Bell Curve*)的合著者(Herrnstein & Murray, 1994)。他认为黑人的学术表现在超出一定的福利开支水平之外就不再进步了,鉴于他之前自由论者的声誉,默里一直被理解为不过是主张结束国家支持的福利工程罢了。事实上,他主要关注的是黑人受到纯粹的智力成就标准的评判,而这种标准并没有挖掘出他们"自然的"、更基于体格上的天分(为国家教育政策的智力上成熟的辩护是尊重这个意义上的"区别"的)。换句话说,默里认为福利政策的拥护者是在迫使黑人像他们一样,也就是说,黑人不是他们,也不可能成为他们。

用当今的官方语言来说,默里尊重(并具体化)"多样性"。他对种族主义的信奉不比亚里士多德强烈(但绝不亚于亚里士多德),而人们若是要理解人文学科与自然科学这种微妙结合的合理性的话,总是要请教亚里士多德。默里最新的著作《人类成就》(*Human Accomplishment*)阐明了这一点(Murray,2003)。他认为,仅仅因为长期的成就标准最终将被某种"现实"的非人类意识所支配,我们的成就(智力)水平必定随着人口的膨胀而衰退。不难看出这个"远见"使得优生选择又恢复了活力,糟糕的是默里没有能够应付兰德尔·柯林斯(Randall Collins)的社会学敏感争论,后者认为,智力精英规模的历史稳定性不过是共同注意力跨度稳定性的反映——就研究对象方面没有什么更加抽象和清晰了。

相比之下,社会科学遵循这样一个信条:研究人类的最好方法就是和他们互动,特别是让他们做或说些在其他情况下他们可能不会做或说的事情。这个既深刻又简单的观点在实验和人种论中非常普遍,同时也引发了贯穿于现代政治史的成就与灾难。之前我已经指出,它需要一个愈来愈富有争议的假设:所有人——无论他们的个人成就、能力、社会地位和健康状况——都是社会同等重要的成员,而这个社会的力量最终取决于他们在一起能做什么。

18 世纪欧洲启蒙运动时期,社会科学得到承认,相对于之前柏拉图(Plato)、马基雅维利(Machiavelli)和霍布斯等所倡导的,当时的政治理论家开始支持国家和居民间更加必不可少的联系,尤其是统治者不能简单地通过人与人之间保持一定的安全距离——身体的和社会的——来维持和平,统治者还得为他们提供福利。正如亚当·斯密(Adan Smith)指出的,人们期望统治者增加国家的财富,因此,治理国家的本领必须超出平时的威胁和欺骗。这个态度的历史性变化产生了三个非常重要的结果。首先,它导致了国家管理理念的产生,经济方面的事务获得了公共的意义,而在过去,这些事务只落到私人家庭和公司手里;其次,它培育了更加敏锐的"对社会做贡献”的公民权意识，特别是纳税和税收的分配问题；最后，它促使人们对有关人民生活的数据进行系统收集，达到极致时强化各社会类属(分成不同阶级甚至是种族)，而这些类属被投射回历史时被认为是一直含蓄存在的。

承蒙圣西门(Saint-Simon)伯爵的贡献，尤其是他的替角奥古斯特·孔德创造了“实证主义”和“社会学”这两个词，社会科学和社会主义自诞生之日起就一直没有分开过——确切地说是在19世纪20年代的法国。考虑到实证主义经常被赋予多种定义，自然科学可能被看成社会科学基础的两个方面的意义很值得研究。因为弗朗西斯·培根的缘故，人们简单地将自然科学的理论和方法应用到社会现象中——可以被称为“简化论”或“科学至上主义”的非常直截了当的例子。然而，孔德本人的观点则预先假设了对科学史的一种更加能反射的态度：随着自然科学应用领域的扩展，人们对科学探究本身的工作原理有了更多的了解。因此，被称为“方法论”而后又被称为“科学的哲学”的二阶学科作为科学进步的副产品应运而生，同时又起到反馈作用，从而掌握科学随后的发展方向。社会学——作为历史上最后的科学——有能力将所有在它之前消失的一切理解为一种连贯的观点，然后被用于管理社会。泛泛地说，正是孔德对社会科学的这种印象使得它在19世纪和20世纪可以随民族国家的发展而共同发展(这也是我本人的社会认识论课题坚持的对社会科学的想象)。

总而言之，在复杂的民主体制中，社会科学家为管理者和被管理者之间提供了一层调停的空间——尤其是被管理者方面，他们的观点往往不被管理者信任。当然，管理者需要了解不同选区选民的想法，但是将政府的政策，如选举等，直接进行检验，产生的结果可能对管理者有利，也可能忠实于被管理者的信仰和利益，这一点却不明确。因此，社会科学家借助调查研究、聚焦于焦点群体和参与观察等手段，表达了人民的思想，但没有直接插入政策制定的过程。一个希望保持选择权公开的政府会发现，经常性及决定性的选举非常麻烦，特别是它必须得接受结果的合法性，哪怕这和政府想要的或期望的结果相反。然而，一旦社会科学家将公众的意见作为“数据”呈现给对直接责任反感的政策制定者，这种数据就成了一种疫苗——也就是说，防止了更多的责任要求。于是，政策制定者就可以声称已经听见了人民的声音，他们的观点也得到了“周密的考虑”。

捕捉公众的意见作为数据降低了政府做出即刻回应的必要性：先要进行的是分析和诠释。这个结论将最认真的社会科学家和最愤世嫉俗的政策制定者团结在一起。对于社会科学家来说，他们总感觉社会上有些已经存在的规范并不是政府想要实行的，这种想法常促使他们去做实践工作。而对于政策制定者来说，一旦这些规范得到展示，就更能够对那些可能顽抗的对象进行控制。此外，从自身的层面来看，社会科学家本身也是类似的一种捕捉对象,正如社会科学家拒绝干预研究对象的日常事务,政策制定者也拒绝干预社会科学家的工作。在这两种情况中,自主权促使更多的手段产生,正如研究对象不干预社会科学家对他们活动的描述,社会科学家(作为"价值中立"的调查者)也不干预政策制定者对他们研究的应用。对公众舆论和社会科学的这种有争议的无所顾忌的操纵,社会活动家乃至一些社会科学家做出了回应,他们提倡成立"协调会议"和"公民陪审团"作为调解机构,做出的决定对政府的政策有一定的约束力(理想状态下)(Fuller, 2003)。

社会科学的独特性可以用两个词来概括,这两个词也用于描述研究的对象:意义和福利。前者捕捉的是社会科学同自然科学的区别,后者则抓住了它同人文学科的区分标志。两个词都被用来质疑基于物种的人性的地位。意义属性的独特性指向了个人履历中不能简化的差别,而福利的概念则预设人类可以共同超越隐含在个体道德观中的宿命论。

一方面,对意义的诉求提醒想要成为改革者的人,有效的社会变革需要承认个体已经拥有一些主导他们行为的立场和观点,只有从这些立场和观点出发才能劝服他们去做别的事情。一旦这个态度得到认真对待,每个成年人的选举权就变得貌似真实。另一方面,对福利的诉求激发了政治单位即民族国家的创造性,在生物学上互不相关的个体(如公民)之间灌输社会团结意识,并为他们提供卫生、教育,乃至最小的物质,以此来获得他们的政治参与——尤其是选举和战争。因此,最早的社会学教授涂尔干利用自己的学科作为工具在法国宣传福利国家的理念(打着团结一致的旗号),这个理念是他从德国汲取的,在德国,福利国家是俾斯麦的创新概念,被用来巩固政治上绑在一起的空间,这个空间语言上一致,但地区和阶级利益是不同的。

从一开始,社会科学的概念基础就受到人文学科和自然科学的双重威胁。一方面,自然科学试图将意识的语义特征简化为动物知觉的一种复杂形式;另一方面,人文学科试图将福利简化为旨在欺骗命运的诡计。到19世纪末,这种攻击已然开始,达尔文主义将重点放在"差异繁殖成功率",认为这是进化的关键,这就为命运提供了一个自然的科学诠释——"生存",这是先前的人文学者所缺乏的。面对这种攻击,普通社会科学做出了回应,将自然科学家和人文学者所认为的残酷事实转化为社会问题,而这正是社会科学合理的研究对象。因此,有些被认为是人类状况不可逆转的,且人们除了"应对"别无更好的办法的特征现在却被当成了挑战,通过我们系统的调查和集体的行为是可以战胜的。

实际上,当代最坚定的达尔文主义拥护者托马斯·亨利·赫胥黎(Thomas Henry Huxley)恰恰持有这种观点——赫伯特·斯宾塞(Herbert Spencer)倡导的

“进化伦理学”并没有成功的机会，理由是人文学科由于对自然选择的有组织的抵制已经很突出了。赫胥黎的意思是，人类通过各种方式改变自然环境，使得一些人茁壮成长，而从严格的生物学立场来看，他们绝非最适合的。在1893年的罗马尼斯演讲(Romanes Lecture)中，赫胥黎隆重宣称，人类所处的状况并非“适者生存”，而是“适合尽可能多的人生存”。我们将在第三篇中深入挖掘这种感知的更多细节。最先进入头脑的便是赫胥黎本身从事的医学领域了，在现代，它更关注的是延长生命而非仅仅让自然自行其是。这里还要包含法律安排，在测试或选举的基础上规定了法人职位或制度化角色的继承，也就是说，非家族世系。历史上，西方社会的主导机构——从教堂和大学到国家和公司——抛弃了其成员一开始同亲属所有的联系，而在解释和确定人类王国时，生物因素通常在这种关系中获得支持，这些主导机构在这方面的进步意义深远。

然而，从20世纪70年代末以来，社会科学一直在走下坡路，我们已经间接提到过指向这个大方向的几种同时并存的趋势。在最初的收益之后，与社会科学——社会主义和福利国家，且不谈国际发展政策——有历史关联的政治课题未能达到人们的期待。所有这些课题都有一个共同的目标，重新分配工作和收入，使得人类变成一个比其各部分相加的总和还要大的整体。无可否认，跟之前欧洲帝国扩张的几个世纪相比，贫富差距开始终止(Wheen, 2004)。尽管如此，这种进步非常缓慢，也付出了高昂的代价，继而产生了马克思主义者声称的“国家的财政危机”，20世纪80年代导致了世界范围内的福利缩减和社会主义制度的颠覆。同时被缩减的还有致力于识别和克服系统社会问题的社会科学研究课题。这种国家权力向私营部门的转移同时伴随着亚里士多德有关社会大单位(如民族国家)以及过度的人类扩张的“非自然性”的争论的复苏，重新规定家庭和市场为社会生活的“自然”形式。不过，这些传统的右翼思想和最近的社会生物学、进化心理学和行为遗传学等“进步”科学站在了同一战线上。

这种转变的规范性一面在那些自称为进步的思想家和政治家由“红”向“绿”的政治转变中显得尤为明显。过去，人们将重点放在减轻人类的苦难之上，而现在转向了对整个环境的关爱。从表面上看来，这种转变表明了目标的提升，但从深层次上看，它实际上意味着承认失败。现在很多政策的目标都是先用节育和减少污染等人类自我束缚的措辞来定义的，最终的目标看起来并不是福利的最大化，而是苦难的最小化。再者，成功的标准变得更加抽象，其争议性也可能因此而减弱：如果要达到一定程度的碳排放标准——可以通过任何手段达到，搞政治要比达到一定的最低收入水平容易多了，因为后者至少需要某种形式的经济再分配。不足为奇的是近年来企业环保主义的兴起,在它看来,劳动资源的开发和清洁的环境是可以并存的(Hoffman,1997)。

潜伏在这种"环保意识提升"的政治"左倾"背后的是社会科学的未来要面临的最根本挑战:人类总是社会中享有特权的成员吗?当我们考虑到孟德尔(Mendel)遗传学和进化生物学的新达尔文合成论并没有给予智人凌驾于动物之上的特权时,这个问题便产生了。由于智人与动物拥有90%以上的共同基因,因此物种,而非自然种类,成了较方便的分类方案。从严格的新达尔文主义角度来看,即便是对明显将我们同"野兽"区别开来的"人性"的基本常识诉求也只是个神话,当然,在诺姆·乔姆斯基(Noam Chomsky)和尤尔根·哈贝马斯(Jürgen Habermas)声称的我们这个物种独特的语言能力的规范使用中,这个神话继续存在着。尽管如此,"物种平等主义"的发展超越了彼得·辛格的"动物解放"运动,更多针对人类和其他动物的比较研究趋向于将其传统区别最小化。我们对动物研究得越多,它们似乎变得越聪明,在此基础上它们也获得了更大的规范意义。

同时,在人文学科方面也有一种向宿命论回归的倾向——也许是不经意间的,使得这种趋势更加稳固。这种回归并非完全意义上的向最初希腊罗马的异教回归,但的确拥有跟海德格尔(Heidegger)所说的我们"被扔进"一个不属于我们的世界相同的元素。因此,"抛弃"获得了新的意义,是先前马克思主义者为"投射"这种相反的运动保留的。这种新产生的宿命论在法国的后现代思想中影响尤其深远,作为对苏联衰落的回应,它最终是可以解释的。最初,让-保罗·萨特曾以苏联为基础,热情地声称集体的行为能够让世界朝着改善人性的方向发展。更加明确的是,这种回应追随着罗兰·巴特(Roland Barthes)、米歇尔·福柯和雅克·德里达(Jacques Derrida)等关于各种被称为"研究对象"、"作者"或简单的"人"的死亡的著作。这种感知源于尼采(Nietzsche)的"上帝之死"命题和人文主义感受到的挫折被当成了基督教世界观的最后一刻,用以阻止20世纪的暴行,尤其是两次世界大战。如今,很多人接受海德格尔的主张,当语言被用来界定智人时,是语言在"说我们"而非我们在"说语言",由此可见它的影响之大。

此外,跟索卡尔(Sokal)和布里克蒙(Bricmont)的主张相反的是,如今有后现代主义的一代人,他们尽管在细致的理解方面存在不足,却对科学问题的赞扬表现出高度的热情,并打着"政治生态学"的旗号。这种美德以某种高级的"混合"集体顺序的名义,有选择性地将各种各样的人、动物乃至机器包含进来(相应地也排除出去)。这些混杂的政体有个较流行的名字——"机器人世界",它们很可能成为科学上较直率的生态学家所说的"最大的包容性适应度情境"。到最后一章我们会发现,在极权主义政治的历史上，它们有一些恼人的先例，尤其是德国纳粹时期达到鼎盛的种族卫生学中加利福尼亚风格的“清洁的环境”的起源。我们生活的这个时代对于将非人类成员纳入社会秩序表现出史无前例的开放性，对“正常的”和“病态的”成员——尤其是在智人中间——间的区别的敏感度也得到了提升，两者相结合后，我们物种的(可能的)成员的避孕、流产和安乐死在思想传统的人中间也得到了前所未有的道义尊重。当然，国家权力的转移使得人们想要摧毁这样“病态”结构的动机不像纳粹的优生学达到鼎盛时期时那么直接，而由此得出的唯一结论就是识别它的真正面目更难了。整体的效果就是最受科学激励和伦理学上悟性最好的人发起的“回归自然”运动，尤其是倡导死亡时我们将重新回归自然。这就是我所说的“人类状况的临时化”，是生物自由主义的标志性态度。

第三章　社会主义作为难以捉摸的合成体处于社会科学的中心地位

苏联解体之前,社会主义者可以声称他们在理论和实践相结合方面做得比资本主义者更好。社会主义者总体上成功地提升了社会底层的福利,这通常以降低社会高层的福利为代价,而这正是社会主义者想要的结果。即便不是所有的社会主义者都认为富人该为穷人的困境负责,他们却一致同意,富人是克服大众贫穷的结构障碍。相比之下,资本主义者发现理论和实践的协调一致更加困难。理论上,每个人都应该随着市场的释放享受繁荣,然而,在实践中,哪怕是穷人的收入增加了,却永远赶不上富人创造的财富的增长,因此加剧了现有的阶级分化,或"相对剥夺",关于这一点,资本主义理论家只能借助穷人或市场的不可预见性中缺乏职业伦理等特别因素试图解释过去。

接着资本主义者发现自己恰好又回到了守势状态,因为他们同意社会主义者的观点,认为所有人应该享有平等的机会(社会主义者当然希望得到更多形式的平等)。资本主义隐含的对穷人的蔑视跟社会主义隐含的对富人的蔑视是不一样的。资本主义者和社会主义者一致同意,正确的政治经济能够使每个人成为社会的全权代表。因此,发达资本主义社会——尤其是美国——中不断加剧的政治和经济悬殊说明资本主义的理论根基有致命的错误。我当然记得我的母亲、我最初的耶稣会老师(其中有一些在越南战争中参与了"征兵证"的焚烧)以及哥伦比亚的一些更加激进的非终身制的学术界人士,他们声称,一旦资本主义社会走向社会主义社会,其将永远不会回头看。因此,在有着较强的原始资本主义传统的国家里,福利社会被看成可以加快社会主义改革,而非(像当今一样)在尚未掌握市场规律的国家中提供一种暂时的防护。结果,仅仅二十五年左右的政治经验(粗略地算从 20 世纪 40 年代末至 70 年代末)就可以用来证明,马克思发现了社会进步的基本规律(Wheen, 2004)。也许更不足为奇的是,在更短的时间里,以同样的确定性,马克思被证明一直是错的。

无可否认,美国的社会学部门已经在为后马克思主义对社会秩序的"重新自由化”铺路。20 世纪 70 年代末，当我还是在哥伦比亚主修社会学的在校大学生时，“社会主义”和“社会科学”的联系仅仅被看成拼写的意外。再往回看，在雷蒙德·阿伦(Raymond Aron)和罗伯特·尼斯比特(Robert Nisbet)的历史编纂工作影响下，社会学的出现被看成对 1789 年法国大革命的反应，以理性的名义，试图用一个规划好的社会一下子代替几个世纪的传统秩序。在最兴盛的时期(我的老师是这么说的)，社会学认识到，启蒙运动的乌托邦实际上就是伪装的极权主义噩梦，总是不能够容纳人性矛盾而又有弹性的特征，这点在诸如家庭和教会等所谓的“有组织的”机构中得到了体现(最初的德国社会学家对法律的角度尤为敏感，而从严格的角度来看，这两种机构的基础完全不同——家庭是不自觉的而教会是自觉的。尽管如此，这个事实并没有对“冷战”分子造成麻烦，他们关注的是两种机构对中央集权下经济制度的一致反对)。

在“冷战”宗谱学中，杰克逊(Jackson)时期美国的首席法国外交观察家亚历克西斯·德·托奎维尔(Alexis de Tocqueville)是这门学科的创立者，而他的热心通信者，同时也是奥古斯特·孔德的英国宣传员的约翰·斯图尔特·穆勒(John Stuart Mill)却没有得此殊荣。将穆勒排除在社会学之外却是相对比较近的事情了，一直到 1950 年，他在英国社会学界还一直是第二位经常被引用的人物(Halsey, 2004)。诚然，当穆勒因为“社会学”一词野蛮地将拉丁词根和希腊词根混在一起而故意回避孔德创造的这个词的时候，本身并没有为蹩脚的未来历史学家带来好处。穆勒一贯更偏爱的词是希腊语“道德体系学”，该词的字面意义是“道德科学”，最早被威廉·狄尔泰(Wilhelm Dilthey)翻译为德语的“精神科学”(geisteswissenschaft)，后来又被重新改造为 20 世纪的一个德语单词，用来指康拉德·洛伦茨(Konrad Lorenz)捍卫的生物适应的整体科学。在这一点上，穆勒的影响完全消失了。如果穆勒对道德体系学不是这么偏爱，社会学的历史也许就是一部有趣的反事实历史了，道德体系学本身就是他小时候父亲强加给古典语言的遗留物。

托奎维尔和穆勒最关键的才智差别在于，前者预见了民主迫使自由和平等进行权衡的“冷战”意识，而后者则坚持更加“社会主义的”观点，认为这两种美德可以通过多余财富的理性再分配得以共同最大化。如果想在这种背景中重新找回穆勒，最好先从边际效益递减法则开始，这是福利经济学的基本原理，主要因人文学科作为一项规范课题却最终对人类如何“总是已经”行事做出自然主义的阐述的启迪而产生(Proctor, 1991)。

在穆勒看来，如果一个人拥有足够的利益，通过将这个人得到的过多利益转移给缺少足够该利益的人，社会的全面福利就会得到提升。其基本理念是，这种利益转移的受益人将得到额外的自由来满足需求(比如对自由的意向),从而大方地抵消掉所产生的利益差别的紧缩(比如对平等的倾向)。穆勒将这个原则诠释为收入再分配的政策禁令,从而纠正对商品和服务的自由流动施加人为的限制所产生的社会不公,这些人为的限制抑制了个人向团体尽可能多做贡献的自由。几代人的法律实施已经使得这些不公看起来很“自然”,有时候甚至被证明是“命运”的产物。

然而,1850 至 1875 年间,当威廉·斯坦利·杰文斯(William Stanley Jevons)就穆勒对边际效益递减法则的诠释成功地提出反对意见时,经济学正式同政治经济决裂。杰文斯认为,这个原则旨在代表——而非纠正——自然,准确地说是个物理原则,因此不应该将该原则用于决定纠正社会不公的政策,而应该用于确认一个参考标准,从中可以看出它已经在起作用——看不见的手暗示够得着的范围。这个全新的解释逐渐被等同于(有些误导)经济学史上日益突出的“实证主义”倾向——尤其将重点放在理想的密闭系统(以牛顿的力学方式)的正式模式和实际社会中资源分配的过分乐观解释上:重新分配财富的政治动机从此永远受到对经济中其他地方发生的隐性再分配的科学探索的牵制。用熟悉的哲学二分法来说,穆勒要将“是”改为“应该”,杰文斯倾向于“是”中隐含“应该”的意思,前者选择政策作为缩小“是”和“应该”之间距离的武器,后者则选择研究。这种视角的改变使得实证主义在失去其精神实质的情况下得以保存其字面意义。

19 世纪 60 年代,穆勒和杰文斯两人的争论有部分相同的地方,让我们一起来看看两人之间社会地位的差别。穆勒属于政治上最引人注目的功利主义者之列——或这些最初的智囊团成员自称的“哲学激进分子”。他是格莱斯顿时代国会的自由党成员,当时,他倡导帝国主义是自由向全球扩展的最佳工具的理念。一旦基本的原则被确定——他深信这些原则已经被确定,那么通往人文学科课题的最笔直的成功之路就铺起来了,对此他没有丝毫的怀疑。要是他得知如今社会科学所处的不景气状态,一定会感到很震惊,如今的研究实际上旨在确定人们的态度先于——更不用说独立于——特定社会政策的贯彻。穆勒的幽灵一定会问:为什么不直接先减免税收,鼓励开明的私人机构从事某些社会实验,由政府认真地监督产生的结果并对政策进行微调?如果对人类状况的功利主义理解得到普遍的接受,这个问题就可以界定经验主义社会研究的背景,投票赞成模仿态度调查为全国范围的社会实验。

相比之下,英国的首位经济学教授杰文斯则热衷于将他的学科建成“价值中立”的学科,也就是说,不管是谁碰巧当权,它都是合理的。在一个选举权扩大的社会,通往科学性最有把握的道路当然不是预测老百姓的意见,更不用说先发制人了。因此,在杰文斯看来,价值的评判终究是主观的,也就是说,不是经济学家可以发表意见的东西——至少没有同调查对象进行商议。从穆勒崇高的维多利亚时代角度看,一个只有 1000 英镑的人似乎从拥有 100 000 英镑的人手中转移过来的 100 英镑那里获得更多的利益。没有进一步的调查,这种判断难道不仅仅是取决于穆勒对自己价值的强加之上吗?难道我们不能简单地设想,由于他们的身份与财富的创造过程紧密联系在一起,因此在富裕的资本家看来,那额外的 100 英镑价值是一样的吗?为什么这个人要被强迫——通过税收——去支持那些如果有这些资金就能够充分自足的人呢?

结果,与杰文斯的名字相关的一个悖论就成了生态学家和其他像穆勒一样深信人类的需要最终可以得到满足的人的苦恼之源。杰文斯指出,对于英国生产商而言,煤炭使用效率的提高实际上增加了煤炭的综合使用率,同样的道理(我认为是这样的),低热量食品的获得却鼓励人们吃得更多。换句话说,如果没有可能令人感到不快的国家干预,那么更多的消费机会将足以减少那些能够利用该形势的人的边际效益也就不太可能了。这些人只会从更多的消费中获取新的利益。在这个方面,生产力作为一种区别于生产的纯粹增长的有效途径在实践中难以实现:一个人永远不可能生产出足够的东西,因为其他人想要的东西总是更多(York et al.,2003)。按照杰文斯表面上的论点,财富的重新分配不可避免地是强制性的,甚至可能伤害发展的倾向。要不是已经有了马克思,人们就不得不在 19 世纪 60 年代创造出另一个马克思来阻止这股争辩的浪潮了。

当然,杰文斯并不认为自己试图以损害穷人为代价来为富人谋利。像查尔斯·默里和如今的生物自由主义专家一样,杰文斯更觉得自己是在报道人类行为的默认模式。的确,当今渴望"独立而平等"的多元文化身份认同政治的后现代传播者都说着许多同样的话,但他们在政治上显得更加激进,因为他们是在又过了一百五十年之后,描述以涂尔干规范性的名义由国家强制执行的对差别的有争议的抑制。然而,最终生物自由主义者和身份认同政治家都认为,国家和民间社会的决裂使得个性表现的各种自然表达形式成为可能,保罗·塞缪尔森(Paul Samuelson)之后的经济学家称之为"显示偏好"。也许后现代主义者同生物自由主义者唯一的实质区别在于,前者相信个性表现沿着社会学显著路线自然集结,而生物自由主义者有勇气坚定自己的信念,确信谁值得活和谁又该死的区分是"自然"的责任。其中 19 世纪的一个先例就是赫伯特·斯宾塞,他是社会科学的伪祖先之一,为"社会学"一词着迷,但常用它指社会生活的自然历史。

尽管最近对社会学历史的改写使得穆勒不再引人注目了,但很难否认的是,社会主义和社会科学的命运总是一起浮沉。因此,我以为,社会学是从对18世纪末19世纪初英国工业革命的思考中浮现出来的。正在出现的威胁着要拉平文明社会和野蛮动物之间难得的区别的资本主义生活方式是这个处于初期的社会学学科的隐秘敌人,而不是规划好的社会。凭借着人们挑选的某个启蒙运动哲学家,在古代雅典和罗马共和国,这种区别已经被战胜,但不管怎么样,到了中世纪,又倒退了,当时受柏拉图启发的世袭等级制度被用来保护基督教免受伊斯兰教的威胁,后者声称是基督教的精神继承者,承诺真主之下一样真诚的人类兄弟情谊。然而,对于启蒙运动的智者来说,这种威胁受到了自"二战"结束以来被称为"科学革命"的断然拒绝,在这个过程中,基督教被宣称从封建残余中解放出来(比如世俗化)。

社会主义和社会科学的孪生命运跟生态运动与环境科学的关系并没有什么太大的不同,尽管在两种关系中,后者都努力试图拉开同前者的距离(将"生态双胞胎"同"社会双胞胎"区分开来的当然是生态双胞胎正日益得到更多的政治与科学支持)。就社会科学和环境科学而言,最关键的问题还是这个知识体系必须从人文和自然科学知识更加被认可的形式中独立出来。毕竟,玛格丽特·撒切尔从来没有否认人类和家庭等自我组织的社会单位的存在,同样,她也没有否认我们拥有动物的本质并生活在一个自然的环境中。然而,很明显的是,她关注那些能够将被纳入更加传统的社会认知结构的社会(和环境)科学凸显出来的规范和政策,在不经意的热情知识分子的帮助下,这实实在在发生了。

传统上有两种截然相反的策略被用于阻止智人的所有成员充分参与人文学科的课题。一种把社会主义描述得过于有抱负,另一种则把社会主义描述得过于狭隘。前者明确指出智人中存在明显的等级制度,其所有成员都是平等的参与者不太可能,这个策略在历史上被和有人文主义倾向的保守党人联系在一起,后者怀旧地召唤比任何时候都更加稳定的封建秩序。后者关注的是拉平智人和其他动物的区别的反向运动,从而使得人文学科的概念失去形而上学的根基和道德的优先权,因此,根据对环境需求的反应能力不同,有些人后来被证明比别人更有价值——的确,有些动物也许也被证明比某些人更有价值,这是自然自由主义者独特的观点,到19世纪末,他们开始把达尔文的自然选择看成亚当·斯密看不见的手的普通化。我们会发现,21世纪初多少有点将这些忠诚搅乱,但结果依旧将实现人文学科课题的前景排挤出去了。

美国律师兼活动家杰里米·里夫金(Jeremy Rifkin)见证了该故事的一半,在他声称的"生物时代"里,里夫金公正地研究了一次意识形态的重组,社会保守党人员同生态左派联合起来,反对与生物技术相关的功利主义生活观。同时分享这种生活观的还有自由市场的自由主义者和马克思主义残余分子。里夫金认为这是一次新的重组,但实际上又回到了社会主义兴起之前工业革命期间的意识形态发展状态,19 世纪初的争论甚至被表述成一次反对发展和赞成发展间的争论,只不过在当今充当人们希望和恐惧的避雷针的是工厂,而不再是实验室。那时候土地的保护者和工业开发者占有明确的思想阵地,他们相互排挤,合在一起却很全面。他们被称为托利党(保守党)和辉格党(自由党),相应的知识形式后来被马修·阿诺德(Matthew Arnold)化为不朽的"有教养的"(人文学者)和"庸俗的"(自然科学家)。当时英国对社会科学还一无所知(Lepenies, 1988)。那个时候,托利党是恶习难改的穷人的家长式保护者,而辉格党则认为贫穷是企业被延缓的状态,穷人必须从中被解脱出来。

如今,这两派分别被定义为生态学家和新自由主义者,他们关注的范围多少有些扩大。生态学家将他们的家长作风延伸到其他物种,而新自由主义者深信,国家抑制了每个人的——不仅仅是穷人的——创业精神。表 3.1 体现了社会主义之前和社会主义之后世界的意识空间。我得立刻指出,19 世纪并没有完全从 21 世纪中消失——至少在英国没有。就表 3.1 来看,保守党和生态学家在猎狐是否依旧合法的问题上发生了争执,农村地区的人因为对狐狸福利的关注被嘲弄。同样,新自由主义者和自由主义者在长远看来无限期的发展政策是否可能将福利最大化的问题上也争论不休。

19 世纪和 21 世纪对这个基体的表达有个关键的区别,即意识形态对立的双方想要保护或解放的东西的确是本质。在 19 世纪,这种东西是劳动力,保守党人想要从体力上(即个人搬家去找工作的能力)和概念上(即两代间财产、贸易和技术的转让中家庭和行业的优先权)限制劳动。相比之下,自由主义者承诺在两个方面给予自由:一方面,自由主义者想要割断人们和土地之间的世袭联系,它合法地抑制了工厂的建设以及住在这些工作地点附近的人;另一方面,他们想要解除劳动和具体人类化身的关系,后者有效地将劳动简化为马克思所说的"可变资本"的一种形式,最终可以被技术"固定资本"代替。

表 3.1 社会主义之前和之后的政治局面

	保护主义者	解放主义者
人类中心论	19 世纪保守主义	21 世纪新自由主义
物种平等主义	21 世纪生态主义	19 世纪自由主义

在 21 世纪,生态保护和新自由主义解放的目标是遗传潜力(Fuller, 2002)。生态学家为一个全球的知识产权制度而斗争,这种制度禁止"生物勘探者"占用土著居民的遗传潜力和动植物物种的专利。与此同时,新自由主义者设想知识产权立法的

目标不过是除去人们进行遗传潜力自由贸易——同时为之负责——的障碍，如同他们进行别的财产交易一样。再者，新自由主义者跟随过去自由主义者的做法，预见了人工代替自然，犹如贸易中的有机物质最终被生化合成版代替，后者成本更低，风险更低，产生的效果却是一样的。

然而在19世纪初必须存在的——而在21世纪初正在消失的——是各种红色的阴影，过去常被用来在欧洲社会主义和社会民主党的政治局面上画一个潇洒的轮廓，同时也区分它们独特的知识形式。诚然，这些政党继续存在，只要凭借组织的惯性——对罗伯托·米歇尔斯(Roberto Michels)1911年的经典著作《政党》(*Political Parties*)中详细叙述的社会民主党成员命运的讽刺性扭曲。然而，在英国和北欧变得尤其明显的是，过去的社会政党受生态学家和新自由主义者强大对抗力量的支配。美国民主党内部也存在较缓和的这种紧张局势。

我们往往会忘记，将广泛功利主义的亲科学、亲工业政策的角度同对所有人文学科——特别是其最脆弱的成员——的首要责任感相结合是社会主义的一大成就，从根本上完成了启蒙运动承诺的对基督教的世俗化(MacIntyre, 1994)。该运动始于马奎斯·德·孔多塞和奥古斯特·孔德的"人文主义宗教"，延伸至过去两百年里各种各样的社会主义运动，在1950至1975年间福利社会的全盛时期得到最成功的实现。正如黑格尔和马克思所指出的，社会主义的天资在于从保守家长制和自由唯意志论的辩证结合中产生平等主义的政治伦理，不平等主义的这两种对立的形式到18世纪末的时候逐渐被统一起来。这是第一次有某种政治认真对待这样的一个观点——至少作为集体行为的一个调节目标，即所有人都是平等的智人。

"各尽所能(自由党的信条)，按需分配(保守党的信条)。"马克思的这句箴言中依稀可见社会主义的不平等根源。马克思设想，自然产生的劳动互利分工必将产生一个无阶级的社会，可是如果我们还没有生活在"零度社会"(革命时刻)而阶级已经存在该怎么办呢？19世纪，保守党人可以从马克思的口号中看出重新确立依赖关系的需要，而自由党人士则将它理解为号召商品和服务的自由交换，保守党人和自由党人士都认为，无论是基于归属还是成就，法律上认可的分层体制都有可能产生这两种情况。再者，双方都能为自己的立场辩护，并将对方的立场妖魔化，正如查尔斯·狄更斯(Charles Dickens)在小说《艰难时世》(*Hard Times*)中对无情的英国自由党人士托马斯·葛莱恩(Thomas Gradgrind)的虚构描述和布拉姆·斯托克(Bram Stoker)对奥匈帝国寄生虫似的贵族德古拉(Dracula)伯爵的讽刺。表3.2表明了不平等主义这两种形式的区别。

表 3.2　现代社会主义的两种不平等主义来源

	保守主义家长式制度	自由主义的唯意志论
给社会主义留下的遗产	国家确保有能力者供养贫困者	国家确保贫困者成为有能力者
对贵族的看法	传统的世袭保护者	非劳力利益的挥霍者
对资产阶级的看法	唯利是图的传统破坏者	非劳力利益的投资者
对穷人的看法	脆弱的受保护者	经济的负担
法律先例	济贫法	圈地法
经济政策	最低工资	鼓励税收
福利策略	社会保险	大众教育
最初平等的来源	适应命运	天生的能力
最终不平等的来源	自然等级	个人功绩
虚构的魔鬼	托马斯·葛莱恩	德古拉伯爵
“妖魔化的他者”	“吝啬鬼”	“吸血鬼”
真正的魔鬼	杰里米·边沁(Jeremy Bentham)	奥斯卡·怀尔德(Oscar Wilde)

无论机会成本多大,保守党的策略是重新建构现有的社会秩序,而无论产生什么样的社会混乱,自由党希望对现有的财富进行最有效的投资。对于英国自由党来说,济贫法将80%的地方税收用于为穷人提供少量食品和住处,这些可以被更好地用于修建道路和其他资本投资,吸引工业,从而创造就业机会,使得穷人可以增加国家的总体财富,从而实现自我富足。相比之下,保守党认为,维持安全生活需要的成本是稳定的等级制度,这也就意味着穷人与富人之间封建依赖关系不断再现,动摇这种等级制度将招致难以估量的损失,包括不必要的死亡。但对于自由党来说,保持稳定的更大成本是,穷人永远得不到机会爬升到合适的功绩水平(如果他们被证明不能适应市场的需要就会死亡),从而阻碍了社会生产力的全面发展。自由党政治经济学家将未使用的继承来的土地数量看成这种挥霍潜力的最终标志。

因此,自由党开始质疑阶级的划分依据:为什么是纯粹的财产所有权而不是挣来的收入和功绩?被吹嘘为自由党政治哲学的“个人主义”只不过是认识到了阶级的划分是约定俗成的,每个人天生拥有的内在能力是一样的,但利用这些能力的机会不尽相同。在自由党人向往的世界中,人们可以像地主处理自己的财产一样处理自己的能力。理想的是,一个人在这个扩展的意义上在一个自由的环境里如何处理自己的“所有物”将作为对自己的评判。我们将会看到,随着我们获取更多特定的生物能力知识，这个视角将逐渐被重新创设。无论如何，就对某种类型的优势积累的需要而言，自由党和保守党的意见是一致的，但对于它的基础，双方持不同意见。尤其是，什么是合理的继承原则？继承权的法律理论对家庭成员隔代转让资格的看法非常古老而且与血亲有关，这种转让资格为儿子继承父亲的财产或掌管父亲的产业（如长子继承权）创造了基础。正是这种对优势积累的共同关注——理查德·道金斯更新为“延伸的表现型”——将自由党和保守党最清晰地同社会主义者区别开来。

第四章　继承问题和社会主义向自然主义的最终撤退

在德国、法国和美国，继承问题——财产两代间的传承——是社会学创立的中心问题。福利的概念旨在获得集体的继承，每个社会成员对社会做贡献，每个人都从中受益，不过——如马克思所强调的——不是根据某种默认的基于生物学的原则。在19世纪的最后二十五年里，这三个民族国家都将个体合并的法律基础改变为社会秩序：德国合并，法国世俗化，美国扩展。德国社会学协会首任主席费迪南德·滕尼斯(Ferdinand Tönnies)给社会学的创立特征取名为"社区"(gemeinschaft)和"社会"(gesellschaft)，分别用于指保守党和自由党的两极，这个新结合的社会概念就是从中创造出来的。滕尼斯是经过培训的法律学者，他把这个概念当成我之前曾经提到过的中世纪罗马法律的创新顶点。

直到12世纪，罗马法律一直承认社会生活的两大范畴——撒切尔宣布社会的不存在将把我们带回到这两个范畴。在"自然"的做法中，财产通过家庭(宗族)传承，是生物再生产和社会继承的结合，但是也存在临时协会(socius)的"人为"做法，如股份公司和改革运动，它们以工程为中心，一旦工程结束和利益被分配给工程的合伙人，它们便不再存在。"社区"和"社会"的区别正是基于这一点，这种区别还坚持民间的理解，认为生物上获得的特点比社会上获得的特点更加基本、更加牢靠。这两个范畴中缺少的是一个人造的享有永久法律保护的社会实体，在特定的地点和时间，其结局将优于任何一个成员，这个实体——通常被译为"公司"——就此诞生(Berman, 1983)。这是社会科学研究的范例对象来源，起初，这些实体主要有同业行会、教会、寺院、城市，当然还有大学，如今，民族国家和厂商等更大的联合实体也逐渐被囊括进来，而它们的建立正是马克斯·韦伯的社会学的中心课题。

作为人文学科独特表现的"公司"得到了相当高的重视，这个法律范畴的出现证实了有关社会的一个概念，即社会不能被简化为超人类的命运或低于人类的驱动，也就是神学和生物学的领域。在这个方面，孔多塞和黑格尔是仅有的两位较著名的早期社会学家，他们将"普遍状态"等同于变得自觉的人文学科。这种认同并非基于某种对法兰西共和国或德意志帝国的声名狼藉的沙文主义,而是基于“公司”这个概念的纯粹逻辑之上。不奇怪的是,滕尼斯赢得了托马斯·霍布斯(Thomas Hobbes)一般的学术声誉,后者是最初为某些政治上令人感兴趣的目的而利用这种逻辑的人之一。

霍布斯通过成员的规范调整看到了“公司”自我改进的潜能。确切地说,他认识到这个进程需要从自然的个体到被批准为“公司”的人造团体的财产的重新分配。在霍布斯看来,对于将自然状态下的个体进行分类的恐惧和力量将会被转移,并集中到他所描述的“公司”上来,即利维坦状态(Leviathan state),其绝对力量使得个体能够参加持续的和平协会,长期促进文明,造福后代。福利国家中实现的社会主义理想可以说将这种逻辑更进了一步,收入再分配旨在消除阶级差别,而这是在后利维坦民间协会的优势积累中无意间出现的,正如马克思最形象地认识到的,这些协会有力地创造了自然状态的一个“文明的”版本。马克思似乎以更加共产主义的心态相信,无产阶级革命将把霍布斯的“君主”交回给人民,有了自觉性和现代的生产方式,人民完全可以过着安全和平的生活。然而,由于缺乏那个空想的结局,国内收入署的威胁以最初由利维坦施加的普遍威胁得到升级而告终。

从来没有人否认,财产(被理解为既是抽象的品质又是具体所有物)的再分配势必造成经济学家所谓的“交易成本”,即实现再分配涉及的成本。可是如何保证这些成本合理产生,不使它们想要维持的交易难以承受呢?霍布斯的解决办法——长期和马基雅维利相关——很干脆利落的一个特点是,力量的可靠威胁是自我节约的(Botwinick, 1990)。换句话说,这种威胁不需要被施加,因为预期目标预见了其血腥的后果,因此,它们尽力避免产生这种后果的情况发生。当然,一开始这种威胁必须是可靠的,这也正是霍布斯强调君权绝对性的原因所在。任何缺乏力量的完全垄断的东西都将引来挑衅,将君主的力量分开,介于再分配条件的保证和实际的再分配之间。规范上理想的财产再分配可能仍然产生,但也许只是最初全体居民中的一部分。诚然,要将人文学科从智人更加顽抗的元素中解救出来,这个代价是可以接受的,至少在法兰西第一共和国的革命创始人看来是这样的,其他人不是非常确信。

19世纪的最后二十五年中,社会科学家的第一个职业学会,即德国社会政策学会(Verein für Sozialpolitik),着手解决这个问题,提出最低限度的福利国家,作为富人忍受社会和经济的快速变化却不产生民间动荡所必须付出的代价(Rueschemeyer & van Rossum, 1996)。通过这种方式,德国才能够从内部和平地过渡到全球帝国主义新兴成员的位置上。以俾斯麦的社会安全保险计划的模式,保守党的家长作风对社会主义理想的实现做出了正式的贡献,因为一开始的妥协逐渐变成了德国新兴的社会民主党的号召力。不管怎么说，俾斯麦的计划的确使德国免去了一场马克思主义无产阶级革命，其跟法兰西第一共和国潜在的相似性让各个党派感到恐惧。再者，只要福利国家只为社会生活的维持提供最低的——不是最佳的——标准，穷人就不太可能有机会拥有足够的安逸，向富人发起可靠的有组织的挑战，在这个方面，俾斯麦的福利社会旨在对里卡多(Ricardo)的"工资铁律"做个补充，后者给予工人"合理的"报酬，刚好足够使他们第二天继续来上班。

然而当保守党试图在快速的变化和不断燃起的希望面前维持秩序，从而不经意间为社会主义铺平道路的时候，自由党提出的通过更大的跨阶级流动从而全面提高生产力的承诺最终在创建更加强健的福利国家的政治争论中胜出。这场争论在英国费边社会主义者中间非常普遍，被呈现为自我加强的"良性循环"：通过每个人尽其所能，社会的整体财富得到提升，这也就意味着每个人都需要得到机会去展示自己能做的事情，从而创造更多的社会整体财富。福利目标这种从过去向未来的转变意味着对累进税制的一种不同的合理辩护。因此俾斯麦的福利主动性在于，让富人奖励工作干得好的穷人，从而让自己保持富裕，而费边主义的福利国家则让富人在那些最有可能维持或增加他们将来财富的人身上做投机投资。与此相应，福利国家的注意力转移到了预防医学和教育机会的"前载"开支上。

1950 至 1975 年间，费边主义对福利较为大方的观念逐渐被用来界定"第一世界"国家，该策略总是面临着两股抗衡的力量，诱使政策制定者回到继承权的生物根基上：富人试图收回税收负担的坚强毅力和福利受益者对改善生活机会的拖延。双方都含蓄地提出再分配的交易成本问题，这给党派政治运动带来可能的严重破坏。正是在这种急躁的背景中，优生学可谓承诺廉价的社会主义(Allen, 1998)。

19 世纪末(即马克思主义者在表达上垄断市场之前)，在以英语为母语的世界中，提出以优生学作为政策制定的体面的学术基础的两大责任人是弗朗西斯·高尔顿(Francis Galton)和卡尔·皮尔逊(Karl Pearson)，他们自称为"科学的社会主义者"。对高尔顿和皮尔逊来说，赫伯特·斯宾塞之流的所谓的社会达尔文主义者的放任政策在社会学看来实在幼稚，他们低估了仅仅一个卓越的祖先就能够让连续几代没有成果的子孙占据重要位置所能达到的程度。优生学特别瞄准了英国上议院，在优生的乌托邦里，通过调查整个的家族史，看看哪个世系在代系的成就中表现出一致和提高，上议院的选举得到合理化。再者，在这个基础上，优生学家可以为提高较卓越的世系的繁殖倾向提供动力，降低不是那么卓越的世系的繁殖倾向，从而提高自然选择的力量。

值得提出的是，在 20 世纪，对优生学的探究至少在三种基因遗传的社会显著特征的不同概念中进行(Radick, 2005)。首先,在以英语为母语的世界中,高尔顿、皮尔逊以及他们的"生物统计学家"同伴们设想,即便与个体父辈之前各代的距离成反比关系,每个个体都带有先前所有祖先的特征。相比之下,严格遵循格孟德尔对继承权的描述——遗传学当前的科学根据——的优生学家却和德国的"种族卫生学"有关,因此只有个体的父辈在基因组成的决定方面起作用(Proctor, 1988)。然而,大多数普通的假公济私的优生学家属于第三种,臭名昭著的代表有斯大林的农业部长和自称为"辩证生物学家"的特罗菲姆·李森科(Trefim Lysenko)。他们是19世纪生物学家让—巴普蒂斯特·拉马克(Jean-Baptiste Lamarck)的追随者,认为个体基因组成的韧性十足,人的生活经验中至少有些痕迹是可以传给后代的,这个观点——习得特性的继承原则——在斯宾塞等致力于跟达尔文主义无关的进化论研究的人中间很受欢迎。他们一直没能够动摇认为个体可以直接对本物种的自我完善做出贡献这个拟人化的观念。

值得注意的是,拉马克的选择在20世纪一直保持活力,这不只是马克思主义信条的功劳:20世纪初,美国发展心理学家詹姆斯·马克·鲍德温(James Mark Baldwin)建议用达尔文的术语来模仿拉马克,声称选择的优先权会给予那些最容易学会所教内容的人(Richard, 1987)。从这个视角来看,训练对个体的身体(然后是他们的基因)并没有强加新的规则,更多的是触发了遗传倾向,后者在居民的一些成员中已经表现得比其他成员更显著。这些具有如此遗传优势的人的后代在社会中逐渐引起人的关注,从而假冒拉马克意义上的进步。

在优生学的这三种概念中悬而未决的是在默认的人类繁殖模式中经科学授权的国家干预。例如,生物统计学家期待长期被遗忘的祖先的某些特征最终重新出现。因此,他们热衷于以编辑统计表和推进预防科学来期待——可能的话还通过绝育、避孕和流产来先发制人——他们所认为的进化返古的重现。与信守孟德尔立场、指望仅凭隔离甚至灭绝犹太人就可以完全根除犹太人身份的纳粹相比,作为一项优生学政策的生物测定学立刻在认识上变得更具侵犯性而在本体论上不是那么猛烈。一旦知道父母亲是谁,不需要再问其他的问题。相比之下,以改善条件以便产生对社会有利的繁殖的名义,新拉马克追随者们支持学习环境——家、学校和工作场所——的系统重建。城市更新、教育和卫生改革等福利国家的社会政策倡议通常都是生物测定学和新拉马克追随者感悟的某种结合。

无论如何,20世纪大致上是优生学肆意横行的一段历史。对于大量移民涌入、公共卫生以及教育成本不断攀升的国家,随着遗传因果机制知识的不断进步,优生学的确在繁殖过程中越来越多的点上承诺简单的解决办法(King, 1999)。在20世纪初，只有通过适度的刺激（如减免税收和收入补助）或暴力（如绝育和种族灭绝）的方法才能改变繁殖模式：一种不够强烈，而另一种则过于猛烈。然而，当今的优生学——如今在"遗传咨询"的伪装下前行——可以在多个中间阶段进行干预，其中包括羊膜穿刺术和遗传病筛查，它们更可能得到广泛的道德共识。

再者，按照法国最高法院一项具有里程碑式意义的裁定，现如今有一种法律先例，认为如果那些接近出生的人能够理智地预测到自己将过着非常贫穷的生活，那么他们有"权力"不出生（Henley, 2002）。这项裁定一个非常显著的特点就是它的设想很快就被应用到相关事例中，就撒切尔来说，她认为社会不需要为其成员承担特别的负担。该法院裁定，被称为"缺陷"的遗传反常现象并非社会法律创新表面上的时机，正如动物权利保护者为他们智力上接近人类的被支持者主张权利那样。缺陷是纯粹的负担，只有具有该缺陷的人的父母和医生为之负责。法国议会随后进行了干预，就残疾人的出生方面，限制该裁定仅给予父母亲有限的权利对医疗疏忽提起诉讼，但是初步行动已经开始了。

法国法院的这项裁定将我们远远地带离了约翰·罗尔斯（John Rawls）的"无知之幕"这个坚定的福利主义视角，他认为一个人本身在社会上的位置是不确定的，因此最好是分配资源，这样即便是最差的社会位置也不那么差了，在此基础上，他为财富的大量再分配进行了辩护。的确，对于某些政治哲学家来说，我们预知遗传运气差别结果的能力逐渐加强，为彻底远离罗尔斯提供了充分的基础。希勒尔·斯坦纳（Hillel Steiner）如此远远地回到自由意志论，以至于他要推广法国的这项裁定，让侵权法借鉴该国将利与弊集体化并重新分配的大部分声明。在斯坦纳展望的世界中，遗传科学的基础知识和一个人自己的基因组成都将成为公民教育必需的内容，由此，个体作为自我管理的一个正常部分就可以解释得通了。对于女权主义法律理论家罗克珊·麦基蒂乌克（Roxanne Mykitiuk）来说，这种新兴的生物自由主义政权不过是后凯恩斯时代国家前进中的另一步而已。因此，政策制定者设想，随着我们对基因和特性之间的关系有更细致的了解，国家可以安全地退回到市场的调节边缘，保证生物医学产品和技术做到其声称能做的事情。掌握了这样的信息后，消费者得自己做出决定并承担相应的后果。

罗纳德·德沃金（Ronald Dworkin）试图更新罗尔斯的理论，坚持社会化保险来对抗遗传风险，这个策略得到了英国主要癌症研究慈善机构的认可，认为这是公众在国民医疗保健制度中再投资的基础，尽管当前劳动党政府的政策是将卫生保健工作交给私营部门（Meek, 2002）。福利国家的这种重塑揭示了遗传科学很根本的一点。设想一下，如果我们假设有一个固定物种或普遍的基因库——公认的一个"密闭系统”,随着生物技术的进步,其压力也越来越大。尽管如此,在理想的状态下,遗传学会同时展现可能的生活机会的共性(即基因型)和在个体中实现特定生活机会的任意性(即显型)。即使被公认为“缺陷”的特性有明确的遗传标志,阻止这种缺陷增多的唯一出路也只能是阻止任何带有相关标志的人出生。统计学家称通过这种方法剧增的妊娠终止为“假阳性”,而其他每个人都称之为“过于谨慎犯的错”(大规模地)。考虑到可能的不受欢迎的结果,这项一般政策先发制人,勾画出了一个无法容忍的不愿承担风险的社会(例如,相对较普遍的唐氏综合征就出现于一些重要的法国病例中)。可是,这项政策是作为后福利主义的“天堂”被提出来的,不仅得到了新自由主义者的拥护,同时也得到了生态学家的拥护,后者对“预防原则”的援用也达到了类似的效果。

人们很难用言语来表达生物自由主义转移的优生情感。福利国家和生物自由主义的区别通常以对待风险的不同态度呈现出来:前者的目标是将风险最小化,而确切地说哪怕不是将风险最大化,后者的目标至少也是要接受风险。然而,考虑到生物自由主义者这么容易预先阻止悲观的生活机会,这种看问题的方法是自相矛盾的。虽然罗尔斯本人倡导个体天生不愿承担风险的观点,但福利国家的再分配策略的实际目标是将风险集体化。换句话说,国家使得人们得以重新组织,这样的话,跟个人意愿或所能承担的相比,他们可以承担更多的风险。正如斯宾塞或高尔顿从各自不同的角度来看,福利国家的资源再分配人为地扩大了选择环境,允许其他不适合的个体生存——大概是出于这些个体可能为社会上的其他人提供的预期长远利益。就来自贫困家庭的有理想的聪明孩子的教育资助和卫生保健方面,其社会效益在几十年之内都是明显的。然而,残疾人特殊教育和卫生设施所带来的效益有赖于人文学科观念的扩展和对承担结果的更大耐心(Barnes & Mercer,2003)。

玛莎·努斯鲍姆(Martha Nussbaum)建议定期采纳马克斯·韦伯对所谓的“兽性诞生”的“重新附魔”观点,从而充实政策想象力。“兽性诞生”不是要避免的问题,也不是要被最小化的负担,而是一些象征性事件,从中我们可以深刻认识到成为“我们”中的一员意味着什么。可是这种“深刻”远非神秘,不过是要求将“兽性诞生”理解为拓宽人类定义的一个理由而已,而非因为不能跟现有的定义相符而将其排除在外。历史上,这种态度对于独特地促使西方医学科学总是将死亡——“像战争一样”,雅克·奇拉克(Jacques Chirac)如是说——看成对失败的承认是必不可少的。不顾成本,甚至不顾给生命被延长的人带来的后果,无条件地致力于延长人的生命是一神论对智人中体弱者的关心的现世延伸。在这些最脆弱的派别中——至少在犹太教、基督教和伊斯兰教看来是这样——存在着被剥夺了世俗权力的人,剩下只有上帝才认得出是“他”自己的外形。

社会主义和社会科学实实在在的失败很方便地被用来解释意识形态向生物自由主义的大退步，而解释中很重要的一个部分在于政治利益从特定人类向更广泛的生命意识的扩散。它反映的不只是新达尔文主义对当代政治和伦理直觉的文化影响，同时也反映了政治经济的深刻变革。最先的动物权利保护者都是城市居民，如伊壁鸠鲁、柳克里修斯(Lucretius)、蒙田(Montaigne)和边沁，他们并没有保护自然环境的特别信仰。的确，他们的亲动物思维是将所有具备感知能力的生物从“自然状态”的束缚中拯救出来的一般策略的组成部分(Plender, 2001)。跟对于林尼厄斯(Linnaeus)、蒙博多(Monboddo)勋爵和拉马克来说一样，对他们来说，一个人能够给予动物的最高赞扬就是说它们适合做人类的伙伴，只是随着作为一种生产方式的农业的衰落，动物权利才逐渐被纳入一般的生态伦理。因此，当彼得·辛格开始提到“扩大道德责任的圈子”时，他基本上将整个行星纳入了他的视野——保护动物栖息地，而不仅仅是将动物并入人类社会。

确切地说，我说不出动物权利什么时候开始同特别的反人类情感联系在一起，比起家养的动物，后者更加重视野生动物的生存。尽管如此，动物权利向全球生态伦理的同化降低了适当人类生存(将痛苦最小化)的标准，同时也降低了对于未能满足那些标准的个体(残疾人、体弱者，也许还包括多余的人)的容忍度。换句话说，动物权利的普遍扩大伴随着对人类特定阶级权利的限制。在第十章我们将会了解到，这种发展可能被看成拉罗什富科(La Rochefoucauld)的信条“熟悉易生轻辱”的科学版本。事实上，动物从全球生态伦理的怀疑中得到好处只不过是因为人们对它们的了解不多而已。

这种评价更具体的一个版本一直是亚里士多德传统的中心意思：动物在道德上是中立的，而人类并非如此，因为前者总是认识到自己较低的潜能，而后者总是意识不到自己更高的潜能。这中间人类独特的向往自由意志的能力起到了实际作用。无可否认，残疾人对于未能意识到自己的潜能不负个人责任，但这并不能阻止他们跟体格健全的人相比时被看低。根据这种持续不断的亚里士多德情感，人们进行更多的动物研究，其无意间创造的长期价值在于，对动物生活的等级越熟悉，就越容易对动物做出类似的细微评价，也许还包括让它们对自己未意识到的潜能负起责任。随着立法逐渐延伸到正式的动物保护、政治代表和医疗保险等领域，这些问题的解决时机已经成熟。

我们已经看到福利的概念从两个方面消失了。一方面，生态学家想要“扩大道德圈子”来覆盖动物福利，在税基总是收缩的后社会主义时期，该政策总是将发给人的福利物品缩水，从而导致法律范围中有关权衡的更加明确的讨论，甚至还有卫生保健的治疗类选法。另一方面，除了最基本的福利条款，新自由主义者只希望国家从参与所有的福利条款中退出来，将个体的税收负担转化成个体看着合适并可能使用的额外的消费力。

基于基因组的生物技术的新进展给生态学和新自由主义者对福利条款的看法都带来了宽慰，一方面，构成新生物技术基础的本体论强调人类和其他动物存在90%或更多的基因重叠，因此可以假定他们具有同等的利益和权利，另一方面，新生物技术的研究日程转向确认DNA具体组成部分中特别的反常现象，最终将使每个个体对自己基因的长处和弱点有个全面的了解，这样他就可以就自己可能需要的卫生保健的级别和类型做出"明智的选择"。在政治差别意义上，"老社会主义者"将把"90%或更多"这个数字作为鼓励异种移植、基因治疗和动物实验——都帮助最大限度地利用动物来提高人类的福利——的根据。再者，"老社会主义者"不是将重点放在每个人DNA的独特性上，而是指出它们是共同的基因库中一些要素的偶然结合。

人类社会中最脆弱的成员的福利作为明确的政策制定目标很大程度上被放弃了，虽然双方都继续争辩说穷人和残疾人可以——通过垂滴说经济学或某种"安乐死"(尤其是痛苦的最小化被赋予了最重要的价值)——间接受益。这个迹象表明，生态学家和新自由主义者都从之前由红党坚守的阵地中撤出过。的确，生态学家和新自由主义者都倾向于说导致劳工运动和社会主义政党产生的最基本的贫困和贫困化问题已经或多或少地得到了解决，就好像人们经常声称天花和脊髓灰质炎等之前广泛存在的疾病现在已经被根除了。但是，如果他们假定一旦社会得到进步就不可逆转，因而可以被善意地忽视的话，那么这种类比的双方从经验论上说是有漏洞的，甚至存在概念上的混淆。

即便在过去的二十五年中国家间和国家内部的贫富差距一直在加剧，就社会学家而言，在阐明这种相当奇怪的先发制人的未来主义方面，他们做的也相对较少，而未来主义是当代后福利主义政治的典型特征(Wheen, 2004)。相反，社会学家们将视线转向人们普遍处于福利国家的权力下放所造成的危险中，以及紧跟着出现的自我组织的"生活方式政治"。看起来似乎随着福利国家的衰落出现了社会学感性的现象学解释，就好比社会机构的本体论随着国家权力的转移立刻消失。当然，这里我指的是乌尔里克·贝克(Ulrich Beck)提出并在"本体论的不安全性"的幌子下由安东尼·吉登斯推广的所谓的"风险社会"。然而，这不是艾尔弗雷德·舒茨所理解的现象学，也不是任何人正常理解的政治。

随着大众传媒的出现，舒茨曾提出过非常著名的论断，他认为收音机给了听众一种错误的即时性，这些事件的发生远远超过了他们的日常生活经验，从而使得他们有胆量进行政治干预(他担心的是法西斯激励资产阶级的宣传会扰乱政治秩序)。如果我们用“互联网”代替“收音机”，那么舒茨的保留意见似乎可以应用到与反全球化运动有关的生活方式政治中了。传媒的这种变化使得反全球化者能够将知识的产出方式控制在相当的程度，同时使得他们能够从普通政治中获得活动的自主权。该运动中明显缺乏的——特别是和过去的劳工运动相比的时候——是对那些被借以名义组织游行示威的人的持续关注。抗议者往往不是所代表的阶级成员，而是受过良好教育的善意的人，他们凭借着年龄、可支配收入和就业状况，可以很容易地将自己送到全球政治和经济压迫者碰巧聚集的第一世界，而实际的受压迫者通常忙于在第三世界的血汗工厂工作，或担心当地的政治报复，因而不亲自参加游行。

在某种程度上，这种持续关注的缺乏已有先例，即便多数的学术政治浮夸之辞关注“阶级压迫”，20 世纪 60 至 70 年代，以大学为基础的激进主义试图同工业劳动取得联系，但未获成功。通过后见之明提供的 20/20 展望，我们可以说，校园激进主义保住工厂的工作用的通常是社会连带主义策略，其更具生态和自由的特性对于有组织的劳动来说不具有吸引力。当然，反全球化运动者是否真正为那些他们声称所代表的人的利益服务，众说纷纭，人们尚未有一致看法。尽管如此，该运动已经显示出一些明显的互动环境。代表和被代表的人——抗议者和被压迫者——经常被限制在最广泛意义上的“媒体宣传拍照机会”中，如有线电视新闻频道上抗议者短暂地拜访被压迫者居住地，还有的抗议者自己在家拍摄表明被压迫者意识的提高。

很容易看出这种自封的他人代表如何将人文学科政治简化为“自然政治”(Latour，2004)。例如，动物权利活动家并没有组织动物来反抗它们的人类压迫者，他们也不一定在动物身上花很多时间——他们也参观动物圈养地，但主要是记录它们所遭受的痛苦，然后给可能改变它们命运的人看。这种和动物相关的政治政策完全可以理解，但如果被用于人类，任何社会主义者的心都会随之一沉：劝说当地居民组织起来反抗压迫者的尝试在哪里？当然，在当今的政治气候中，已经发生的少数这种尝试被看成“叛国”和“恐怖主义”——的确，跟 19 世纪社会主义者做类似事情时的境遇一样。然而，最初的社会主义者不因国家制裁的威胁而踌躇不前，因为他们深信自己能够说服当地居民接受他们的观点，更重要的是，让他们相信有助于说明该观点正确性的事实。与此相应，这种结果将鼓励扩大的同志关系继续向世界各地蔓延。

这里我们看到了多种意识中的一种，其中社会主义在世俗的幌子下试图实现基督教精神(MacIntyre，1994)。在社会主义事业——至少在成为任何一个国家占支配地位的国家政党之前的组织阶段——中预先假设的是，一个人对该事业的忠诚必须接受未改变信仰的人的考验,这给社会主义带来了很多的英雄特质,但同时也意味着该信条是对它所遭遇的抵制的回应,而这种抵制恰恰来自社会主义者所代表并渴望为他们说话的那些人。相比之下,反全球化运动基本上是自封的解放运动,不要求所有的对象承认它的观点。严厉点解读的话,反全球化运动者在他们自己的社会学眼界内似乎显得不太愿意承担风险并固执己见。实际上,他们将受压迫者的困境同化为自然环境的困境,而他们从未想过寻求它们的一致性。在这方面,他们忙于政治的"非人性化"——即便受到的是仁爱的启发。

其他为社会学提供后福利主义根基的尝试都在"身体政治"的浅滩上摔跟头了。在 2002 年英国社会学协会年会的主旨演讲中,颇受欢迎的"身体社会学"专业创立者布赖恩·特纳(Bryan Turner)呼吁在社会科学内部进行劳动力分工,重新捕捉普遍的人性和特定社会间的差异。不足为奇的是,这种假定的分工受到的是现象学的启示——在普遍的疼痛经历和苦难在文化上相对的显示之间。在特纳看来,这个重新定义的假定优势在于,它将社会领域的界限直接设在了和自然界的交界面上,因此,特纳欲将社会学的职权范围扩展,使其能够覆盖先前被转让给心理学和生物医学的领域。

遗憾的是,这样的扩展以减弱"社会的"定义为代价,再次在损害老"左派"的情况下给予了生态学家和新自由主义者宽慰:在特纳的勇敢的新社会学中,"社会的"被简化为个体拥有的特征的集合(新自由主义者的倾向),而且,这些特征被这样界定以至于它们的拥有者不一定非得是人(生态学的倾向),这标志着本体论的回归,该理论把"物种"、"人种"和"文化"的差别看成程度上的差别而非种类的差别,其规范的理想被固定在这样一个群体中的理想成员身上而非"人文学科"打算成为的示范性集体产品之上。

第五章　福利的恢复和英国社会学的重新发现

我们对人类和其他动物的基因组成以及我们在活的有机体内和体外进行基因干预的能力的了解是史无前例的，这一点毋庸置疑。还存在疑问的——而且将一直存在的——是我们对后果的掌控。遗传学是一门不能简化的统计科学，至少在三个方面存在不确定性：同一基因组中各基因的相互作用、从属型到显型基因的相互作用，以及基因组成同环境的相互作用。在这方面，"生物技术"这一术语掩饰了知识和掌控之间很重要的社会差距。诚然，在 20 世纪初，当优生学家从哈迪－温伯格（Hardy－Weinberg）定律中获知带有相关基因的个体的大部分残疾得不到表现的时候，他们并不承认选择育种工程的失败，相反，他们加强研究，就好像这种不确定性是可以通过更加准确的遗传知识和更具侵略性的遗传技术根除一样（Paul，1998）。然而，正如人们对所有复杂现象的预料一样，该研究也只不过在成功地解决老问题的同时提出了新的问题。

遗传科学的统计性为 21 世纪社会科学和社会主义的复苏提供了最好的机会。但这种前景的实现需要真正的黑格尔对遗传学的"否认"。换句话说，作为一个知识体的遗传学的地位需要被降低，然后才能够被适当地并入"社会"的全新概念中。确切地说，它"仅仅"被看成一门社会技术，可以借助各种不同的理论、意识形态和政策得到诠释和辩护，但绝不是一门独立的科学，更不用说是基础科学了。这剥夺了遗传学作为有着权威历史和在知识景观中有固定位置的范例科学的地位。的确，我们应该有意将"遗传工程"变为一个冗词。遗传学必须变得像经济一样，不再是自由放任的自由主义者独占的领域，而是一种普遍认同的多样的可以诠释的社会功能。然而，因为众所周知的理查德·道金斯推广的"基因的世界视角"的流行，公众对遗传学的理解继续浮现出极权主义政权的幽灵，就像在 1810 年左右，公众对政治经济的理解产生了非人性化交换关系的形象。

自从道金斯开始利用——也许是不经意间——手段与目的的逆转后，这种类比就更加深入了，而马克思过去在《资本论》（*Capital*）中常用这种逆转有力地说明资本主义对价值的曲解。正如钱驱动商品交易一样,“自私的基因”利用自愿的有机体自我繁殖。相比之下,在重新恢复的社会学视角下,基因不该被看成生命的主要原动力,而应是生育的有机副产品。通过生育,人们繁衍下一代,使得一些法律上承认的社会结构——最传统的是家庭——得以永久存在。毫无疑问,这些有机副产品本身作为个体生理功能的调解者具有重要的社会作用,无论如何,用这种本体论上被贬低的措辞来描述人文学科的遗传基础引起了人们对基因屈从地位的关注,随着社会机构的变化和生物医学能力(尤其是“半机械人组织”)的扩展,这种屈从地位本身可能逐渐被改变、被消除、被补充,甚至被代替。

再者,为了跟上福利主义的感性,遗传学的这种社会学再评估将其直截了当地摆在了人类努力的王国中,确切地说是集体劳动的产品,这种集体劳动直接依靠共享资源库,目的是为了增加社会的全面价值。此外,该产品——后代——的价值评估取决于所有参与实际生产的因素而非其原材料(如生物自由主义极端的“不出生的权利”裁定)中某些固有的价值。这些因素的相对权重和持有这些因素的人的身份确认是政治的自然特征。实际上,当自然界开始提供共和国作为公众审议和集体行为的焦点时,一个社会的遗传潜力是最接近的。

当前,法律史上的一个重要倾向——通常和启蒙运动的感性联系在一起的一个倾向——插进来反对将社会的遗传潜力看成共和国的观点。这种观点认为,知道得更多就必须为个人的行为承担更大的责任,其深层的原则是,如果一个人认识到其对事件造成影响需要的条件,那么他对于被允许的和不被允许的行为就有了明确的概念,在特定情境——是好是歹——中如何行事可以被视为是经过深思熟虑的。正义对特别请求和特例能始终保持“视而不见”的一个重要方法就是,假设人们对自己和他人已经足够了解并预知(从而阻止)他们的行为可能导致灾难性后果。在那方面,越是鼓励——或强迫——人们更多地了解自己,“法律上平等”的形象就越是能在有效地训练人们以不同的方式管理自己的政权中得到保持。因此,在醉驾事故中,被告人往往被假定知道血液酒精浓度在所有非法醉酒情境中都是非常重要的,而在将来,接受过公民普通教育的人都会了解的一种凭 DNA 注册的身份证将使得法庭能够在“平等对待”——因为“平等”也意味着“假定对自己一样了解”——的幌子下让被告人为不同程度的醉驾负起责任。

所有这些都指向完整的福利政策中基因政治的中心地位,该政策涵盖产前状况,出生和婴儿期条件,孩子抚养和正式教育,以及预防性、诊断性和治疗性的卫生保健。比如在针对税收的辩论中,就有多种可能的干预点可以影响个体的生活机会,每一点都提议在全社会范围内有差异地重新分配成本和利润,通常和正义的某种视野相一致。在有关遗产税的争论中,我们可以期待,有一天,有理性的人不会同意在没有将其争论可以用来测试政治可能性极限的那些人妖魔化的情况下进行遗传干预。最后,重要的是采取这些决定的民主机构对长期政策进行定期的检查和可能的逆转(Fuller,2000)。

很明显,对再分配概念和过程的重新关注应该是21世纪社会学的中心课题。首先,按照财产继承的法律授权,个体拥有的财产在规范上可以是积极的也可以是消极的,这个观念甚至可以在《圣经》(*Bible*)中找到根基,圣经学家承认,生物繁殖是唯一邪恶的一种继承方式,因为仅凭着是原罪亚当(Adam)的遗传后代,就给予其后代继承的合法性。还有一种更加神圣的继承方式,要求正式声明放弃遗产中邪恶的东西,比如在洗礼或其他世俗的礼仪中,有一种给予候选人放弃之前的无知或偏见的机会的测试。此外,即便我们承认,人们"天性"自私,容易使用暴力来保护个人继承来的遗产,仅通过将暴力倾向合法转移给作为集体继承遗产执行人的国家,他们无论如何还是可以改善社交能力的,也就是说维持人们喜欢交际的环境。从军训到定期选举等"公民权的艺术"概述了这种类别的政治魔力。与此相应,潜在的对手被迫将重点放在有明确交战规则的特定活动上,不会"擅用法律"。

社会学的再创造将同样得益于伴随着再分配伦理长大的个体间对基本平等的相互承认,这里的"平等"主要带有消极意义,也就是无论对个人有好处还是有坏处的任何实际上区分社会成员条件的任意性和潜在的可逆性。这一点可以被看成另一种升华霍布斯的自然状态中困扰着智人的不确定性的方式,或更积极地——追随阿拉斯代尔·麦金太尔(Alasdair MacIntyre)——以互惠意识,即给予和索取的能力,来确定人性。我们的成就主要归功于他人的合作和许可,他们既没有质疑我们的动机,本身也没有从那些成就中获得物质上的利益,他们仅期待在类似的情况中我们能对他们做类似的事情,这其中包括经济学家们所说的"交易成本最小化"的背景机构(然而,阿尔文·古尔德纳有趣地指出,也许正是互惠的"给予"和"索取"两个词的独立发展——即仁慈与剥削——才是人类的标志,这显然是用反进化论的词语来界定人类)。

撇开原因论,平等主义的态度同成功时的自满以及失败时的宿命论都是背道而驰的,因为清晰地知道未来可能不是过去的复制,人们会努力让他们的集体力量能做的事超过个人单独能做的或凭借着更加严格意义上的社交能力能做的事情。有个问题一直未得到解决,即哪些个体有资格享受这种平等?再分配制度是否仅仅限于所有在遗传上被标志为智人的人?传统上社会学家毫不犹豫地给出了肯定的答案,而如今新自由主义者否定了问题中的"所有",生态学家则否定了问题中的"仅仅"。在当今有关生物技术的意识形态争论中,特别人群将从一方或另一方的政治认识中受益这点虽然很明显,但新自由主义者和生态学家都不代表所有人文学科发表一贯的意见。社会主义意识的重建将强调把人类特有的特性、形式及工程的维护和扩展放在优先的地位。

从某种重要的意义上说,将遗传潜力同劳动力或继承的财富相比较实际上就是让我们生活的原材料变得平淡无奇。再者,从社会学将人文学科看成智人发起的集体工程的立场来看,那正是它该有的样子:我们的人文学科旨在让遗传潜力发挥作用,而不在于潜力本身。在这方面,亚里士多德是对的,他认为人类拥有比动物更高水平的成就,但是他给出的理由是错的:我们有资格拥有更高的水平只是因为我们已经取得了这么多的成就,而不是因为我们的原材料要好得多。因此,21 世纪社会学的任务就是重申它的立场,在一个科学主要进步同人们对最终可以从这种进步中获得好处的期待减弱相一致的时代,"有利的结果"这种先验的标准已经不经意间让步于"德行能力"之类的先验标准。在结论中我将详细阐明这一点。

也许令人感到奇怪的是,英国的知识分子传统为社会学研究和政策方针重新朝向想要的发展方向提供了隐蔽的资源。在西方的主要国家中,英国的社会学通常被认为基础是最不牢固的。真要谈到英国的贡献,功利主义的一般画面便会立刻呈现,画中穆勒和斯宾塞被放在一起,都对自由党表现出过度的忠诚。但是,从当今英国工党或美国民主党的成员中我们可以看出,这个赤裸裸的事实更多的是为共同的敌人说话,而非为了共同的目标说话。尽管如此,由于斯宾塞经常使用"社会学"一词,他一直被看成英国传统中有名无实的一个人物。然而,跟穆勒一样,他不像是一般的学术人士,而更像是知识分子公众人物。因此,"社会学"从来没有被纳入明确的系统视野中。20 世纪的头十年里,在伦敦经济学院出现了带有这个名称的学科,该学院的费边社会主义创立者为其推波助澜,但在具有哲学和应用意识的人中间还是引发了一场内部争论,并席卷全国,最终以设立"社会学和社会政策"部门得以稳定下来(Dahrendorf,1995;Halsey,2004)。

在吉登斯的重大影响下,"二战"后出现了一种倾向:一开始想要赶上美国,接着又想赶上欧洲大陆的理论关注,但这并没有给英国独特社会学传统的推进带来帮助。实际上,认为理论关注是外部强加的英国社会学连贯史已经被写下(Kent,1981)。因此,当今大多数英国社会学家或许都认为他们的学科是从国外引进的。如果没有重新点燃知识分子的沙文主义——毕竟,我是欧洲大陆后裔美国人,完全有可能将历史上社会学独特的民族背景重塑,作为展现整个领域多种未来的平台。要领会英国独特的背景,我们需要退到"社会学和社会政策"示意的不稳定的休战状态后面。在伦敦经济学院的历史上，集中体现这个词条的两个部分的两个人物分别是霍布豪斯(Hobhouse)和威廉·贝弗里奇(William Beveridge)。他们一起代表了社会科学将启蒙运动制度化的两种策略：教育和管理。

唯心主义哲学家霍布豪斯自称“社会自由主义者”和“伦理社会主义者”，1907年，他被任命为英国首位社会学教授并一直拥有该职位到1929年(Collini，1979)。他强调教育在自我实现中的作用，在现代德国大学创办初期，洪保德(Homboldt)称之为建筑，后来成为英国社会学传统最显著的标志，普遍强调“权利”和“公民权”，尤其是在霍布豪斯的追随者莫里斯·金斯伯格(Morris Ginsberg)和T.H.·马歇尔(T.H. Marshall)的著作中(Halsey，2004)。相比之下，贝弗里奇是个经济学家，对他来说，该领域仍然是“政治经济学”，社会政策可以在此基础上制定。他将德国——这次是俾斯麦——对管理同样的关注翻译为一个英语短语。1919至1937年间，他一直担任伦敦经济学院院长，致力于推进“社会生物学”作为实证主义政策的首要科学，后来他加入丘吉尔(Churchill)的战时内阁，成为英国福利国家的“建筑师”，在这里，他终于得到机会研究构成他最爱的社会生物学主题的“人口统计学”(Dahrendorf，1995)。

从表面上看，霍布豪斯和贝弗里奇完全不同。让我们看看他们各自崇拜的英雄：托马斯·希尔·格林(Thomas Hill Green)和托马斯·亨利·赫胥黎。格林是牛津大学的导师，负责将黑格尔的精神融入英国哲学。20世纪初，布拉德利(Bradley)、博赞基特(Bosanquet)、麦克塔格特(McTaggart)和科林伍德(Collingwood)这些名字引发了一种情感，这种情感后来只在剑桥大学伯特兰·拉塞尔(Bertrand Russell)和G.E.·穆尔(G.E. Moore)的共同努力下才逐渐被驱散。当然，赫胥黎是外科医生和博物学家，当他不在公开辩论中为达尔文主义辩护和推广的时候，就为自然科学在自由教育中的中心地位而斗争。尽管如此，格林和赫胥黎都想在不将目标简化为伊壁鸠鲁快乐最大化和痛苦最小化原则的情况下将有组织的调查世俗化。在霍布豪斯和贝弗里奇看来，社会科学的前景在于，在用纯粹的有神论术语和纯粹的兽性说术语将人文学科概念化之间寻找一条中间的出路。这个问题的中心是18世纪的进步概念和19世纪占优势的进化概念之间的关系，前者双方都继续坚持，而后者双方都不愿意否认。确切地说，英国这些现代社会科学的创立者提升了一种社会进步意识，它存在于同达尔文进化意识辩证的张力中。

关于“辩证张力”一词，我指的只是，霍布豪斯和贝弗里奇都认为，社会进步不仅需要得到承认，还需要进化趋势的反转和超越。这个认识透露了他们共同的处境，这种处境乍一看令人费解，却又非常过时，还跟方法论有关：双方都为研究中事实和价值的明显区别辩护(Collini，1979；Dahrendorf，1995)。他们加深事实与价值的区别的动机很大程度上是马克斯·韦伯的动机的补充,后者通常同这种区别有关联。一开始韦伯不愿意用"社会学家"这个具有意识形态特征的词来确认自己的身份,从这点可以看出,韦伯提出这个区别是为了在一个容易让社会科学从属于民族主义社会政策的民族国家中保护科学的尊严不受政治的污染。因此,韦伯坚持认为,科学不能决定行为的最佳路线,除非同当事人明确的目标及价值体系有关联,而这一点在科学家看来不过是理所当然的。换句话说,科学家们要保持对知识产出方式的控制而需要付出的代价是,他们不能告知当事人如何对待这种方式产出的知识。韦伯所接受的训练在经济学中也得到反映,他深信"效率"是科学能权威发表意见的唯一价值。

霍布豪斯和贝弗里奇从硬币的另一面看待这个问题:在面临科学容易将自己的理论视野过早地自然化的倾向时,尽可能保持政治决策领域的公开同样需要明确的事实与价值区分。诚然,这两个概念化的问题有些不同:黑格尔派哲学家霍布豪斯认为未来很可能同过去"相矛盾",而实证主义者贝弗里奇则认为过去在逻辑上不足以说明未来。当然,韦伯也推崇事实与价值区分在决策方面的作用,特别是在教育环境中,他抵制迷恋马克思主义宿命论和德国军国主义——卡尔·波珀后来将其妖魔化为"历史主义"——的授课者的教条主义。然而,这种过早的自然化更隐蔽的一个版本在"放任是自然的方式"这个提议中得到了集中的体现,因此一个人总应该是他本来的面目。根据事实本身,这种默认被看成是神圣的。这种令人不快的倾向是随着经济学从政治经济中正式独立出来开始的,而经济学从政治经济中的独立是在杰文斯任教授职位期间(第三章讨论过)发起,贝弗里奇时代在伦敦经济学院由莱昂内尔·罗宾斯(Lionel Robbins)正式宣布,后者用"价值中立",甚至还有"实证主义"等如此具误导性的标题对它进行讨论,在过去的半个世纪里都给经济学带来了保护性的色彩(Proctor,1991;Fuller,2001)。

斯宾塞版的社会达尔文主义将这样的经济自然主义完全公之于众,前者依靠低税收体制中人们的"自然善举"在自然环境中对财富进行在可支撑水平的再分配(Offer,1999)。那些未能从这种观点的自然展示中受益的人大概不值得活在世上,或者说,即便他们活着,对他人也是一种不公平的负担,实际上,对自然本身也是一种束缚。也许不奇怪的是,在分配公正的历史上,善行的出现受到了严厉的批评,它会将我们的公正能力只局限于那些容易同我们建立情感联系的人。对卢梭(Rousseau)、康德和大多数其他英国之外的启蒙运动思想家来说,善行推崇的是"将人当成宠物"的思想,熟知保守主义家长式作风的各种形式,而保守主义通过创造永恒的依赖关系来降低人类的尊严,后来尼采发现,这种被强加的负债感在传统道德中是如此令人深恶痛绝(Fleischacker,2004)。从这个立场来看,教育人们去关心跟他们没有情感依附关系的人——的确有时甚至就是陌生人，就是因为大家都有个共同的“人类”启蒙运动原型的“公民”身份，国家的发展同社会更大的进步是相符的。一系列成功的由国家组织的活动，从义务兵役到不记名献血等，都从经验上证实了人类的职责仅因为善行就可以重新调整(Titmuss,1970)。这个议题遗留的哲学问题是，斯宾塞理解的利他主义是利己主义的一种自然延伸，而穆勒则将当代道德理论中隐藏着的看待自我和看待他人的态度严格区分开来。我们将在第二篇中看到，无论如何，新自由主义时代，尤其是在彼得·辛格的影响下，见证了善行关系的复苏，只不过这次超越了物种的界限，同时也给智人留下了浓墨重彩的一笔。

第六章　插曲：当今社会科学的奥韦尔倾向

我们的勇敢新语义世界

要重新找回我们一直在寻找其生命迹象的社会学意识，我们还有很长的路要走，要知道这段路的距离有一个好办法：将重点放在社会学语料库中意思发生微妙而又有重大变化的几组词上："流动"和"创新"，以及作为支持概念的相应降级的"机构"和升级的"社区"。这些变化很大程度上受到了"知识新产出"的促进，而后者正日益吞噬着社会科学的研究(Gibbons et al.,1994;Nowotny et al. ,2000)。在合同基础上受客户驱动的研究中，大学基本上只是多个赞助者或"合伙人"中的一个(Fuller,2002)。

从历史上看，"流动"和"创新"这两个词具有进步的特点。在古典社会学中，"上向社会流动"不仅说出了地理位置的流动，也道出了工人阶级的渴望，前者常通过引进每个人最终可以从中受益的创新使得人们和人工制品可以改造自己的文化。在这个背景下，"秩序"和"传统"暗示着一丁点的保守主义，甚至还有停滞和压制的意思。然而，在我们勇敢的新世界里，这些关键词的意思发生了变化，特别是它们的目的论内涵消失了。因此，"流动"和"创新"被如此评估，根本不考虑后果。再者，为了赶上这些后现代主义时代的解构主义意识，一种倾向应运而生，认为传统和创新的区别是虚假的，因为有创新、有传统，而所有的创新又恢复了之前的传统。按照混乱和复杂性理论，我们甚至可以说，各种不同的秩序不过是仿造的流动(Urry,2000)，从而赋予了"事情变化越多，它们就越保持不变"这个信条新的意义。

在这些语义操纵中有一个观点迷失了：创新有更好也有更差，传播创新的途径也有更好和更差。这类问题的评判预设了正在调查中的进程之外的一个标准，这种标准经常通过调查者站在一个固定的立场上——过去被称为理论框架——表现出来，用一些人的话来说，有些被调查的现象看起来是正常的，其他的属于异常。而这种立场是"规范的"还是"经验的"则取决于它对现象的抵触是被看成管理这些现象的基础还是改变该立场的基础。在实践中，科学通常在两种极端之间进行协商，找到问题的解决办法。

在奥韦尔的《1984》中,历史的不断改写使得现今看上去就像当前国家政策的实现,从而完成立场的擦除。《1984》中主人公温斯顿·史密斯(Winston Smith)工作的地方,即真理部的档案部门,致力于黑格尔的箴言"存在的就是合理的,而合理的就是存在的"相当愤世嫉俗的贯彻。史密斯理解的社会最基本规范是减少认知分歧,尤其是通过社会心理学家们所说的适应偏好的形成。简而言之,一个人努力想要达到一种状态,在这种状态中,他想要可能得到的东西——的确,这是对社会主义想要满足人类一切需要的愿望的讽刺性理解。政治理论家乔恩·埃尔斯特(Jon Elster)曾在这种背景中谈到"酸葡萄"和"甜柠檬",作为人们在表面上看似坏的结果中寻找隐藏利益的方法。

根除提醒人们先前目标的东西,或至少通过这些目标的压缩表现使它们变得模糊,这种做法促进了适应偏好的形成。在《1984》中,印有旧政府政策的报纸被放在"内存洞"中,这些充气的管道将文件送往火焰熊熊燃烧的尽头。当然,文件的系统毁坏本身并不能删除因这些文件中出现的词的继续使用而激发的潜在记忆。因此,《1984》中的官方语言"新语言"倾向于使用新词,将词汇缩短,从而在最短的时间内进行思考并做出反应。这些借效率和方便之名创造出来的新词表面上看来具有连续性,实际上掩盖了政策进口的重大变化。借民族统一的名义,标准化语法和措辞意义上的语言法则被制定出来,违背了很多以此为本族语的人——如果不是大多数的话——的意愿。然而,如果将"新语言"当成这种语言法则的产品就错了,相反,"新语言"的恶劣特性在于,通过反复使用,它能够充分利用在词汇、句法和语义层面上语言形式逐渐浓缩的默认趋势(Fuller,1988)。借助广告的潜意识组成部分,一个熟悉的短语或口号被重新曲解,从而刺激消费者需求。比起社会主义社会,这种趋势在资本主义社会中得到了更有效的利用(Packard,1957)。

"流动"一词包含什么意思?

"流动"一词也许最直接地表明了社会学明确立场的丢失,是后古典一代社会学家的热门话题,其中最著名的有彼蒂里姆·索罗金(Pitirim Sorokin),他是因 1917 年俄国革命被流放的自由主义者,创建了哈佛大学的社会学系。他的著作因为没有在更近的讨论中出现反而更加引人注目(Urry,2002)。索罗金会把当今将"流动"同化为地区间或种类间个体纯粹的统计流动趋势看成是"前社会学的",是因为从未有人评价过它对流动的个体或主体社会带来的利益或造成的损害。相反,一种趋势中的纯粹坚持或增长——扩展意义上的"生存"——被认为创立了一种新兴的规范。进化生物学家或流行病学家正是这么看问题的，在指望从遗传学中获得大规模、长期的社会文化流动客观痕迹的社会科学家中间，这也在逐步流行开来。尽管如此，如果没有考虑到某种流动模式的出现需要改变哪些其他东西的话，社会学家的专业任务是不完整的。

索罗金本人认为，传统社会纽带的解除是流动的潜在受害者，而美国历史学家克里斯托夫·拉希(Christopher Lasch)则将重点放在了流动和机会的缺乏引起的权衡上。例如，上向社会流动的驱动意味着工人阶级的身份——无论是作为生产的模式还是消费的模式——生来就不是体面的，要获得尊重并实现他们作为人的全部潜力，工人阶级一直被催促忙于某种重大的流动。这就意味着，对于他们已经是谁、已经做了些什么以及在哪里做了这些事等并没有依附的表面价值。这种流动和机会的缺乏可能导致更加遥远但一样现实的后果，那就是传统意义上政党成员、选举和公共事业中政治的贬值：在你所处的社会中其他人群都认为“工人阶级”是不幸的，也是不受欢迎的，那为什么还要费这个劲在“工人阶级”这样的社会地位周围建构身份？在更广泛的意义上，如果有机会移民到更加热情好客的国度，为什么还要在国内努力纠正不公平的现象？因此，国家公民权的衰退开启了“生活方式政治”的新时代，对其追求的地理位置相对不感兴趣(Urry，2000)。这个过程的黑暗面在于，这些日趋衰弱的“新自由化”国家有悄然进入人口流失管理模式的趋势，这有时被称为“后法西斯主义”，因此，不能应对国家衰弱形势的人被期待离开，甚至死亡(Tamas，2000)。

当然，上述的观点并不是要轻视古往今来政治避难者所处的困境，但是，民主政治跌宕起伏而又全面进步的历史表明，长期的重大社会变革通常需要在国内环境中加强对支配趋势的有组织抵制。团体人应运而生，他们的目标超越了其成员的目标，他们的永存不是通过世袭继承来实现的，这类团体人包括特许城市、国家、教堂、大学和——始于19世纪的——工商企业。这些实体的创建涉及权力和财产在其他情况下有冲突的或互不相关的个人群体间大范围内的再分配，而实现再分配的过程在马克斯·韦伯看来是“合法－理性的”(Fuller，2003)。简而言之，使得智人能够战胜其动物起源的是机构的创建——不是移居的促进，从而使其成为社会学研究的合适对象。在这个背景下，返回的被流放者在本国社会的变革中所起的作用需要从社会学的角度做更多的研究(Fuller，2005)。

毫不奇怪的是，机构向流动的彻底崩溃伴随着人们对社会生活制度化之前的各种形式重新发生兴趣，最集中的体现是“社区”一词。比起在古典社会学中，该词现在得到了更加积极的理解。在这里，德语“社区”代表的是后现代社会的残留结构，这些结构将生物学和地理学的参数加在人类生存的意义上，因此，亲属关系为面对面互动提供了基础的本体论，而面对面互动反过来又被认为是最真实的社会生活形式。在这个背景中，费迪南德·滕尼斯起先称“社区”的社会基础是较为“激进的”，而非严格意义上的“政治的”。19世纪80年代，滕尼斯写道，当德国的统一还记忆犹新时，新兴的德国超级大国很明显在欧洲之外已经有了帝国主义的野心，势必引起不同种族人民的重新组织和混合。在这个条件下，“共同”(gemeinschaftlich)纽带在诺伯特·伊莱亚斯(Norbert Elias)谈到欧洲本身时所说的“文明进程”中设置了障碍。然而，如今概念被翻新的“社区”不再需要生物学和地理学的字面嵌入，其明显的现象学特征可以通过新兴信息和通讯技术提供的不断提升的即时性得到保持或“虚拟化”(Urry, 2002)。因此，移动可视电话的大量生产结束了所谓的“流动”和“社区”之间的对立，然而这两个词在各自关注的焦点上仍然坚决反对制度化。

反对制度化的撞击效果微妙而普遍。例如，种族概念的排斥性长期困扰着古典社会学对“社区”的描述，而如今开始获得了更加能接受的一面，并随流动的概念而变化。在孟德尔遗传学和达尔文进化论相结合的促进下，卡瓦利－斯福札(Cavalli－Sforza)重新激起了“遗传多样性”幌子下的“种族纯净”理想，这种理想需要坚持，尤其是在所谓的本土人民面临各种单一化和同化的威胁之下。人类遗传多样性的证据通过语言的扩散得到追踪——正如19世纪初德国语言学家对种族纯净的追踪。无可否认，卡瓦利－斯福札把种族歧视看成歧视的一种任意的形式，因为任何两个个体，即便在几乎所有方面表现出遗传的一致性，在解决问题的某个层面上也会表现出遗传的差异。尽管如此，从这种公认的任意性中，他得出结论，一个人应该瞄准文化上明显的遗传歧视进行维护(又称隔离)。这个结论指引他追随各时代各地的人民运动也就不足为奇了，最终让这些在19世纪末人类学中流行的命题的科学更新版本得到承认。因此，在宣称国家等政治单位是家庭的类似延伸之后，卡瓦利－斯福札接着说：“当一个强大的极权主义首领强迫人们接受创新时，文化的传播就更容易、更快、更高效。”他举了罗马教皇和墨索里尼(Mussolini)为例。社会学好不容易从这个规律中悟出的远见——制度的延续可以有效地打断世系的继承方式——在这种思路看来是格格不入的。

如果在当代读者看来，卡瓦利－斯福札对权威和流动的共同评价显得有些奇怪，那么值得回想的是，在社会科学家的印象中，汉娜·阿伦特(Hannah Arendt)坚定地建立对纳粹德国的“极权主义”信任之前，这种政权的密切观察家们，不论是赞成的还是反对的，都把法西斯主义看成一个非常灵活的团体演员。弗朗兹·诺伊曼(Franz Neumann)通过弱弱地被绑在一起的联盟同结实地绑在一起的政权相抗衡，祈求霍布斯的规则区分。要不是政治正确性的束缚，如今我们会把这种政权看成特别灵活的

"演员网络"(Fuller,2000)。纳粹德国灵活的法西斯主义的秘密在于它经过深思熟虑的对制度化的反对,使得地方当局能够执行元首的意志,搁置法律管辖,从而更加有效地应对该政权面临的外部威胁的各种具体背景(Scheuerman,1994)。因此,医生不是被命令,而是被赋予了权力去灭绝残疾人和犹太人,也就是说,如果医生主动做出这样的决定,国家是支持的(Browning,2003)。因此,一点也不奇怪,我们发现,在这些被历史遗忘的时代中,在世界赋予这个政策以智力体面方面做得最多的法理学家卡尔·施米特(Carl Schmitt)如今被恢复了解构主义先锋的名誉,当然,他同纳粹之间明显痛苦的瓜葛被掩饰了(Latour,2002;Lilla,2001)。

"创新"一词包含了什么意思?

创新是 21 世纪的第一波全球政治狂潮。考虑到"促进"、"播种"和"培育"创新是美国之外国营和私有部门决策人最欢迎的消遣,这种狂潮是情有可原的。将美国排除在这种普通化之外意味着,创新主要是为了登上世界的政治经济舞台。就此而言,创新是竞争的关键。当然,美国也意识到本身需要维持其竞争力,才能在全球市场上保持首要地位。然而,美国依靠的是那些明显不具创新性的活动,如设置国外贸易壁垒、资助国内工业、在有争议的海外政治冒险上投资等。不是为了维护如今已经被批评甚至达到了平庸地步的美国政策,我想质疑当代世界上其他地方对创新的着迷。拥护创新,认为创新是规范的经济策略,这方面说得最多的就是,创新是失败者的专利,正如受到不公正忽视的论文《落后的相对优势》(Relative Advantage of Backwardness)一开始所指出的(Gerschenkron,1962;Fuller,1997)。

在英国和其海外竞争者中,大学越来越被督促用获得的专利数来衡量它们的价值,因为这也许是企业创新最直接的指标了,而这种指标对于受到专业训练、在一篇经过鉴定的分析文章中就能实现其劳动成果的学术界人士来说,是最容易达到的(Fuller,2002)。的确,如果政策制定者认真考虑将大学转化为"经济增长的引擎",他们只需提供动机,让学术界仅次于工业后面帮助实施这些专利文献背后的理念(Granstrand,1999)。有趣的是,尽管人们越来越容忍学术界人士主动为工业提供顾问服务,却没有鼓励这种倾向的一般政策。原因大概跟人们对纯学术界人士的反对没有太大关系,反而跟政策制定者本身暴露在风险中有关。毕竟,将某种创新带入市场,就像任何其他不断摸索的过程,通常在任何回报到来之前需要大胆的先期投资。学术界人士正式加盟工业,在增加创新得到回报的可能性的同时,也吸引了人们关注任何可能产生的失败。相比之下,创新的永远可期待特性——通过永无止境的一代代的专利来衡量——似乎能调整政策范围,顺便抚慰一下学术界人士,他们通常觉得写一种新的文本(专利)比起和一种新的人(工业家)相互沟通更加愉悦。

索尔斯坦·维布伦(Thorstein Veblen)已经认识到现在正在发生的事情。用他的话说,创新的命令体现了"商业"支配"工业"的特点。维布伦是最后试图坚持亚当·斯密理想规范的政治经济学家之一,而这个时代已经远远把它甩在了后面。在所谓的"工业革命"(维布伦所处时代的一个新词)之前,斯密认为,生来就被绑在土地上的人们被限制了自己随意满足同伴需要的自由,一百多年后,维布伦继斯密写道,社会正遭受超流动性这个相反问题的困扰,正如有人所认为的,市场应该定期被自我标榜的创新者"创造性地摧毁",他们希望代替已经能充分满足消费者需求的生产者(Fuller,2002)。因此,在18世纪,拥有大量土地的贵族是抑制工业发展的寄生虫阶级,到了20世纪,企业营销部门——商人阶级——成为新兴的寄生虫,或者更准确地说,成了转移工业努力的癌细胞。

简而言之,商人阶级在声称新产品满足旧需求的过程中创造了新的需求(Jacques,1996)。在这个意义上,适应偏好的形成在经济中逐渐形成制度,而且没有政府明确的干预——除了允许商业按照前所未有的比例发展。因此,一旦每个人拥有一辆车,广告商就会坚持,如果不是拥有带空调的四轮汽车,人们的整个汽车体验就被打了折扣(同当今升级软件包的营销手段相比较)。这些观察结果得到了约翰·肯尼思·加尔布雷思(John Kenneth Galbraith)最有影响的详尽阐述,他的"新工业国家"概念是20世纪中间三分之一世纪的发达资本主义国家的缩影,当时营销逐渐开始超越生产成为企业的重点。

这种无止境的创新驱动源自哪里?人们可能首先想到求助当代进化心理学,它对许多有关"人性"的永恒哲学思考进行了更新:做人就应该能够真正地出新。遗憾的是,这个标准遭遇了明显的拟人论。这种"真正地出新"的可检测性和感知者发现有意义区别的能力难道没有关系吗(当然,把语言的"生成"能力看成智人特有的能力的人看不出这里有任何问题,因为本族语倾听者理解新颖言辞的能力正是被用来真正出新的标准)?相反,如果一个人想要把通常加在动物身上的标准应用到人身上,也就是说,检验明显的新奇是否大大改变其即时环境之外的行为模式,那么,我们的许多创新就会显得很像许多通过背景可以解释得通的局部偏离,而基本的模式一直都在。在这里人们必须抵制"建立在过去的基础上"的慵懒浮夸之辞,后者认为,每一次创新——特别是已经出版和储存过的——总是一些人记忆中不确定的一个部分。在两种倾向中,人们不禁要问,这种"建立"如何发生(除了通过一些潜意识的或遗传的方式)?科学文献中被引用的一般文章的半衰期逐渐在缩短,而在每门科学学科中,历史的和当代的知识界限逐渐在加强(Fuller,2000)。我们的新颖再现感很可能多少跟系统的遗忘有些关联,因此才对过去进行改造。对奥韦尔的这个观点下面我将做更多的说明。

对创新驱动从物种普遍的到更加历史、具体的诠释,约瑟夫·顺彼得(Joseph Schumpeter)也许是对的。他认为,市场的创造性毁灭构成了资本主义的命脉,创新和资本主义之间的紧密配合源于创新的"资本化"倾向,也就是说,将非资本转化为资本。这当然就是1902年沃纳·松巴特(Werner Sombart)创造"资本主义"一词的精神所在,用于捕捉传统市场交易中自发生成社会地位中的非经济形态(Grundmann & Stehr,2001)。在最广泛的层面上,"资本主义"在这个意义上给人类王国带来了物质的东西向数学函数的转化,而后者是科学革命的主要特征(Cassirer,1923)。这里的相关"函数"指的是供求规律。逻辑学家奎因(Quine)著名的定义中还捕捉到了本体论意识的变化:"存在就是成为一个约束变量的值。"从我们的心理经济层面看,这个原则意味着,物体只有同它们所满足的愿望相关时才有价值,或者用政治经济的话来说,一种特定利益的价值无外乎其在满足特定需求时的代替物的成本,而需求是有弹性的(Smith,1994)。

按照这个逻辑,创新者认为既存的利益是需求的占位符,这种需求可以通过各种相互竞争的利益得到满足,特别是能更加高效地满足需求的新利益。约翰·杜威称利益为"手段",也就是说,其结果的价值在于再次成为其他结果的手段。因此,卡尔·门格(Carl Menger)、欧根·冯·庞一巴维克(Eugen von Böhm-Bawerk)和顺彼得所继承的奥地利经济学派都极力反对马克思的劳动价值理论,他们认为,像其他所有的资本形式一样,劳动构成了二阶利益市场,其价值在竞争的领域中得到确认,这可能还包含自动化技术(März,1991)。在这方面,工厂主是劳动力的消费者,只因为那是生产他们需要销售的利益的最有效手段。但这只是历史的偶然事实,在将来很可能被创新推翻,它不是利益的构成或管理利益构成的社会关系等必然的事实。人们同样还可以把焦点从工厂主转移到顾客上来,并用上类似的策略。因此,当维布伦和加尔布雷思等美国制度学派经济学家用嘲讽的语气写到"商业"时,指的是那些通过生产需求来创新的人。确切地说,市场研究人员确定当前市场上某种利益可以满足的各种需求,然后再发展能更加高效满足每一种需求的利益,从而大大提高需求水平和销售潜力。

的确,虽然奥地利和美国都认同顺彼得认为创新是创造性毁灭的观点,但创新在两国中所起的作用有些不同。在奥地利方面,消费者逐渐接受新产品抵得上代替旧产品所需成本的价值,因此,精工细作的细节中可能失去的东西在产品的及时完成并推向市场中得到了更多的补偿:这至少是比起手工劳动,人们更青睐自动化技术的一个原因。在做出这个判断的过程中，消费者——这里指的是工厂主——交换的是在人和机器身上得到不同程度满足的竞争渴求。相比之下，在美国，消费者开始认为，旧产品同时满足了各种需求，而每一种需求将随新产品得到更好的满足。因此，消费者——这里被认为是不直接参与生产的人——不在之前没有交换的地方被强制进行交换，而是被广告的力量牵着鼻子走，认为此前满意的一种产品在多方面都是不够理想的，每个方面都需要单独处理。

在奥地利和美国有关创新的描述中，正如其矛盾的名称所指的，“创造性毁灭”没有将自己抵消掉，而是强加了本身附加的成本。这个成本在前面有关拉希的讨论中已经暗示过：人们更喜欢事物可能变成的样子，从而使事物本来的面目贬值，而创新正和这种贬值相关。因此，人、产品和研究本身都没有价值，而是获得更大结果的手段。乍一看，这让创新处于无视福利经济学“打折扣原则”的位置，福利经济学为税收进行了辩护，理由是如果没有强制行为，人们便更容易满足于现有的卑微愿望，而不是未来更加崇高的愿望(Price，1993)。然而，福利经济学家没有预料到人们会为了给未来打折扣而给过去打折扣。毕竟，“打折扣原则”明确规定，应该以某种避免被“打折扣”的方式来看待未来。未来不仅应该被看成前面的人、事物和事件产生的后果，而且这些后果也应该享有自己的独立性，而非仅仅反映现在的我们希望它们变成的样子。遗憾的是，正是在这个意义上，创新思维使得未来在现在的独立上打了折扣，从而使得丢弃过去变得有吸引力。简而言之，过去可以是一成不变的，但创新者认为未来可以按照自己的形象被创造出来。因此，创新者将未来简化为体验现在的一种模式，从而有了即刻满足感的潜在根源，如广告常说的“冒险的快乐”，这中间对未来前景的“思考”先于如此思考产生的实际后果。

创新思维对未来的“打折扣”造成了一种环绕创新的神秘气氛，特别是所谓的创业精神的天生才能。到底需要什么才能满足当代人界定的结果？先辈们作为这种东西不完美的版本很容易被忘记，这种神秘气氛正与此有关。实际上，集体记忆的压缩背后现有成就被缩短的半衰期既可以激发人们进行创新，也允许人们将成就当成创新。在这方面，创新冲动看起来像是适应偏好形成的积极一面。

这种形势还有条件反射的一个维度，经验主义对创新的社会探究倾向于假定每个人——包括发明者——都会冷不防被其后果吓一跳。毫无疑问，这反映了在新技术扩散失败背景下创新对最新社会研究的固守，中伤了总体规划者的特有想法，同时又展示了“基础”代理人的即兴构建(Latour，1996)。实际上，将研究对象看成一种“创新”意味着它不是从嵌入社会历史的知识中推断出来的，因此并没有从社会学的角度来看待它。这些研究者假设，那些委托生产新生物技术的越来越博学的人缺乏对行为后果的预期意识,而这些后果可能迫使他们从法律的角度为那些后果承担责任——当然,除非它们构成利润。那么人们不禁要问:他们这么假设的理由是什么?然而,快乐无知的这么一种假设状态在"违反直觉的"结果中得到了暗示,社会研究者反复在揭示着创新的扩散。

创新的奇特社会认知状态也许还可以帮助解决卡尔·波珀提出的有关科学进步规划前景的著名难题。也就是说,如果科学进步由真正的新发现组成,那么如果这些发现可以被事先预测,这样的话它们必须是已经被知道的,因此也就不是真正的"新"了。只要我们假定"新发现"的确是真正的"新",而不只是对被半遗忘的过去的重塑和修改,那么这个矛盾的结论是站得住脚的。我说是"被半遗忘的",因为尽管有相反的著名范例,我们仍需要解释所谓的真正出新为什么能如此迅速扩散。如果不是因为冷漠和不理解,为什么它们不经常成为思想和经历方面更加普遍的灾难源头?比起赋予创业精神以天生才能的超自然能力,以重新包装过去——消费者已经模糊的(即"下意识的")过去——来赞誉创新者也许更说得通。事实上,所需的一切就是,一个社会的集体记忆永远不会像公司电子数据表上的销售数据或真值表可能产生的逻辑后果一样有个终结:没有卖出的东西仍然影响消费者的行为,而还未能生效的东西依旧影响科学探究。换句话说,只要过去没有在被称为"历史"的独立市场中完全同现在分割开来,那么总是有"被压抑者的回归"空间(Fuller,2003)。

根据前面的讨论可以得出两个有关创新本质的互补结论。首先,通常人们所说的"过去"是逝去的未来的"博物馆"。用稍不矛盾的话来说,置于历史上的成就,如果还在人们的记忆中,很可能已经将我们带到了不一样的现在,"假的"、"剩余的"和"被忽视的"等标签表明了它们的反事实特性。然而,只要过去和现在的界线能被穿透,这些逝去的未来就可以作为"创新"恢复活力。创新的这种概念化的最终模式就是柏拉图的《美诺篇》(*Meno*),这其中所有的学习都被描述为回忆的一种形式(Polanyi,1957)。但鉴于柏拉图本人似乎认为,教育通过开发遗传的或种族的记忆起作用,因此他的"记忆"理论是可以更新的,可以假设创新——作为全社会的学习过程——通过与图书馆和数据库等外部存储器的不规范接触才发生,从而让其变得不那么玄乎,不那么令人生畏。有些创新者甚至认为自己是正义机构,捍卫之前因为"在他们的时代之前"而被放弃的思想。

第二个互补的结论是,一个高度创新的社会因为未充分利用过去而浪费了自己的潜能,从严格的经济角度来看,最为熟悉的这类指控便是自然选择的重要特征了。新达尔文主义强烈反对神圣创世者的存在,他们认为在生活周期的各个阶段存在大量的遗传浪费,为此,大自然隐喻地进行的这种"自然选择"被认为是"盲目的"(Hardin,1959)。市场通常也不被认为是完全看不见的,这点和资本主义将减少人类灾难同过剩需求的生产结合在一起有关,后者也许要耗费不必要的人类精力,而前者对于提升和维持一般意义上的人性是必要的。然而,也许正如顺彼得(1942)开始便看得很清楚的是,资本主义看不见的那只眼睛可以干预其看得见的那只眼睛。因为不加批判地信奉创新价值,现代——他指的主要是 20 世纪 20 年代——商业周期中繁荣与萧条的交替循环造成了人们更大的期望和更大的失望。

假若是那样的话,社会主义可以被理解为让这种形势合理化的一种尝试,确保社会上的更多人能够接触到更多的过去。因此,纯粹的创新冲动不会干预创新的有效传播。这个层次的规划被公认为将摧毁环绕创新的神秘气氛,将它简化为一种社会实验。但是,跟另一伟大的经济社会学家马克斯·韦伯非常像的是,顺彼得认为这种"觉醒"是更加稳定和公正的社会秩序要付出的公平代价。社会主义把社会科学的授权范围从经验延伸到规范领域:实证主义社会科学将"恩典和天命"中的神学观点非神秘化,而社会主义则通过世俗的社会思想——资本主义看不见的手——来肃清神学的最后残余(Milbank,1990)。当然,20 世纪后半叶亲自见证了社会主义承诺的非神秘化,并将我们带到了一种处境,跟顺彼得认为社会主义可以提供解决办法的处境没什么太大的不同。然而,适合历史周期中的奥韦尔理论的是,当今的科学政策理论家通常援用"新顺彼得经济学说主张者"一词,他们强调的是顺彼得用市场的创造性毁灭对创新进行定义时的创造性的一面,而非毁灭性的一面。

恢复社会学的进程

有办法从新兴的后社会学秩序回到社会学吗?我相信,我们所理解的人性有赖于对这个问题的肯定回答。然而,尽管有本书第一章的争论,将社会学想象力的衰弱完全归因于人文学科和自然科学(按照沃勒斯坦的方式)成功的外部替代或是我在中间谈到的社会学词汇执意的重新调配,那就错了。此外,社会学自我毁灭的种子从该学科的开端就已经播下了。该问题的普遍性对于渴求普适性的学科来说是不可避免的,然而它毫无选择,只能在特定的时间和地点被阐述出来,这是任何一门科学的致命要害。尽管如此,具体失败的判断对社会学的重新被认可应该是有指导意义的,一个有用的参照系就是"社区"和"社会"的区别,在此基础上滕尼斯创立了作为一门学术学科的社会学。

将所有的市场关系——从中世纪的商品交易会到跨国公司——纳入"社会"这一范畴是社会学创立者所犯的最基本错误。回顾过去,很容易看出这是怎么回事:

现代商业的团体特征被同化为国家和其他传统公司的团体特征。19 世纪前,大多数商业活动可以在 12 世纪"universitas"创新之前的罗马法中两个公认的范畴内得到理解:一方面,公司是家庭的延伸,所有权和控制权随世袭路线(即通过宗族)传递;另一方面,在处于中心位置的市镇或海外的合资企业中,打断世袭路线的贸易定期进行,但是暂时的,商人被认为是代表他们自己或他人的家庭进行交易,一旦商品扫清市场或企业达成希望的目标(即通过伙伴),他们将回归家庭。只有当现代"universitas"的主导形式——国家看到自己建设国家的抱负得到比例增大的工商企业的提升时公司才能得到法律的保护,使得它们能够在相对不受损失的情况下扩展海外市场,并以颠覆世袭继承的方式重新分配所有权和控制权。当这种转变发生的时候,理论社会学的创立者也达到鼎盛时期,可以理解,他们将这种转变映射回去,认为这是市场关系中隐藏的潜力,因此,市场变得看起来像是所有明显的现代社会关系的预言者。

这个融合实例的概念成本相当可观。社会学家已经遭受了进化心理学家出其不意的袭击,后者援用"亲缘选择"、"互利主义"和"间接互惠"等概念来捕捉他们声称的所有社会行为的生物学基础(Barkow et al.,1992),这些无不将社会学简化为理性选择经济学的基因决定版。的确,也有人做过一些值得称许的尝试,试图破坏这个策略(Archer & Tritter,2000;Rose,2000)。然而,大门向生物学简化论各种复杂形式的敞开主要还得怪社会学本身分不清市场关系的现代形式和现代之前的形式。甚至在经济学内部,奥地利学派(虽然在它的名下不是顺彼德)中仍存在现代之前的市场意识。因此,人们发现,当今的进化心理学家假定大脑中有"社会核算"的专门"模块",看起来非常像弗里德里希·冯·哈耶克认为的贸易者具有的能力,见于亚当·斯密在 18 世纪末就设想到的这类市场中。不足为奇的是,"信任"这样模糊的假共同概念被用来承担责任,提供存在论的凝聚力,将交易会上的人际交易同最具现代社会生活特征的非个人交易联系起来。从这个观点来看,通过规范的限制——如果你愿意的话,还可以选择环境中的变化——建设性地引导人们默认的行为倾向的前景展望就会遭到嘲笑,被认为是标准社会科学模式(SSSM),而社会学家甚至都已经开始同它保持距离了。

相比之下,假设我们当真认为我们称之为"创新"的重要社会行为不是从社会生活最具生物学特征的形式中自然产生的,而是需要经周密计划,旨在为人类带来利益的集体努力,那么那些忙于这些事的人可能并不能充分地实现这些利益。这里我们有一种同生物学果断决裂的社会学意识,我相信这正是社会学创立者的意图。如果是那样的话,创新的价值则主要存在于顺彼得的创造性毁灭中的毁灭性一面,也就是说，在人类的潜能中挖掘更多的障碍。因此，国家就有义务播撒创新的种子——以政府出资教育的形式——来延伸其对那种潜能中一部分代系间的管理工作。只有相对较少的那部分支持这么做的人才是真正的创新者，其他人都设法从传播过程中直接受益，这点已经不再被认为是个矛盾，而是被看成人类相对公平的证据，让优先权问题成为运气问题，从而使得以非常现代的“社会的”方式看待社会的根基作为一个整体比起其各部分的总和大得多(Fuller，2003)。

第二篇

社会科学的生物学挑战

第七章　经典社会理论隐藏的生物学过去

专业的社会学家通常将被称为“社会理论”的领域看成是专用于输出的，对于非社会学家来说，这是理解社会科学探究独特性的简便方法。社会理论并不一定能非常准确地捕捉到实证研究的最前沿，但至少它后源于大致相同的祖先。因此，通过揭露其实证局限和难以预测的转变，社会学家最能戳穿现有社会理论的矫饰，他们倾向于让它停留在被善意忽视的状态，就好比对待一个似乎只在婚礼和葬礼上获得承认的恶棍叔叔一样。然而，这种忽视现在至少产生了一代“社会理论家”，他们向福柯学历史，向马克思学经济学，向弗洛伊德(Freud)学心理学。对于那些有勇气搁置对这些“大师”的信任的人来说，如此界定的眼界窄得惊人——特别是以“进步的”政治学名义被调动起来的时候。同时，在主流从业者声称专注于当代社会，却继续用 19 世纪末的三位思想家马克思、涂尔干和韦伯规定的术语来界定其范围的这样一门学科中，这是完全可以预料得到的。

一对问题由此产生。像该领域中大部分学术倾向假定的那样，社会理论真的和经典的字眼紧密联系吗？或者，当代术语中有没有某种方法可以恢复让经典社会学家显得如此影响深远的精神？无论在哪种情况下，我们社会科学家都要就 17 至 18 世纪“古代人”和“现代人”之间的辩论构思出我们自己的说法，这场辩论针对的是现代作者是否能对古代的经典加以提高(Fuller，1997)。19 世纪，马修·阿诺德重新发起这场辩论，也就是我们现在所说的“文艺”和“科学”之间的“两种文化”问题(Lepenies，1988)。在这些问题上，我公正地站在现代人和科学家一边(Fuller，1998)。我们应特别回顾一下生物学研究的各个方面，经典社会学理论家最先都是从其中汲取知识营养的。

社会学和生物学的历史总是纠缠在一起。然而，不论是为合法的目的还是所声称的更加学术性的目的，从社会学家——更普遍地说是社会科学家——如何书写他们的历史中是猜想不到这点的。每次社会学家匆忙翻阅孔德和斯宾塞的稿件，然后就马克斯·韦伯和其他德国社会学协会创办者的“反种族主义”假装发表声明，这点就得到体现(他们反对种族主义的理由跟反对女权主义和反对马克思主义的理由是一样的:他们想要保护他们的学科不受政治的抑制)。然而,生物学和社会学之间的交通非常地流畅——至少在与纳粹和苏联优生学有瓜葛的灾难发生之前。无可否认,双方在具体的社会关系中都在通行(Fuller,1993)。这种跨学科交通最清晰的例子就是达尔文的自然选择思想,其基础是托马斯·马尔萨斯(Thomas Malthus)1798年的《人口论》(*Essay on Population*),后者广为人知,并对社会主义之前的自由主义英国中人们对《物种起源》(*Origin of the Species*)普遍的肯定接受做出了贡献(Young,1985)。早期反对为穷人制定的福利政策的辩论被顺应为更加普遍意义上的生活中的"生存斗争"。总的来说,在过去的一个世纪里,诉诸某些或所有智人的基本可塑性或永恒性,最极端的社会政策倡议都有坚强的生物学支持。

"社会学"和"生物学"这两个术语是19世纪初两个法国思想家——孔德和拉马克——创造的,从今天的角度看,他们混淆了学科分界线两边的研究结果和隐喻。在整个19世纪和20世纪初,两门学科都赋予了进化、本能、继承、适应和功能区分等重要的诠释作用。在这些背景下,从个人的控制到整个国家的管理,由生物学转化而来的社会学被认为有大量的政策输入。有时候它甚至同意对最亲密关系的管理进行大量干预,其他时候则为这种干预的无效性提供辩护。生物学研究最初得到支持的原因最后成为了社会学研究得到支持的原因,其中包括对理解和经常容纳生活多样性(动物园和博物馆由此而建)的兴趣、改善国内的生活质量(这样才有了医学的应用)和平衡自然科学的发展水平(从而有了统计方法和数学模拟的发展)。这些发展的最佳历史是默茨(Merz)写下的,因为它比《物种起源》的出版晚了四十年,而又比所有生物学被归入新达尔文合成论早了四十年。

布鲁诺·拉图尔以他常有的神秘莫测的率真建议,一旦我们为实证研究的艰苦工作放弃理论的口号,人类学家保罗·拉比诺(Paul Rabinow)所称的"生物社交"和昆虫学者E.·威尔逊(E. Wilson)所称的"社会生物学"也许只会被政治正确性的细微之处区分开来。双方都使生物学和社会学的区分变得模糊起来,使人回想起在法国这两个领域的知识被区分开来之前的那个时期。尽管如此,政治正确性对于学科界线的维持关系重大。朗西曼(Runciman)观察到,在备受欢迎的入门教材中(Giddens,1991),其他方面知识非常广博的安东尼·吉登斯对于社会生活的生物特征明显地只字不提,而在其他更加严格的理论著作中,他甚至直截了当地表示对它的敌意,把它降格为"既有的"相对于"社会学方法的新规则"(Giddens,1976)。然而,在经典中,也就是在马克思、涂尔干、韦伯、齐美尔(Simmel)和帕森斯的著作中,可以看到生物学和社会学关注的问题被删掉了。下面我要回顾一下这些例证,还要从最初的后现代主义者爱德华·韦斯特马克(Edward Westermarck)那里绕一下道。

马克思和恩格斯(Engels),尤其是恩格斯,对胚胎学的争论产生了兴趣,后者给他们对历史的辩证唯物主义陈述抛出了一些暗示性概念,其中包括这样一个观点,即有机体按照计划生长,每个阶段由前面的阶段做好准备,并由具体的环境条件——后成论的教义——引出。马克思和恩格斯对生物学进化日益增长的兴趣追随的是胚胎学家的兴趣,后者试图证明个人发展效仿的是物种的发展或厄恩斯特·黑克尔(Ernst Haeckel)著名的"个体发生概括了发展史"(Gould,1977)。最初的这种对胚胎学的兴趣以"一国的社会主义"这个论题在整个 20 世纪一直困扰着马克思主义,按照这个议题,马克思和恩格斯被解读为他们声称全球向社会主义的迈进在每个国家经历的发展顺序中得到了反映,而其中的步调是英国设定的。微观马克思主义为列宁(Lenin)和斯大林加快先前俄国封建经济的工业化进行辩护,并勾画出这样一番前景:即使资本主义把持住对全球的全面控制,仍然会有自主的社会主义共和国,其数量数年后也可能增长。

然而,随着孟德尔的遗传学在 20 世纪逐渐被完全融入进化理论,尤其是在康拉德·沃丁顿(Conrad Waddington)和 E.·威尔逊的著作中,后成论失去了特有的舞台般特性,而是被置于更宽广的生态幕布的映衬中,后者容纳大量可能由环境引起的变化(Dickens,2000)。民族社会主义的发展类推因此被破坏。利昂·特罗茨基(Leon Trotsky)的追随者和他们在世界体系理论中像伊曼纽尔·沃勒斯坦和安德烈·冈德·弗兰克(Andre Gunder Frank)等接受过学术培训的伙伴们只用全球术语设想资本主义和社会主义之间的冲突,他们这些人似乎比马克思和恩格斯,甚至是列宁与斯大林,都更具有达尔文的进化意识。承蒙让·皮亚杰(Jean Piaget)的努力,经典后成论的最后前哨大概是发展心理学了(Kitchener,1986)。随着我们转向涂尔干和韦伯更加"资产阶级的"社会学,这点重新获得了意义。无论怎么说,如果我们不期待所有人——更不用说所有的人类社会了——经历同样的发展模式,那我们又如何将人类从非人类中区别开来,将社交从非社交中区别开来呢?更不消说将进步从保守中区别开来了。

就生物学的历史而言,第一代人体验达尔文《物种起源》的影响的时候,涂尔干和韦伯也长大成人了。尽管法国人比德国人更能抵制得住达尔文的魔力,但双方都陷入了物种的本质主义概念和更加"建构主义的"达尔文概念之间的知识转型中,前者的物种成员身份通过有机体固有的特征来确定,而后者的物种成员身份则通过某个环境中有机体之间的交易(尤其是但又不只是性的)被生产和再生产出来。从语义上看,分类学对人性一词的兴趣从前者向后者的转移体现了这种转型。因此,如今我们从自然中脱颖而出就没有融入其中那么重要了。

涂尔干和韦伯两个人中,前者相对不是那么信奉达尔文主义,他深受克劳德·伯纳德(Claude Bernard)给有机体下的定义的影响,后者认为有机体是面临外部环境抵制时自我维持的一种"内环境"。因此,伯纳德将实验医学置于科学的基础上。涂尔干扩展了这个策略,用于捕捉社会对内部与外部、正常与异常等区别意识的坚实系统的建构,而社会学是可以解释这些区别并为之辩护的(Hirst,1975)。实际上,伯纳德为亚里士多德最初给有机体下的定义提供了实证主义的详细阐述,后者认为,有机体是在困境中坚持目标的一个实体。跟亚里士多德一样,他设想一个渗透着各种价值的世界,微生物和其他对有机体健康的潜在挑战都只用否定的术语被看成"疾病",而不是它们这些实体本身。死亡是最终的失败。毫无疑问,这已经成为医学科学家和从业者默认的自我理解。但是从现代进化理论的观点来看,它预先对谁或什么值得活着这个问题做出了评判,而这个问题在本书后面的内容中将越来越困扰我们。当然,这不是伯纳德或涂尔干的问题,更不用提实证主义者和他们的基督徒祖先了——他们都特准人类福利的最大化。他们诠释的"人性"允许我们为了人类的利益改造自然。涂尔干对这个传统的贡献在于他强调了集体化的作用,也就是说,"社会"(Society)中的"S"是大写的。

至于韦伯,当他提出自己的理解方法论时粉饰了潜伏在威廉·狄尔泰的"同情理解"中的生物学主义残余。跟狄尔泰一样,韦伯提出,智人的物种统一性确保了人们以类似的方式对类似的情境做出反应。如果在某个时间和地点人们的举止显得奇怪,那不过意味着我们还需要去理解他们那个世界的相关特性,从而和我们建立正常的关系。这是比较历史学家的工作,他们的任务随后在分析哲学——历史学家相应地被人类学家所替代——中被提炼并铭刻为"慈善的原则",这个词是逻辑实证主义维也纳学派的美国审计师威拉德·奎因(Willard Quine)创造的(Fuller,1988)。结果,长期坚持实证主义的心理学家埃贡·布伦斯维克(Egon Brunswik)很快为躲避纳粹逃到了美国,在这里和之前在维也纳的同事保罗·拉扎斯菲尔德一道开启了定量社会科学方法论的黄金时代(Hammond & Steward,2001)。

我之所以提到布伦斯维克,是因为他科学地更新了一种观点,从歌德(Goethe)和谢林(Schelling)的自然哲学到尼采和狄尔泰的生命哲学的整个德国生物学传统中,这个观点重复出现:每个动物物种都有一个明显的"符号世界"(merkwelt,指物种周遭所有的客观环境与情境)来体现它的感官接口,并通过这个接口同环境接触(Schnaedelbach,1984)。当布伦斯维克还是个学生的时候,这个看法同雅各布·冯·岳克斯库尔(Jakob von Uexküll)的主要是定性的"理论生物学"有关联,布伦斯维克带它朝统计表征和实验设计的方向走，间接衍生了詹姆斯·吉布森(James Gibson)的“生态心理学”，后者的美国追随者试图通过计算机模拟捕捉各不同物种视野的结构。有争议的是，这种结构操纵着动物的主观性。而退回到德国，在纳粹的统治下，岳克斯库尔的观点被当成同生态学和康拉德·洛伦茨称之为“动物行动学”的进化理论有紧密联系的定性科学继续得到发展(Richards,1987)。如今，这些观点在“建成环境”的进化人类学中找到了归宿，后者关注的重点是人类的“生态位分化”(Rapoport,1994)。

韦伯、狄尔泰和其他早期德国社会学家都热衷于将最好的唯心主义哲学和进化生物学的优势科学结合起来，以哲学家们称为“他人思想问题”的形式作为保险来应对怀疑论——实际上是唯我论——负担不起的认识论成本，“他人思想问题”将提供证据的责任加到一些人身上，这些人深信，我们可以理解同我们没有直接联系的人。尽管如此，20世纪越来越质疑智人物种的统一性，因为它已经有可能在遗传和环境的层面上都区分出人类生活。从这种形势中可以得出两个相当对立的结论，这两个结论又都因为社会科学在智人之下被掩埋的观点引发出问题。一方面，它也许意味着，任何一个人理解另一个人的能力比起一个世纪之前人们所想象的更有局限性，因为现在人们的区别显然更大；另一方面，它同样可以意味着，理解人类原则上跟理解其他任何有感知能力的生物没有什么不同。用当代的政治术语来说，前者令人想起了新自由主义的错觉，认为我们只能理解那些同我们有联系的人或为我们提供确实利益的人，而后者则令人想到的是生态学的错觉，认为现在社会科学可以被纳入“社会生物学”或“生物社会学”这门普通自然科学。

在质疑我们的物种统一性的先锋人物中，爱德华·韦斯特马克特别值得一提，他是瑞典裔芬兰人，是伦敦经济学院早期社会学家中第一个人类学家，其后期著作《伦理的相对性》(*Ethical Relativity*)享有模糊的名声，画下了社会科学家作为“相对论者”的刻板形象，一直是许多哲学家的心理障碍，并使得近代社会生物学家能够借助“标准社会科学模式”取得难以估量的成绩。就实际研究而言，韦斯特马克有两件事为大家所知，这两件事通常被分开，但现在又越来越被联系在一起。第一件事是他为道德相对性的理论辩护，鼓励了对非西方文化传统更加开明的态度，预见到伦理学的逻辑实证分析将成为表达对人和物的情感的方式。第二件事是，他提供经验论据，不认为只有人类才有乱伦禁忌，它现在被引用作为社会规范连续性的证据，而这些社会规范中隐藏着进化合适性的逻辑。实际上，在近期将所有社会生物学的知识综合起来的主要尝试中，被赞赏地引用的经典社会学家为数不多，而韦斯特马克是其中的一个(Wilson,1998)。

乍一看,韦斯特马克的两大贡献似乎往相反的方向行进:前者属特殊主义,后者属普适主义。然而,这是误解了新达尔文合成论,按照这种合成论,实验遗传学和自然历史最终被结合到一个理论标题下。从西奥多修斯·杜布詹斯基(Theodosius Dobzhansky)的《遗传学和物种起源》(*Genetics and the Origin of Species*)开始,进化——或更准确地说是自然选择——就没有像牛顿(Newton)的万有引力常数一样被当成一种力量,在整个自然环境中起着相同的作用,相反,它经常被看成具体生态中具体人群自然出现的产物。因此,自然选择现在更被看成一种单一的全球进程,而不是普遍适用的一个原则。韦斯特马克是跟戴维·休姆(David Hume)(第九章有更多他的相关信息)一样风格的反基督者,在这一点成为生物学正式教义的一部分之前,他就已经凭直觉意识到了。他下决心要揭露上帝"自下而上"组织的自足,从而除去其"自上而下"管辖的最后残余。韦斯特马克对基督教声称要承担让人文科学文明化的使命的痛斥众所周知,他把这种对跟规范约束相关的"人文科学的本质"的探求诠释为几个世纪以来跨文化恶习的意识形态烟幕。

牛顿力学的动态要素依赖于一种吸引所有移动物体的普遍力的存在,而每个移动物体又服从于自己的惯性冲动。想象这种力学的一种自然方法就好比圣灵将它们残忍的局部本性中所有的东西取出来,然后变成某种宇宙的和谐。依照这种形象,康德还展望了自己对基督教金科玉律的世俗变体,即绝对命令,只是现在被用于人类状况的微观世界中。虽然是通过不同的方式,但涂尔干同样地将集体意识和个人意识的关系概念化了。然而,通过自然选择的进化减弱了对这种普遍力的直觉控制,这种普遍力对一个群体产生作用,从而为其构建一种规范的社会秩序,前面我已经提到过,通过特罗茨基对马克思主义的诠释,对社会科学产生了最直接的影响。马克思主义认为,共产主义作为全球进程的实现需要追求完全不同的道路,而不是一系列固定的可以重复的阶段。

很容易忘记的是,韦斯特马克和第一代规范相对论者否定普遍主义不仅仅是因为他们想要在霸权的西方人的攻击下坚持局部知识。相对主义更根本地是受去除人类和动物间任何本体论区别的愿望的驱动,这是人文学科受神学启发的物种伪装非神秘化的最后一个阶段。随着 20 世纪慢慢过去,这种动机显得越发突出,特别是当动物物种之间惊人的遗传重叠加强了物种区别本身纯粹的传统性的时候。在他的那个时代,韦斯特马克就已经求助于当时乔治·桑塔亚纳所称的"动物信仰",这是一种跨物种的常识,使得避免乱伦"甚至"对一般动物来说都是非常合情合理的。对他来说,"普遍主义"只是提到基督教——我在第十一章称之为"人类视觉"的最后堡垒——时的一种科学中立方式,而达尔文主义将宇宙和地球相对化,从而征服了基督教。当今的科学和技术研究权威布鲁诺·拉图尔和唐娜·哈拉维(Donna Haraway)知道,要使达尔文主义成为后现代的前卫科学,需要他们作为中间缺少的一环,他们应该认识到在这点上他们对韦斯特马克是有亏欠的。

在社会科学的历史上,乱伦禁忌成为韦斯特马克与物种无关的相对主义意识的试金石(Degler,1991)。当人类采取系统的努力去抵制并超越他们的动物本性的主要时刻被用消极的术语当成"遗传负担"时,赞成社会自治的那些人便死死盯住乱伦禁忌。持有这个立场的许多理论家——包括爱德华·泰勒(Edward Tylor)、涂尔干和弗洛伊德——断言,基督教的世俗版是人文学科独特的"文明的"地位的自觉表达,而这种地位相应地要求积极的维系,因为它经常受到累犯的威胁。相比之下,韦斯特马克用来解释应该避免乱伦的理由是家庭生活的去性化,它的产生源于延伸的物理相近原则,该现象是他在观察许多不同的灵长目物种时发现的,这些物种对约束力——"熟悉易生轻辱"这个主题的变体——没有任何特别的需求,第十章我们将回到这个主题。

最后,齐美尔和帕森斯给社会学的理论创建带来的迥然不同的风格也得到了充分的重视(Hall,1999)。齐美尔从未写过系统的专著,而帕森斯似乎一直就在写这种专著。齐美尔把一种社会形式的各种范例放在一起进行研究,这种社会形式正如他所说的代表了研究中的形式。相比之下,帕森斯轻松地引用相当不同的社会实践来说明不同社会中的相同社会功能,通常,他会用从具体的不同中提取出来的理论语言重新描述各种实践。对于这种风格上的差异,有一种标准的解释:在他一生中的大部分时间里,齐美尔的犹太背景一直将他排除在德国的教授职位之外,他被迫向公众献殷勤,而帕森斯是盎格鲁一撒克逊新教徒,他可以享用哈佛必须提供的受制学生观众。一种观众重视的是新奇,而另一种观众重视的是仪式。当然,人们还可以更深入地研究他们各自的心理,将齐美尔的善变性格和帕森斯沉重缓慢的脾气做个比较。然而,最有指导意义的区别也许在于研究他们内含的生物学主义思想倾向,后者引出了各种形态学的概念。

"形态学"一词是 19 世纪初由歌德创造的,他当时和拉马克在巴黎的劲敌乔治斯·居维叶(Georges Cuvier)有密切关系,后者主要以对伟大的地质时期(即每一层化石标志着《圣经》中的一次大洪水)作出的"劫数难逃论"解释而闻名。形态学本意用于指生活的一般科学,目标是揭示跨物种有机体的自然"结构"和"功能"之间的相互关系,或许还能——但不是必然地——归结出有机体形态的进化理论(Merz,1904)。最初,这项任务被诠释为研究整个有机体的解剖学和生理学,到了世纪中期,该学科引用的术语开始转向细胞的层次。如今,形态学主要关注的是个微任务,对特定基因的结构和功能特点进行比较。

形态学的圣杯在于跨物种地证明了某些生物功能只能由拥有某些物理特征的有机体来执行,如果说这不是恰恰证明了这样的有机体“蓄意”拥有这样的特征,至少也为评价有机体对环境的相对“适应性”提供了基础。有人甚至试图将结构和功能分别看成对研究中的有机体的“完成的”(即发达的)和“未完成的”(即发展中的)观点(厄恩斯特·黑克尔跟这种方法有密切关系,我比较赞成将这种方法应用于人类历史)(Merz,1904;Fuller,2000)。然而,相对于寻求功能相似性,即相似物的研究者来说,为寻找跨物种的结构相似性,即类似体而进入形态学领域的研究者对于进化的目的论诠释更倾向于表示怀疑。因此,拉马克寻找的是自然中的相似物,而著名的反进化论者居维叶则通过寻找类似体来研究形态学,后一种策略同时也是当今系统动物学的怀疑论“分支”学派的主要特征(Gee,2000)。

同源比较(homology)和类推(analogy)之间的区别完全适用于生物进化和社会进化(Runciman,1998)。如果是那样的话,那么齐美尔代表的是类似体策略,而帕森斯代表的则是相似物策略。齐美尔研究的重点是群体的大小和形状如何限制社会的相互影响,不考虑该群体公认的社会功能,甚至不考虑群体成员的意图。这些“社会形式”——齐美尔倾向于这么称呼它们——有自己的命运,加在一起构不成稳定的“社会系统”,而后者正是帕森斯社会学的标志。相反,随着岁月的流逝,哪怕社会形式的大小和形状有细微的变化,都会带来功能失调的后果。的确,帕森斯已经从涂尔干(和古典政治经济)那里接受了社会劳动力分工中人口规模和分布作为一个整体的作用,但齐美尔的形式社会学意味着社会子系统范围的变化,包括面对面相互作用的细微层面(比如从二元关系到三元关系的转变),都会导致整个社会系统的不稳定。简而言之,帕森斯认识到,齐美尔将重点放在社会类似体上实际上排除了稳定的社会系统观念,而后者主要依赖于相似物。实际上,齐美尔在后现代时期知名度的迅速提高无疑可以追溯到他缺乏明确的“社会”概念上,因为这样的一个概念,尽管仍然保留对事物的社会性意识,但在最初对他的理论进行全面的英语理解时贴了齐美尔思想不连贯的标签(Sorokin,1928)。

帕森斯必须调整的主要内容是如何使得这些基于生物学的考虑同物理学相一致,后者是科学理论创建的金牌标准。可以很好地追踪的是各门科学中“功能”一词意思的变化(Cassirer,1923)。比如说,跟帕森斯的结构功能主义社会学最直接相关的生物学功能是有机体这个整体系统重复出现的特征。然而,在经典力学中,功能看起来像是数学公式,描述的是物理学家称为“动力系统”的抗衡力的分解(孔德因为用“动态的”来表示社会进化理论而遭到批评)。换句话说,牛顿的物理系统中永远包含移动物体之间的冲突。这点对帕森斯来说是非常熟悉的，维尔弗雷多·帕雷托(Vilfredo Pareto)愤世嫉俗的精英循环观中的驱动精神是自由社会中长期的稳定力量，是20世纪30年代较受哈佛青睐的针对逐渐发展的马克思主义的对抗手段。实际上，帕雷托在帕森斯作品中占据的位置相当于我们今天给予马克思主义的位置。

帕雷托的观点也许给美国宪法的分权与制衡制度提供了保证，但是同涂尔干的“有机团结”还是相去甚远，后者的福利主义含意更接近于帕森斯在新政中的政治心脏(Fuller,1998)。一旦我们附带地认为化学的“功能的”意识是“可以替代的”，事情就会变得更加复杂，因为它和政治经济有着密切的历史关系。如果可能有多种物理结构服务于相同的突出的社会功能，为什么不试着将这些结构综合起来——这些结构对系统做出最少努力就可以起到同样的作用？因此，威廉·奥斯特瓦尔德(Wilhelm Ostwald)引入“积极主义”——马克斯·韦伯存在的灾星——作为科学社会学的冒牌者(Schluchter,2000)。的确，它取得了成效，泰勒主义者对工作场所进行时间和动作研究，它还悄悄潜伏到当今人机互动研究的背后(Rabinbach,1990)。但近代的赫伯特·西蒙(Herbert Simon)可能将社会学纳入“人工科学”，因此帕森斯的机体论感知不太可能觉得这条通向科学社会学的道路可以接受。无论如何，生物学和化学的不当结合使得结构功能主义变成了一个混杂的隐喻和一个无法实现的承诺。在结论部分，我将尽力以21世纪的方式履行这个承诺。

第八章 当今，区分社会学和生物学至关重要

亚里士多德认为人类是政治动物，从表面看这个观点，生物学和社会学诞生时是臀部连在一起的连体婴儿。我们是唯一有公共生活的动物，意思是说，我们的互动所产生的东西远远超过了基本上任何个人能力所及的程度。总而言之，它们拥有意义。这些东西——需要复杂社会结构的人类状况的方方面面和人为现象——帮助构成了后代人居住的环境。我强调“公共”一词是因为在过去的一个世纪里，那么多受哲学启发的有关人类标志的讨论都只停留在人类拥有独特的私人生活，或者说意识上。然而，从这里追求的并强调生物学和社会学拥有共同祖先的角度来看，“意识”其实就是公共展示的彩排，所谓的心理学只不过是将社会的意识形态应用到与个人相关的事情上。

不足为奇的是，在孔德的科学体系中，除了基督徒灵魂的世俗化版本，他找不到“心理学”的研究对象。在实证主义政体中，这种版本主要以其教化和随后的服务——教育学和精神病学——来看待。因此，个人不是原型就是反常者。1870 年，第三共和国开始全面将法国世俗化，孔德的视野才迟迟被涂尔干之类的人实现，这也正是实验心理学史上明显没有法国存在的原因，其主要心理学家不是和教育有关，就是和医学有关。实际上，20 世纪法国最重要的心理学家皮埃尔·珍妮特(Pierre Janet)主要是以他有关“分裂的”人格的著作闻名，心理学家将这种人格分裂解释为“精神分裂”，而社会学家同样可以将其解释为个人未能将各种社会视角融合为社会行为的一致基础，后一种可能性得到了从乔治·赫伯特·米德和维果茨基(Vygotsty)等许多在哲学上被低估的社会思想家的追捧。

这种反心理主义留下的遗赠是，社会学的主要概念指的是人们凭借自己在各种关系中所处的位置而表现出来的特性，而不是作为个人本质上所具备的。因此，“工人阶级身体”主要指的是阶级关系如何在个人身体上显示出来，后者被当成自然场所看待，社会分析家可以在这里见证资本在运作(Skeggs,1997)。这里主要隐含的意思是，尽管任何一个人的举动——皮埃尔·布尔迪厄(Pierre Bourdieu)称之为“习

惯”——为看清资本主义的社会关系提供了一个窗口,每个人的身体则依据他们在整个系统中的位置提供了不同的看法,当今有经验主义倾向的女权主义社会学在这方面进行了最认真的研究。诚然,阶级关系将继续通过政治经济的抽象术语表达出来,但是对于如何表现自己,比如说“贵族”、“资产阶级”或“无产阶级”,人们还有非常具体的身体期待,而对于那些渴望“阶级流动”的人和那些满足于现有阶级身份的人来说,这种期待都将是一种徒劳(Lawler,2005)。

对社会生活身体维度的关注也就只有二十五年的历史,主要反映了福柯被社会学准则的同化(Turner,1984)。然而,本身受过哲学和精神病学培训的福柯对社会学做出的贡献远比他从社会学中汲取的东西多。他命名的概念“生物权力”容易使人误解,这个概念是基于高度独立和物理主义的管理模式提出来的,而这种模式更多地归功于托马斯·霍布斯和伊格内修斯·罗耀拉(Ignatius Loyola)而不是涂尔干,更不用说任何生物学家了。这一点也不足为奇,从科学历史的角度来看,身体对生物学来说跟对社会学来说一样陌生。这两门学科对“结构”和“功能”有共同的历史性偏见,认为系统中的这两种特征不需要身体的明确说明。两门学科中身体的概念都是从物理学中引进的,而在力学中身体指的是一种物质,形式通过外力强加在这种物质上(这种强加被称为“力”,也就是唯物主义者的“思想”的意思)。“自然”和“精神”科学的界限应该划在哪里?19 世纪的德国就此问题产生了很多争论,在这些争论中,生物学被认为是最棘手的问题。人们似乎有显而易见的根据——当然是回到亚里士多德那里——认为动物拥有内部驱动的“生命力”,亨利·伯格森(Henri Bergson)后来称之为“生活力”,这是一种原始的冲动,伯格森深信人类的意向性从这种冲动进化而来。因此,接到巴黎逐客令的社会理论家应该了解,当今人们对与福柯有关的身体的迷恋属于活机论旨在反对而非支持的简化论传统。

在各社会科学中,人类学这门学科最明确地致力于缩小自然现实和其相关意义间传统的西方哲学分歧(不奇怪,布尔迪厄的习惯概念源于早期在阿尔及利亚的野外工作)。人类学家倾向于将意义看成是铭刻在身体上的,而不是投射到身体上。这种重点强调的细微差别对于个人责任的归属却有着重要的——虽然不是完全勘察出来的——含义。特别是,如果意义被赋予了铭刻隐含的顽固现实感,那么个人就得为自己做的事情承担责任,而做这些事情是基于他们拥有的素质,但不必有意识地参与它们的创造。而一旦生物学最具物理主义的分支——遗传学——移到该学科的中心位置,它就开始接受这种隐含的意思(下面我们会了解到)。知识产权律师开始研究其在“生物勘探”中的应用。然而,主要关注人类作为“意义创造者”的社会科学家通常对责任和意识的这种脱节不太满意,它破坏了代理和身份等概念——至少只要在自主权被认为是它们的一个构成部分时。

简而言之,社会学家仍有充分的理由关注生物学。其中一个理由是学会鉴别生物学并不是我们的科学强者,至少就接近20世纪嫉妒物理学的哲学家推崇的统一科学的典范方面而言是这样的。相反,生物学很像社会学,有很多重合的领域,有时候这些领域与研究,甚至与更普遍的世界的基本定位是互相矛盾的。再者,生物学社会结构的这种特性长期以来在那些致力于维持基于物理学研究方式的实证主义哲学家中间是个公开的秘密(Rosenberg,1994)。当社会学家把对生物学的恐惧和厌恶表达为有抱负的生命物理学时,大概是过于依赖E.·威尔逊和理查德·道金斯等受过训练的生物学家的声名鹊起,当然还有赫恩斯坦(Herrnstein)和默里等人的社会科学著作中生物学研究的政策启示。社会学家仍然将他们的生物学观点更多地放在这样的科学普及基础之上,而不是将生物学的制度化理解为一种知识形式,这充分说明了将知识社会学融入普通社会学课程的必要性。

例如,普及者经常把达尔文主义误传为隐含这样的意思:适应能力强的有机体在后代中"再生产"——机械复制的意义上——它们的基因信息。这里社会科学家需要关注的是围绕一个人基因遗传的确切特征引发的生物学争议,而基因遗传是"选择性地保留的"(Brandon Burian,1984;Fuller,1993)。另外,社会学家可能会上布莱克莫尔(Blackmore)的魔力的当,后者是个心理学家,他提出思想传播的"模仿的"陈述——现被封为"流行病学的"或"文化基因的"——并未超过19世纪对社会凝聚力的普遍陈述,从而欺骗了社会学和生物学文献(Fuller,2004)。

之前我已经指出,生物学知识的社会结构在某个重要的方面跟社会学知识的社会结构是相似的。社会学家从方法论上对社会生活的几乎每个方面都发表了强硬的声明,然而这些声明并未导致一致的学科存在,主要是因为这些声明中假设的理论和方法变化太大。同样,所谓的新达尔文合成论自20世纪30年代以来使得实验遗传学家和自然历史学家能够聚集在普通的进化理论周围,它也采用了跟社会学一样的多种方法,其中包括基于野外的、基于化石的、基于实验室的以及越来越多地基于计算机的研究(Dupré,1993)。在21世纪,最后一种方法很可能逐渐统一该领域——至少这是"系统生物学"现有的承诺。事实上,这种虚拟化可能象征着更普遍的"科学的终结"(Horgan,1996),但原因可能更多地和体内体外研究中不断攀升的经济和政治(即动物权利保护者和原教旨主义的反对理由)成本有关,而不是计算机所起的任何具体认识作用。

情况的确如此。生物学家还没有找到任何被普遍接受而在理论上又有趣的途径来将他们收集、编排和诠释数据的各种方法结合起来。相反,新达尔文合成论已经找到了这个标识点，不同的生物学阵营在同一团队中同意相互信任，这使得他们可以挑选每个阵营中可以信任的成员担任他们所报道的现象的合格见证者。如果新达尔文主义给当代生物学强加了一种制度，那肯定不是托马斯·库恩(Thomas Kuhn)极权主义范式的一种，而是极小的国家，甚至可能是政府间友善的谅解。因此，各种不同方法论的有效性不过被认为是假定的，即便没有人为使人满意而对它们全部进行辩护(Ceccarelli,2001)。新达尔文主义签署人之间浮现出来的唯一分歧关注的是，将不同生物学现象结合起来的具体建议是否能够使各种不同的子领域进行它们各自方法定位所界定的有趣的研究。

这里值得回想的是，库恩没有将所谓的“达尔文革命”纳入他的科学革命典范。这场革命的发生是哲学家迈克尔·鲁斯(Michael Ruse)捏造的，他是美国神创论者的早期敌人，试图将达尔文进化论的教学地位降格为“单纯的理论”。对于为什么没有将达尔文主义纳入他的革命中，库恩从未做出过解释，人们只能做出猜测：那是因为生物学家比起一个范式的非难所允许的行事起来方便多了。被库恩的范式迷住的研究者的目标不仅仅是现实的普通画面，他们同时也认可接近这个画面的某些方式。从社会学方面来说，这里可能包含对知识产出的极权主义态度(“除非你按照这种方法工作，否则你就不是某某学家”)，至少，它意味着这门学科对劳动有着明确的分工(“只有相信你所做的研究以这种具体的方式对该范式有所贡献的时候你才是个某某学家”)。

生物学家避开库恩的这些观点，他们不要求遍及整个学科的方法有效性标准：各种方法的和平共处已经被接受，换来的是对新达尔文主义世界观的拥护，认为生命的繁殖源于繁殖优势的不同，而这种不同是由环境与基因存在差异的个人相协调产生的。这点已经得到实现，主要通过坚持最初达尔文按照均变论的方法论设想将历史和当代生物变化统一起来，认为过去(即基于野外工作的)构成最大区别的变化在当今(即基于实验室工作的)依旧在起作用。社会学未能就自己的内部矛盾找到一个讲究策略的解决方法，这是否构成反对或赞成其认识论立场的标志，读者可以自己做判断。无论如何，这点和社会学家是否应该接受生物学知识的表面价值主张有关。

来自各不同领域的生物学家打击社会科学家从事自己专业的积极性，这点也就不足为奇了。这里能想到的有人口遗传学者理查德·列万廷(Richard Lewontin)、神经科学家史蒂文·罗斯(Steven Rose)以及古生物学家斯蒂芬·杰伊·古尔德(Stephen Jay Gould)。贯穿他们论据的一条主线是，进化的变化随时间框架的变化发生，这个时间框架超越了几乎所有需要社会学诠释的有趣背景。特别是，遗传的变化要么时间跨度太大，不足以引起专业社会学家的兴趣，要么层次太低，人类远远感觉不到，不足以吸引社会学家经常研究的社会代理人（当然，这个结论同样可以安抚第三篇中被冠以“因果报应”之名的生物社会思想家，他们认为社会学家误解了他们探究的规模和领域）。再者，在劝阻社会学家不要盗用他们领域的研究成果时，列万廷、罗斯和古尔德等生物学家更多地是受到近于屈尊的家长式作风的驱动，而不是学科的谦逊态度（Segerstrale，2000）。

生物学家和社会学家在如何互相利用对方的著作上当然存在奇妙的不对称之处。例如，为了揭露当时可能被归入进化论解释框架的现象，社会生物学家大胆地去掉了社会科学研究的理论重合。这种大胆通常伴随着某种方法论的不成熟，因为它不确定这些现象能否在理论背景如此根本的变化中继续存在。这类问题立刻会引起受过训练的社会学家的兴趣，却经常从那些对社会学家的声明印象深刻的外行评论家身边溜走。然而，社会科学家本身在方法上对待生物学研究就不够大胆，不是全盘接受就是全盘否定——列万廷、罗斯和古尔德建议的是后者。可是，将这种大肆宣传从生物学的实质中区别出来的时候，社会科学家难道就不能施加一些关键的评判标准，从而得出更加细致的评估吗？

目前，社会学家倾向于与生物学相结合，一旦真的相结合，那便是通过科普读物和利用拟人的修辞手法传达意思，经常微妙地无意中影响科学本身的行为（Howe & Lyne，1992）。大家可以回顾一下在过去的二十五年间人文学科的生物学核心的支配形象的继承。在“冷战”最激烈的时期，康拉德·洛伦茨的“攻击性本能”可以解释人性。那时的“相互确保摧毁”是弗洛伊德“死亡愿望”刻上了基因的版本。然而，“冷战”产生的新自由主义后果更青睐的是小型企业家，也就是理查德·道金斯推广的“自私的基因”，它现在也许正让步于保罗·拉比诺的“生物社会的”灵长目动物概念，此概念更多地是建立在社会成员和亲属关系之上。控制这种局势需要超越对大众科学以及它们在社会学期刊中愈发暗淡的再生产的全盘接受，但这并不意味着社会学家必须获得生物学的文凭，对知识社会学有初步的了解就足以灌输所需的批判意识。

这个问题的一个表现就是，肖恩·沃森（Sean Watson）试图为吉勒斯·德勒兹的观点提供“神经生物学的”基础，后者是最近的法国“差异”哲学家，福柯曾发表过著名的论断，声称 20 世纪将属于他，但他在过去的十年里只是风靡英语世界（对德勒兹早期较全面的评价，也就是他的英语粉丝大量出现之前）。社会学目前跟关系到我们的物质性的问题毫不相关，对此沃森表示格外不满，他提出的措施是生产一种智力的致命合成物，以牺牲社会学为代价对生物学做出规定，实际上这并没有表明任何特别的生物学发现是如何破坏或多少有点迫使社会学研究重新定位。展现在我们面前的不是建设性的支持,而是社会学屈服于生物学的另一个后现代实例。

沃森认为,如果社会学家要适当地理解情感现象,必须将最新的神经科学研究和认知科学的某些领域结合起来。该研究将思维塑造为分布在一个人整个身体——不仅仅是大脑——中的神经连接模式,带有这个人独特的经验历史痕迹。这种模式得被看成各种情感现象——尤其是一个人的"特质"和"神秘"感——的物质基础设施,亨利·伯格森和西奥多·阿多诺(Theodor Adorno)过去常常以他们有远见而又主观的方式构建个人身份。德勒兹和他的长期合作者、精神病专家费力克斯·迦塔利(Felix Guattari)与这个提议有关,因为他们创建学说的隐喻和概念联想网络接近于清楚地表达了沃森青睐的基础设施陈述。如果听起来像是沃森在倡导物理主义简化论,那是因为他几乎就是这么做了。这些理论隐含的本体论内容和一些元素已经发生了变化,但其解释层次的等级顺序一直未遇到挑战。自然科学理论提供解释要素,而社会科学现象提供的是待解释的事物。虽然沃森没有用这些刻板的术语呈现他的实例,但比起简化论的支持者,他更热衷于攻击其反对者。

举个例子来说,跟优秀的简化论者一样,沃森瞄准的目标是认知科学称为"功能主义"的思维理论,按照这个理论,一样的思维过程可以在物质上通过不同方式得到实现,这些不同的方式相应地取决于代理人的操作环境和其传递思想所借助的媒介(比如我们的中枢神经系统相对于电脑的中央处理器)。功能主义贯穿于那些设计像人类一样思考的计算机程序的人工智能研究者的努力之中。它允许他们相信,如何体现一种思想的问题可以和体现的是什么思想的问题区分开来。尽管有理由认为功能主义体现了当代笛卡尔主义(Cartesianism)在科学上值得尊重的一面,它还是为心理学的独立性提供了最清晰的辩护(Fodor,1981)。

社会学家对最后一点应该感兴趣,因为涂尔干和帕森斯的追随者为我们自己这个领域的独立性也做过类似的辩护——再次以"功能主义"的名义前行(Fuller,1993)。因此,各种不同制度和实践可以执行相同的社会功能,而确切地说是哪一种制度或实践则由谈论中的社会历史来决定。在这种学科背景中,功能主义使得支持社会学为经验科学的跨社会比较和概括成为可能。心理学和社会学对功能主义的放弃同样产生了类似的结果,即心理本体和社会本体各自的紧缩。这种紧缩相应地使得思维和社会更容易被纳入新达尔文主义的生命和自然环境科学,尤其是社会生物学。因此,尽管功能主义最终可能只是个有缺陷的观点,我们还是应该充分认识到它产生的智力后果并加以抵制。

沃森反对功能主义在心理学中的应用,因为(据说)除非一个人拥有人的身体,否则不可能像人一样思考(Watson,1998)。因此,沃森希望社会学家成为神经生物学知识股的股东,权威介入它的发展和应用,从而保护我们生物学的完整性,免受自称为优生学家和洗脑者的破坏。这点有望超越沃森自己从神经生物学引进隐喻的实践。特别是,如果我们每个人的身体从字面意义上——在神经生物学的构成层次上——说是唯一的,那么"拥有人的身体"指的是什么?在这点上,沃森追随德勒兹,试图更新人类在生物学和社会学上被封闭在物种概念下的传统观念,哪怕这个概念的完整性现在正面临生物学和社会学的双重挑战。一方面,人类与其他哺乳动物拥有共同的基因,这个事实削弱了"物种"用于指一群个体根本上共同拥有的某个自然种类或某种东西的概念;另一方面,社会科学内部日益流行一场运动,其被称为"机器人类学",为人类身体与非人类身体间的差异经技术调解后的性质辩护。

20世纪60年代,当德勒兹撰写具有里程碑式意义的《差异与重复》(*Difference and Repetition*)一书时,他借吉尔伯特·西蒙顿(Gilbert Simondon)的著作重新提及人体,后者是索邦大学的心理学教授(Deleuze,1994)。西蒙顿对现代生物学"后成论"教义隐含的形而上学非常着迷,按照这个理论,环境可以诱发——甚至促成——一种有机体的发展。当然,这种发展可能的轨道是受限的。然而,即便在这有限的范围内,两种"几乎"相同的有机体——也就是说,以同样的物质能力为起点——基于各自环境的条件积累,也有可能向完全相反的方向发展。因此,人们可以维持这个观点,也就是有机体拥有与共享的物质起源相适应的本质,但不用对个体的发展一直保持某个确定的观点。法律理论家开始将形而上学同"描绘轮廓"联系起来,这其中,个人(通常是世纪的或可能的罪犯)被投射为"相关的数据研究对象"(Hildebrandt,2004)。有关个人的所能收集到的数据范围越大,就越容易确定他们在将来做出某些行为的倾向。然而,这不是因为人们对这个个人本身有更多的了解,而是因为这个个人的行为和其他人的行为共同参与了社会相关的统计分类构建。在那个方面,"轮廓描绘"也许为"牵连犯罪"这个法律上不可信的观点重新提供了科学合理性。换句话说,就因为你的行为在统计上与其他人的行为有牵连,而这些人的过去可能跟你的过去有很大的不同,所以你可能就被认为有罪(即有犯罪嫌疑)。

社会学对德勒兹的引入——更普遍地说是法国的后结构主义思想——中最引人注目的是其被规范地搁置的形而上学魅力。通过对多渠道来源的许多行为的收集和结合,统计分析既发现了个性又发现了共性,随着它的兴起的确捕捉到了个体独特性和社会普遍性,对此传统上有很多反对的声音,德勒兹当然向这种传统的反对提出了挑战。然而,不是担心这种副产品的生产可能削弱自主的概念——使个体具有能力去抵制社会规范的自由思想和行为的源泉,德勒兹追随者似乎更关注他们重新发现的一个原则,而对于这个原则,长期以来资本主义经济学家是了解的,也就是,显示性偏好倾向于"自我组织",从而产生更加稳定的秩序,其维持不需要外部强制,而这样的秩序中是否有些比别的更受青睐则超出了他们的考虑范围。

在我对德勒兹应用的关注背后并未能关注到方法问题。德勒兹不是皮埃尔·布尔迪厄,后者是社会理论家,他的结论被合理地解读为具体人类主题的独立经验主义研究的升华。更确切地说,他的远见是对早期哲学家和当今科普读物进行富有想象力的阐述的产物。考虑到受德勒兹吸引的社会学家的理论品位朝同一个方向转变,就很容易改写维特根斯坦的俏皮话了,援用德勒兹的权威没有什么证据分量,不过是买两份同样的报纸核实一下某个故事是否真实罢了。当然,更多地了解亨利·伯格森智力发展和他在巴黎高等师范学院的同班同学涂尔干的智力发展之间的关系,就会知道这个自称"新伯格森"的德勒兹的"格格不入"。例如,伯格森和涂尔干对于新兴的生物学科的关系的看法就很不同。伯格森的论述像哲学家一样,试图控制与生物进化密切相关的人类经历各方面的诠释描述,而涂尔干的论述像社会学家一样,迫切渴望避免自己刚开始的领域被纳入各种不同的生物学和心理学解释框架。尽管如此,两者都利用了类似的活力论形而上学来源,其中包括大量继续被当代神经生物学援用的隐喻和争论。实际上,如果我们能回到把我们同伯格森和涂尔干分开的那个世纪——回到生物学和社会学还没有被严格区分开来的时候,不难发现表达人文学科的生物社会特征模式,它们并不认为生物学和社会学角度之间存在权衡关系。

从更普遍的意义上说,历史为建构"杂交"和"种类模糊"的论述提供了有价值的来源。在一个知识领域被分为各门学科之前,科学想象表现出许多受欢迎的特性,它们和探究的后学科形式有关,后者旨在去除将各知识领域分开的界限(Fuller,1999)。当今,人们较普遍的做法是将生物学和社会学的冲突概括为"自然"和"培育"的对抗,但1750至1900年间并没有人们普遍接受的遗传学陈述来支持人性的严格生物学概念。因此,"自然"往往指的是人类状况各种可能的社会心理实现的所有范围。相反,"人性"指的是不需要同具体的深层自然特性相一致的社会认识论中的虚拟实体。因此,伏尔泰(Voltaire)和休姆等18世纪法国和苏格兰启蒙运动传播者在阐述所谓的"人性"时,跟求助于智人的实际历史一样,很有可能也求助于动物生活的拟人陈述——《伊索寓言》(*Aesop's Fable*)的近代版。如果社会生物学不是如此关注遗传学,它也许会被认为是这种传统的自然继承者。相反,这职责成为了科学与技术的研究对象,其主流权威布鲁诺·拉图尔和唐娜·哈拉维将寓言、小说(尤其是科幻小说)、猜测以及各不同动物物种的事实混杂在一起。

但在生物学和社会学历史间的任何本质联系之外,社会思想的历史一直还贯穿着一种"影子生物学主义"。过去在社会科学哲学中所谓的"方法论整体主义"捕捉到了这种倾向的大部分,显示其根源在于 19 世纪的"机体论"哲学,后者将社会看成跟个体机体论一样的发展模式的研究对象(Mandelbaum,1987)。滕尼斯的《社区与社会》(*Gemeinschaft und Gesellschaft*)是很重要的文本,把霍布斯最初对"全体国民"的讨论同后黑格尔思想的社会机体论联系起来。这个传统的一个共性是,个体获得作为更大社会整体的一部分的身份,特别是获得一个民族国家的公民权。根据个人本体承诺的深度,这个整体在 20 世纪逐渐被社会理论家分为"功能"或"作用",而其中的每一种"功能"或"作用"由一个或更多的个体来承担。

从更普遍的意义上说,任何深信人类自然出现的信仰后面通常都隐藏着对生物学某个分支的承诺,把它当成社会探究的超理论。那个分支也许是遗传学,它把社会生活诠释为是在拥有固定特性的个体间互动中自然发生的;也可以是生态学,个体的身份根据他们在自我运行的社会体制中所起的作用得到具体确定。因此,从遗传学和生态学的区别中,我们找到了社会学家觉得必须做出选择的理论框架基础:在前一代介于行为主义与功能主义之间,而在当今则介于合理的选择理论与结构主义之间。所有这些选择都意味着,有目的的行为需要一个界限明确的单位,在提供各种不同程度的抵制的环境中运作。

然而,现代生物学研究对可能吸收其发现结果的社会学家提出了特别的挑战:在遗传学和生态学中被当成有界限单位的各类集体并没有什么一般的社会意义。值得赞扬的是,社会生物学家和生态学家都意识到了这个问题并做出了一个合乎逻辑的反应:彻底修改了社会生活的实施和诠释所使用的术语。例如,按照理查德·道金斯所谓的"基因的世界观",同时代的个体间相互关联,从而提升他们的基因被遗传下去的可能性。因此,从基因的观点来看,那些在社会学家看来是社会构成部分的关系看起来仅仅是基因繁殖的工具,因为,从生物学上看,个体的视线最终总不是落在他们的同代人身上,而是落在拥有他们基因的未来一代身上。在生物型谱的另一端,"生态系统"通常指的是将人类与非人类按照与现存社会结构相抵触的方式排列的单位。一个典型的结果就是,人类等具有广泛行为能力的生物被催促进行自我克制,从而保证行为能力范围小得多的生物的生存。在实践中,这可能意味着阻止人们参加消耗大量自然资源的活动,即便那些活动在消费者资本主义等纯粹的人类中心说价值体系中得到高度的评价。

总而言之，生物学对社会学总的挑战可以归结为对"我们"的范围的质疑，后者被假定为"我"的一种声称，是我提到的主要群体，即"我"从法律上和文化上与之捆绑在一起的人类，还是仅限于"我"的后代，或是居住在同一时空段的人类与非人类的某种结合？有意思的是，这三种选择被世界宗教的宇宙学跟踪上了。从犹太教开始，重要的一神论宗教就期待社会学意义上的"我们"仅限于人类的祖先和后代(凭借他们与上帝的特殊关系)。相比之下，佛教的启蒙道路预示着从奢华的培育到禁欲的生活方式运动中它必定站在生态学的立场上，因而印度教有关灵魂轮回的教义构成了基因世界观的精神化版本。在第十一章中，我将以人类世界观与因果报应世界观的对抗明确讨论这个问题。

这里提出的具体挑战是，社会学的时空角度有可能是短暂的。社会政策采纳的方向在一两代人身上也许就能产生看得见的较大不同，而基因库或生态学中重要的人力挑战往往过了好几代都不太可能被察觉。在这期间，当时的那一批人可能已经将他们的价值体系重新定位，降低了这期间发生的变化的重要性。当然，一个可能的结论是，生物学的观点与社会学的探究根本不相干，但这同样也可以意味着一个社会的自我理解不可避免地就是一种意识形态，旨在培养对无法控制的局势进行控制的意识。非刻意后果的信条被周期性地用于解释 18 世纪以来社会生活持久不变的倾向，对于生物学与社会学之间这种潜在的麻烦的交界面，它也只是解释了皮毛。

但是如果研究社会现实采取的彻底的生物学方法削弱了现代主义的政策主张，那么它同样也向与后现代主义的身份概念相关的妙策提出了挑战。这不是因为当代生物学保留了现代主义的形而上学假设，相反，它对它们的反对程度至少不亚于后现代主义对它们的反对。达尔文主义的优势意味着每个物种并不是一伙界限分明的有机体，而它们的集体历史与其他物种的历史界限分明。相反，物种是按照惯例而界定的一个群体，其成员包含遗传物质，该物质也可能存在于其他时空条件下存在的其他物种的构成成分中。

后现代主义者对于物种身份的这种"非精炼化"应该没有意见。然而，达尔文主义同时认为自然的遗传多样性和变异是不确定的，也就是说，繁殖的后代之多超出了生态的承受能力。赫伯特·斯宾塞宣布这个结果为"生存斗争"，加剧了持续进行的有关谁"适合生存"的辩论。后现代主义者一直避开这个问题，他们认为，在表现出类似宽泛程度的环境中，身份同样宽泛的个体增殖便得以产生。当然，在我们的新生物学时代，环境既不受残酷自然的限制，也不受权威优生政策的限制。相反，这种限制出现在典型扩散的新自由主义课题中,如第四章我们已经简要讨论过的后代设计,此外还有生物勘探,下面我们就来探讨这个问题(Croskery,1989)。

比起后代设计,生物勘探更集中体现了资本主义在生物学知识的生产与社会关系的调解中所起的作用,它有潜力去颠覆那些被认为是理所当然的观点,比如谁是"富裕的",而谁又是"贫穷的"(比如,遗传上较富裕的人可能在经济上较贫穷),或是谁"拥有"一个人的遗传身份(比如,某人自己、他的部落、整个人类还是生物技术专利的持有人)。濒临危险的不只是创建规范社会秩序需要的内容和谁才能算是这样一个秩序的成员。这个问题的背后存在对社会纽带本身的未来的普遍关注,特别是在受达尔文主义启发的标准被用来挑选后代人身上令人称心如意的特性时。优生学家经常指出,人类自然发生的特性中只有受限制的一小部分值得传给后代。不足为奇的是,伴随的排他主义言辞在最具费边主义的基因工程师的动机上投下了黑影。然而,在我们自己的时代,一种更包容的言辞逐渐引起人们的注意,该言辞与"人类基因组多样性计划"(HGDP)相关。其目标在于抽样调查并登记人类基因区别的全部范围。第六章讨论"新语言"围绕的"流动"时,我们谈到了卡瓦利一斯福札,他也许是世界上最著名的遗传多样性理论家了,他同意 HGDP 所采用的论据与历史上那些被用来论证种族纯洁性的论据有着神秘的相似之处。尽管如此,HGDP 重点关注的所有基因组构成中一些细微的差别同时也给理解是什么使得某个群体易受某些普遍流行的人类疾病感染或是对其有免疫力提供了线索。新生物化学医疗可以从这个基础上发展起来。

"人类基因组计划"(HGP)比起 HGDP 更为著名,其目标是比对出所有人类共同拥有的基因特性,当 HGDP 还需要它各个层面的资助时,生物技术公司向相对独立的基因库——在巴布亚新几内亚、毛利新西兰和冰岛——提出允许将其基因信息转化为知识产权并从中获利(Schwartz,1999)。这种转化是生物勘探的法律基础,在 1999 年《联合国人类发展报告》(United Nations Huwan Development Report)中得到强调,值得社会科学家将其放在调查和批评主题的最优先位置上。在生物勘探中,优生学家用于控制其他人自我繁殖方式的知识与资本家用于控制其他人增长财富方式的知识是一致的,我们因此达到了社会政治制度计划的和非计划的两种极端形式间最少的共同特征。

然而,2005 年 4 月,IBM 与《国家地理》(National Geographic)杂志合作,利用业余系谱学家的商业软件包之名,资助重新冠名为"基因地理工程"的 HGDP。因此,基因地理工程鼓励人们捐赠稀有的与它们的人类携带者的迁移模式相关的基因物质和信息,这些携带者生活在被委婉地称为"开源"的环境里,在实践中意味着"置入性行销”。换句话说，要利用他人的捐赠，自己首先得做出捐赠。乍一看，这看起来有点像马克思主义“各尽所能，按需分配”原则的一个版本。无可否认，在“开源”环境中较贫穷的参与者数量的增加有利于保持这种印象，更不用说该工程本身的公共关系了，后者认为，每个捐赠者都将帮助他人完成他们的族谱。但是“开源”概念的到来同时伴随着其在信息技术中先前的历史，在这里，收入软件库的捐赠者并没有被禁止开发他们自己更加高级的软件。因此，“开源”这种民主的言辞实际上为较富裕捐赠者的课外活动提供了保护色，再次证明如果没有相应的政策来调节私人财产的生产，就无法可靠地生产公共财产(Lessig，2001)。就基因地理工程而言，人们很容易想象得到，较富有的基因捐赠者可以接近较贫穷捐赠者的捐赠，他们利用这个开发出特制药物中一项有利可图的副业，最终还是拉大了基因“有产者”与“无产者”之间的距离。

基因地理工程指向生物勘探自我管理的一个版本，也许解除了通常由医学人类学家承担的作用。他们的参与揭示了一道清晰的轨迹，开始时把人类当成科学研究的对象，然后把这些研究成果当成知识产权，再把这些知识产权当成社会普遍的力量源泉(Fuller，2002)。然而，反对社会科学家参与这个过程的争论不像一开始时那么明确。当然，把少数人拥有的某些东西进行分配，从而使更多人从中获利——尤其是如果这少数人在此过程中没有明显地受到伤害，这其中有功利主义方面的考虑。的确，这些对少数人基因资源的商业开发创造了利益，他们甚至也可以协商从中获取版税而受益。一旦人们相信在民族国家未能施展作用的舞台中，市场提供了产品和服务分配的最有效途径，那么这种可能性的道德空间也随之被打开。

受马克思主义者的启发，有人担心生物勘探会损害一种文化的生物完整性，使其屈服于关系的交换。这些担心经常假定一种遗传本质论，而后者是进化论者和后现代主义者都反对的，虽然他们反对的知识基础非常独立。生物完整性需求中固有的困难会定期浮现在目标文化的言辞中，后者在种族身份的言论和市场垄断间来回摆动。这点对于享受高度经济自主的文化尤其正确：一开始对生活本身商品化持反对意见的人最后可能声称受到不公正待遇，好比商品化成果分配的不公。注意到自己独特基因组成的本土居民有时候似乎对他们自己不是最早利用这种独特性的人深感痛恨(Griffiths，1997；Brown，2003)。生物勘探滋生的价值混乱有两个有趣的特点，下面我们就转向这个话题。

首先，在附加给土著意义的价值争论中，生物勘探似乎转移了证据的负担。有了稀有遗传物质基础上的生化治疗的成功，分享这种信息的障碍越来越被看成类似于房产拥有者，他们不希望他们的土地被闲逛者和开发商掠夺，除非侵入者愿意付出代价。不用说,这个类比并没有突出土著居民特别赞同的形象。对于土著居民来说,解释这种新出现的公共关系问题有一个办法,就是玩政治经济游戏,并指出包含在他们遗传物质中的价值应被诠释为劳动而不是财产。换句话说,人们的遗传独特性不太像继承来的财富,对于后者来说,后代人除了不间断地工作以保持家族相对近亲繁殖外,没有任何别的贡献。在当前的地缘政治场面上,面对资本主义削弱人与人之间区别的全球倾向,这需要坚持文化纯洁性与持续性的价值。价值取向的这种转变突出了培育独特遗传轮廓的主动性和危险性。不管怎么说,近亲繁殖很可能对近亲繁殖的个体造成伤害——无论是种族歧视还是先天性缺陷,也很可能给其他群体的成员带来好处,后者得到了从这种近亲繁殖的产品中综合而来的治疗。

生物勘探第二个有趣的特点是,当提到新知识价值来源的定位时,它颠覆了经济正统学说。经济学家倾向于将新知识的价值看成与其起源相关的稀缺性的产品,这些起源通常存在于自我选择的社会团体或例外的个体思想中,两者对于公众可接触到的讨论来说都不是显而易见的。因此,比起明确的知识,默认的知识被赋予了更高的价值,经常被描绘为"额外的东西"。一旦生产的常规因素被纳入考虑范围,也就是说,在法规编纂消除这种知识提供的竞争性知识之前,这种"额外的东西"就被用于解释创新经济体制和常规经济体制的区别。简而言之,经济学家倾向于把新知识当成商品生产的一种魔力要素来分析,从而培育并加速新知识的发展(Dasgupta & David,1994)。在这方面,经济学家认为新知识的产生就像气候变化一样"自然"或"自发",它同样也影响社会的生产力,这种影响非常重要,但大体上是不可预知的。相比之下,生物勘探不理会自然的这种残酷概念,不管是人还是物。相反,新知识被看成类似于经济的初级成分,用一个人们喜欢的隐喻来说,是可以被耕种、被捕捞或被开采的自然资源——不管在哪种情况下,都是"被捕捉"。当然,像自然资源一样,它们的可开发性能达到的最大程度也是未知的。然而,在同样的标记下,大量的努力可以投入从长远来看可能枯竭的资源代替物的开发上。因此,计算机化的专家系统和遗传物质的生物医学合成作为基于知识的工业发展领域应运而生,在这个点上,我们进入了"知识管理"的领域,如今是商业学校中最热门的研究课题(Fuller,2002)。

在资本主义世界中,将生物学知识应用到社会的价值概念上势必引起各种挑战,一种有效应对这种挑战的方法就是,将生物勘探看成是削弱了人类的特权地位,这种地位为所有现代主要经济模式共享——马克思主义的、制度学派的、奥地利学派的和新古典主义的。的确,这些模式在它们对人类的描述上有着本质的区别。例如,马克思主义者将人类看成生产方式("劳动")的唯一贡献者,而奥地利学派将人类活动归入通用财产一类,也就是说,如果每个人拥有自己的身体,那么只要他自己觉得合适,都可以对自己的身体进行处理。但生物勘探开启了更多的可能性,它认为包括人类在内的所有有机物的身体,如果说不是彻底的障碍的话,都只是加快财富生产速度的某些手段,而财富的生产过程像某些毫无差别的生活力量一样,不管受益者是谁,本身都被当成一个终点。从这个观点来看,智人是一种相当不稳定的碳基技术,如果要用更廉价、更安全的手段来代替它,就必须掌握它的基本原理。生物勘探因而将完成"这样的"人文学科与技术历史逻辑的结合,而后者目前为止仅限于我们脑力和身体状况的各个不同——多数情况下互不关联——的方面(Fuller,2002)。在这个大胆的新体制中,人类的独特性和不可侵犯性被声称不再具有价值,而在历史上,它们透露出的是社会科学描述性和规范性的一面。

第九章 谨防拥有左翼天赋的达尔文主义者：争当马克思继承者的斗争

生物勘探给人文学科完整性造成的威胁源于资本主义的动态一面，后者承诺前所未有的更加高效的生产方式，在正确的政治体制下，将完全消除人类的痛苦，从而吸引了大批马克思主义者。生物勘探——更普遍地说是生物技术——在继续延伸那个承诺。相比之下，对我们的人文学科更大的一个威胁源于资本主义静态的一面，第五章中我将其概括为"放任是自然的方式"，只不过现在被重新包装了一下，成为了马克思主义的继承者。我这里提到了达尔文左派，该运动正处于新兴阶段，会越来越多地出现在本书的剩余部分。达尔文左派的正式目标是在当今的后马克思主义世界中恢复进步政治的命运，然而在实践中它加强了现有的偏见，认为对恰好已经存在的政策应该采取最低限度抵制的政策路径。达尔文左派是彼得·辛格独创的点子，他是澳大利亚的动物权益哲学家，目前在普林斯顿大学的"价值观与社会"中拥有私人出资的教授职位。在大众传媒中，辛格经常被描述为世界上活着的最有影响力又最危险的哲学家。我相信他的影响只是刚刚开始被感知到。

引用理查德·道金斯的话，辛格将达尔文而非马克思描述为黑格尔的真正继承人：

> "虽然我们被当成基因机器构建起来，"道金斯告诉我们，"我们有力量反抗我们的创造者。"这里面包含着一个非常重要的真理，我们不但理解我们已经进化，而且理解我们的进化机制以及这种进化遗产如何影响我们行为的第一代人。在哲学史诗《精神现象学》(*The Phenomenology of Mind*)中，黑格尔将历史的顶点描述为一种绝对知识状态，在这种状态中，精神知道自己是什么，从而获得了自身的自由。我们无须借用黑格尔的形而上学来看清在过去的半个世纪里的确发生过的类似的事情。这是生命从原始汤出现以来第一次有人理解他们是怎么逐渐成为他们现有的自己的(Singer，1999)。

辛格提出一个非常重要的假设——我完全赞同，他认为，左派需要一个"科学的"根基，因为进步政治需要将过去政策的本质偏离合法化。不管怎么说，在第一种情况中不得不忍受被提议的政策变化的人，正是那些已经忍受现在要被改变的政策的那些人。在现代社会里，科学似乎只提供一贯的劝服基础，让人们相信系统的变化胜过静止。尽管如此，辛格的达尔文左派远见在挖掘科学作为传统的可选择权威来源的作用方面发挥的作用不大。如果说有什么的话，他对达尔文的利用加强了传统的保守党观点，在第十一章的一开始我称之为“因果报应”，这些观点给社会变化的范围设置了先验的局限。考虑一下辛格是如何轻松地引用道金斯的话，后者宣称利他主义“在自然中没有位置，这种东西在世界的整个历史上从来就没有存在过”。

黑格尔的短语“寻求承认”概括了这丢失的方面，该短语最新、最有力的表达是弗朗西斯·福山(Francis Fukuyama)的《历史之终结与最后一个人》(*The End of History and the Last Man*)。尽管不完全赞同福山乐观的民主自由主义，我还是相信他在西方思想界中掀起了一股较深的思潮，包括辛格的挪用，而该思潮在现代生物学科学中一直没有代表人物。然而，我并非要提议将达尔文的进化思想和黑格尔的进化观大胆地结合起来。我要讨论的是，把更多的注意力放在黑格尔的思想上将颠覆一种直觉，这种直觉是辛格与人类状况的许多其他诠释者共有的，也就是说，更大的相似性会滋生对那些被诠释的人的宽容，而不是藐视。开始讨论这个问题之前，请允许我先对辛格和福山的“验尸官”就马克思主义的死亡所做的报告进行一下对比。我的论点的整体框架体现在表 9.1 中。

表 9.1　福山对辛格：针对斗争的斗争

理论家	弗朗西斯·福山	彼得·辛格
生存之道	人类寻求承认的独特斗争	泛物种的生存斗争
政治传统	柏拉图到黑格尔	霍布斯到达尔文
马克思主义为什么失败	以平等主义的名义镇压寻求承认的斗争	忽视了人类对不平等政权的适应性
平等还是不平等	所有人类都是平等的，比所有动物高级	所有物种都是平等的，而每个物种中有的成员比别的成员更高级
再现时刻	刻在记忆中的战斗	刻在基因中的性
自然状态	相对富足	勉强维持生计
相关稀缺	健忘和消遣	食物和住所
人类的形象	试图将自己的主张延伸至他人的冒险者	试图保护自己拥有的少量东西的风险规避者
利他主义的阐释	无限的优越性竞争(可以给予他人最多)	自身利益的有限保护(针锋相对)

辛格和福山都同意，在全球水平上，马克思的社会主义已经被自由的资本主义果

断地击败。然而,辛格对于这个过程中可能失去的东西没有表示出任何的遗憾,福山却一直保持这个规范性问题的公开性——当然,不至于到他会更喜欢马克思主义的未来而不喜欢自由未来的地步。他明确同意辛格的观点,认为马克思主义是一种已经垮台的政治传统,这里援用的是马克思主义自己的术语。然而,福山同时也认为马克思主义是一种主要工具,人文学科的高贵形象借助它被投射到世界舞台上,而辛格似乎没有注意到这个。

同辛格的角度形成对比的是,福山更加引人注目,其跨物种间的斗争意识并没有从当代生物学对人类基因生存的描述中汲取知识营养,而是渗透在古典的希腊来源中。福山在哲学上最应该感谢的是黑格尔,后者试图用永无止境的寻求承认的斗争来界定人文学科,哪怕一个人自己的生命处于危险之中。的确,这种寻求在西方文化史上经历了相当大的改变,最初作为贵族的勇士道德规范进入柏拉图的思维,到了马克思主义盛行的巅峰时刻,它已经成为了一种将全世界无产者联合起来的战斗口号。但是,不顾它的宣言,寻求承认已经和智人——更普遍地说是动物生命——的自私形象格格不入,而这种形象是达尔文主义及其英国祖先共有的。特别是,它没有反映出对物质的初级欲望,而用经济学家的话说,物质是可以私下享用的或者说是"可以排他的"。相反,如果没有他人的参与,"渴望的愿望"也只是二阶的,无法实现。实际上,这通常标志着获得承认的个人物质——如头衔和名誉——本身是相当微不足道的,真正重要的是获得这些标志准许的公共活动的纷繁。

最终,寻求承认不能被简化为自私的活动,因为投身于这种寻求的人不惜拿自己的生命——或者至少是他们物质幸福很重要的一个部分——去冒险,做的事情通常给他人而非给自己带来好处。不足为奇的是,合理选择理论会觉得寻求承认者乍一看不够理性。据说为了用功利的计算调整这种寻求承认的斗争,他们有时候牺牲自己,为的是某些受青睐群体的更大利益,但这种说法更多地只是假设,并没有得到证实。再者,一个人永远不可能得到太多的承认,缩小边际效用的规律教导人们,欲望一旦得到充分满足,就会变得毫无意义。福山发现,固守从霍布斯到达尔文的英国政治想象的自私人类假设的是一个物质来源稀缺的世界,在这个世界中如何活着便是议事日程(Fukuyama,1992)。这便产生了不愿意承担风险的策略的理性识别。因此,人们总是为自己获取食物,只有个人风险较低或者可能带来的利益超过风险时,才可能为他人获取食物。

的确,福山更青睐的选择——从柏拉图一直贯穿到黑格尔的政治传统——同样非常清楚:我们归根到底都是要死的。尽管如此,在那种传统状态的自然中,宜人的自然环境使得生命的维持不成问题。不管怎么说,在没有规定无止境的物质增长的政治经济中，雅典人可以享受到悠闲，凭着这个，他们可以把注意力转向哲学。在这种背景下，“稀缺”的相对意义便是认知局限，也就是意识和记忆的界限随着时间的流逝会削弱寻求承认过程中取得的任何成就。然而，祖先的死后记忆和他们的手工制品的幸存说明，有些人设法得到了这种稀缺的资源，以至于他们的精神通过后人的身体得以再生。因此，理性逐渐和持续的风险追求联系在一起，按照柏拉图用来表达勇气的词，福山称之为“胸腺的”政治想象。在一个纷乱和健忘支配的世界中，尤其是可以得到物质来源去做一些事情而不仅仅是吸引注意力时，依靠桂冠便不是可取的选择了。

马克思同“胸腺”传统结盟，因为他对于无产阶级革命必胜的信仰预示着，资本主义生产力高到足以承担由工人在寻求承认的斗争中猛烈颠覆现有的生产关系而引发的任何短期代价。资本的世界比起利维坦的世界有更好的资助，哪怕两者都有生存斗争的特性。的确，作为勤奋学习古典哲学和古典政治经济学的学生，马克思将随后被分割为辛格和福山之间的斗争的斗争结合起来。马克思无产阶级追求的“为寻求承认而进行的斗争”结合了对物质安全和政治地位的渴望，从认识论的角度说，也就是要避开他人所犯的错误，同时允许犯自己的错误。

然而，黑格尔和霍布斯的结合往往不需要产生如此有益的结果。一个恰当的例子就是资本主义永远贪得无厌的本质，哪怕这种体制已经生产出相当的财富。马克思认为这是资本主义悲剧性的缺陷，随着资本家试图通过最廉价的方式生产出最多的物质从而超出对方，利润率将逐渐下降，在此过程中，这种缺陷将逐渐凸显出来。马克斯·韦伯将其追溯到新教伦理背后神圣正义的不可预测性，而索尔斯坦·维布伦以及后来的弗雷德·赫希(Fred Hirsch)则指向当代资本主义的竞争性消费实践。黑格尔似乎在霍布斯身上报了仇，资本家经常渴求新的“自然状态”，以便他们能够证明自己的优越性。福山本人用更加令人充满希望的话语让人看到了这种进展，它激励企业家去挖掘新市场，最终将财富撒向全世界。然而，甚至福山有时候也叹息，认为消费主义只是承认斗争的一个低级版本，接近于认同尼采的意见，后者认为，一场“好的战争”(甚至是“冷战”)将使人们对英雄辉煌荣誉的古老追求复活。

如果说资本主义强迫性的贪得无厌集中代表了黑格尔化的霍布豪斯主义，那么霍布豪斯化的黑格尔主义的一个例证便是后现代的身份认同政治了。从表面上看，“尊重”传统上社会地位低下的社会群体的呼吁看起来是寻求承认斗争的继续。然而，身份认同政治的后现代践行者通常并不打算拿自己身份的改变或丢失来冒险，以期代表人类的利益。那就好比马克思展望无产阶级为全世界革命运动的先锋一样展望妇女和少数民族群体。的确，自由主义者和社会主义女权主义者抱有这样的一种展望,但他们不代表当代典型的女权主义。相反,身份认同政治倾向于追求更有限的目标,在现有的权力结构下保证其群体的社会空间,而这种权力结构的界定特征如果说不是确切地不可改变的话,也被认为是不可控制的。

这里有一个非常重要的参照。最近,身份认同政治转向了“表演性”,后者由朱迪思·巴特勒(Judith Butler)普及,但最终出自米歇尔·福柯关于性生活史的一部未完成的著作。表演性政治应该被看成这条发展轨道的最后时刻,其中包括休姆和维特根斯坦,认识论的激进主义将规范上合适的行为范围“自然化”(或“经验化”),从而掩饰了政治平静。在巴特勒捍卫“男扮女装”这一伦理的斗争中,一种被翻新的身份概念为之前只被看成有牢固基础的先验提供了后验基础。这两种性别依旧是自我展示的规范上合适的形式,但是哪一种生物学上有性别区分的人占有哪一种性别则取决于某种特定的自我展示产生的社会后果,也就是“暂时”为男性或女性。因此,在为“同性恋者”提供认识论基础的时候,巴特勒打开了社会空间——但只是一点点,改变了算是合法实践的实践,但这实践并未因此合法化。

在休姆和维特根斯坦方面,重要变化的发生同样被认为是制度化实践的再生所产生的意想不到的结果,这种实践发生在局部的层面上,而非某种全球性的策略,声称拥有大范围场所的元级别知识。作为一个具体的政治策略,这意味着,在一个性别具有重大差别,同时又给男人和妇女提供资源,让他们使这种体制朝着对他们有利的方向运行的世界中,妇女扮演男人或男人扮演妇女是纠正性别歧视最有可能的手段。从某个角度上说,巴特勒的性别表演性看起来像是平等主义政治的最新前沿。从另一个角度来看,它看起来像那些已经享受到大量社会、经济与政治自由的人——如生活在旧金山海湾地区的中产阶级同性恋和双性恋者——的派系策略。

要审视表演性政治,首先来回顾几种纠正性别歧视的可供选择的策略,比较熟悉的多数是国家强制执行的,如反歧视行动和同工同酬立法。他们认为,绝大多数妇女没有机会,也没有扮演男人从而提高生活水平的倾向。更遥远的一种政治可能性则是性别身份的完全扩散,就如同有机体的繁殖从制度上和技术上与性交是有区别的。提倡两性之间的自由性通道是一回事,要求性别身份的增加则是另一回事,后者往往以所有意义上的性别概念成为空话而告终。

这时候,性别表演性主张者开始担忧,有些暗示着强烈反对,比得上那些在种族和文化身份间建立个体的自由通道的那些人。而在近亲结婚、杂交和纯粹的全球化可能使得种族和文化变成无意义的社会类属的前景面前,他们又畏缩了。然而,即使在这里,黑格尔也胜过了霍布斯。由于马克思主义者仍然喜欢观察,在法国和俄国革命中将贵族和牧师不劳而获的财富妖魔化的资产阶级成员最终也不过以工人阶级反对他们的那场特别的争论收场——以“资本主义剥削”的名义，从而消除了资产阶级从中获得的任何暂时的好处。

辛格批评马克思主义，认为后者未能意识到人类是生物构成体，他对于马克思主义革命秩序承诺的这类全面的社会变革是抵制的。但他又不是自由论者。这个问题不是因为马克思主义限制了人们的“天赋自由权”，而是因为他未能认真对待持续的社会安排——尤其是与此革命最珍贵的理想平均主义相矛盾的——的进化适应能力。在进行这场辩论的过程中，有一点很快便明确了，辛格的目标是社会筹划的平等——两性之间的平等——的一种特别形式。达尔文主义随意将重点放在有性繁殖上，认为这是人类物种生存的关键，这点在这里被认为是包含了某些对于左派来说有价值的政治教训：

> 我们把公平作为第一位的道德和政治理想，尽管达尔文思想对此没有产生影响，但它给了我们理由去相信，由于男人和女人在繁殖过程中所起的作用不同，他们的爱好和性格完全也可以是不同的，这种不同往往最好地促进了每一种性别的繁殖前景(Singer，1999)。

考虑到辛格长期对扩大动物权益的兴趣，同时又受到达尔文的启发，他为性别歧视申辩时表现出的那种明显的轻松似乎有些奇怪。然而，这是英国哲学传统的特征，在打破人类与其他动物物种间任何坚固的认识论区别以及加强人类间持续的社会区别都需要的“自然主义”根基问题上，达尔文和辛格都利用这种传统展开争论。这个传统已经有几个世纪的历史了，也有过许多的思想家，唯一有变化的就是人们如何继续缩小人类与非人类的距离，以及哪种持续出现的人类社会区别被合法化。

有了新达尔文合成论，辛格可以指向动物物种之间大量重叠的基因来保证动物权益的扩大。弗洛伊德是在孟德尔之前的达尔文主义者，他欣赏英国的这个传统，将人类看成普遍的动物能量的独特生理通道，但他在约翰·斯图亚特·穆勒对性别平等的号召面前却退缩了——哪怕他正在将《妇女的从属地位》(*The Subjection of Women*)一书翻译成德语(Appignanesi & Forrester，2000)。休姆将推理描述为所有动物共有的本能，只不过在不同的物种——甚至在不同的种族——间表现的程度不一样，考虑到他认为人类源于类人猿的多种起源观点，达尔文起初利用这一点试着让人类与动物的区别变得难以区分，但他本人绝对不是妇女或动物权利运动的激进分子(Richards，1987；Harris，1968)。由于休姆既集中概括了引发辛格的讨论的思维，又继续在当代讲英语的哲学中享有图腾的地位，简短的离题也许合乎情理。

现代哲学的历史学家注意到，当今被认为是最有理性的也最理智的英国经验主义者(其中包括穆勒)的休姆在他死后的一百年里——一直到达尔文主义在英国知识文化范围内兴起之时——一直处于“少数民族”的地位，这点经常使他们感到困惑。尽管休姆对教权主义的坚决反对经常被引用为原因，但那也只是故事的一部分：他是反对教权主义的苏格兰人，同时又拥护英国的君主立宪制，因为后者被证明有能力保持国家的统一、和平与繁荣。在保持传统的自然主义争论——通常以“适应主义”和“功能主义”的名称——被广为接受之前，对于像休姆这样世俗的保守党思想家来说，还没有明显的意识形态壁龛。世俗主义者往往是共和党人，是主张君主立宪制的一神论者。

由于休姆经常自吹的“怀疑主义”以及他同卢梭这样的启蒙运动偶像的关系，这一点经常被丢掉。然而，休姆怀疑的只是基础权威的先验途径而非后见途径。其预期目标不仅包含国王和理性主义各种固有形式的神圣权利，还试图呼吁“人权”以及刺激法国革命的这类先验的规范原则，从而颠覆权威。休姆喜欢的是卢梭有关腐败机构压迫性影响的观点，而不是他想要将人文学科恢复到某种原始状态的乌托邦主张，无论是高贵的野蛮还是古时候的共和主义。更合休姆胃口的是孟德斯鸠(Montesquieu)对亚里士多德“人一出生就属于社会并一直处于社会中”这句话的重新塑造。简而言之，休姆的“激进”很大程度上跟维特根斯坦一样，想要修正我们为普通的做法辩护的方法，又不一定修正自己的做法。尽管这种策略并没有太大地改变每天发生的事情，却大大地改变了变化的合法基础——削弱了在职者的傲慢和觊觎者的动机：暴行和舆论都不是绝对的，也都不是普遍的。对事物这种调整过的观点的善辩意味着，最大的罪过就是违反了“如果没坏就不要修”的原则。这里隐含的意思是，人们应该反对那些拿稳定的社会秩序同某个未经检验的理想交换的那些人，抵制去纠正持续的局部不公正的冲动，因为它最终可以被解释为全球适应策略的一部分。对于休姆之后的一代人，以及更普遍意义上的子孙后代，这个观点从辉格党政治家埃德蒙·伯克(Edmund Burke)身上得到了最有力的表现。

历史上，这种观点适合对暴君持怀疑态度的拥有大量土地的贵族，他们以穷人自己之前都没说过的方式为下层社会辩护，从而增加自己的财富。20世纪这种思维最坚定的弟子也许就是弗里德里希·冯·哈耶克支持的讲英语的奥地利学派经济学家了，他们早期强烈反对各种形式的极权主义，从而赢得了自由的证书，但在长期存在的各种形式的阶级、种族和性别歧视问题上又保持明显的沉默，而针对这些问题，已有反歧视政策的立法。正是这种从集中的源头(如政治局这个暴君)解放出来的权力的强烈意识与从分散的源头(如局部强制实行的阶级、种族和性别偏见)扩散的低级意识的结合标志着辛格的达尔文左派成为一个终究是保守的、传统的继承者。

在休姆的这些继承者看来，权力的扩散形式不是强迫的，而是自然的，特别是当有受益者视他们所处的局面为“稳定的环境”的时候。因此，让他们看清权力集中的抵消形式如何改善事物是有困难的。在国内太平，没有外来威胁的时候，善意的忽视政策似乎可以得到同意，其结果就是以下出自休姆1751年的著作《道德原理探究》(*Enquiry Concerning the Principles of Morals*)(第三部分第一章)的对妇女的态度：

> 在很多国家，女性被降低到跟奴隶一样的地位，没有任何财产权，和她们那些傲慢的主人完全相反。但是，尽管这些男性联合起来的时候在所有国家中拥有足够的身体力量来维持这种恶劣的暴行，他们这些花言巧语的伴侣有如此的献媚求宠之能、谈吐和魅力，以至于妇女通常能够打破联盟，与男性分享社会的所有权利与特权。

基于妇女已找到方法减轻自己的劣势，从而过着愉快的生活，并对社会产生影响，休姆为男性对女性的事实压迫辩护。在这几句话之前，休姆基于文明水平的极大差别否认了所有人类与生俱来的平等，同时又对欧洲殖民者屠杀美国本土居民，并强迫黑人成为奴隶表示遗憾。休姆在这里关注的是引起的实际灾难，并非对侵犯人类尊严的任何先验的关注。休姆的政策透露出的信息似乎是，屈从于家长式统治或处于文明水平较差状态的人应该越来越少。男女关系经验证的“成功”证实了前一种政策，而黑人和美国本土居民在殖民时期之前的存在证明了后一种策略。

由于过去的两个世纪里意识形态的忠诚发生如此之大的变化，很容易让人忘记的是，休姆的“平衡”策略在他自己的那个时代是被看成是战略自满的。那个时候的改良主义者有詹姆斯·贝蒂(James Beattie)之流的苏格兰牧师，他们赞成普遍主义，理由是《圣经》赋予人类的物种本质论，加上当时广受欢迎的内在“常识”能力观念，让为上帝通过后者和我们进行沟通。用宇宙学的话说，休姆是如何能够从先验的基础上如此坚决地反对神创观念，与此同时又在后验的基础之上对“自然的统一性”保持自信的，贝蒂以及其他人并没有能够看得清楚。对于贝蒂来说，跟对达尔文的有神论反对者来说一样，自然规律是上帝存在的事实证据。然而，就休姆本身而言，他对神创的反对主要关注的是上帝可以随心所欲地干预自然世界(即通过奇迹打破自然规律)的观点，类似于暴君如何把自己的意愿强加给社会。尽管在这个观点上休姆没有像伏尔泰表达得那么明确，但他的观点与隐藏的上帝是意气相投的：力量强大到足以创造可能的最美的世界，因此可以对其后来的发展漠不关心。这种态度可以同君主立宪制得以维持的政治条件相比。

尽管如此，苏格兰牧师的观点认为，休姆为英国君主立宪制的辩护意在制止任何权利的进一步扩张，从而超出已经给讲英语的有产阶级及其有志之士带来的利益。

从那个方面说,贝蒂对普遍主义的呼吁跟当今苏格兰民族党对欧盟的支持没有什么区别,而欧盟在后者看来是女王陛下政府的抵制力量。的确,参照两个世纪的后见之明,贝蒂的富含改革意识的普遍主义读起来就是屈尊地呼吁举起“本族人”。然而,他在情感上被看得更清楚的是期待反歧视行动的合法化。如果没有福利国家正式将富人的收入通过税收的方式重新分配给穷人,那么平衡人类差距唯一可行的策略就是有效利用主流非政府组织,即独立教会的资源,它们通过虔诚教徒的捐助为传教工作提供资金(Toulmin,2003)。

刺激性方案被用来鼓励富人把收入转移给穷人,向他们宣传如果不这么做可能产生的后果,即他们有可能失去(被损害或被盗窃)已经拥有的东西——不管是自己努力获取的还是继承来的(辛格对这个区别很是无动于衷),有了这种细微的转折,彼得·辛格大概要让我们回到此时武装成达尔文主义的休姆了。这个策略的目标似乎是这样的社会:有被贫穷包围的富人区,富人和穷人都充分了解各自为对方的处境即大都市中心做出的贡献。这些刺激性方案不太可能刺激那些财富较为安全或对自己的贫穷极其沮丧的人。不管达尔文左派会是别的什么,它终究是政治野心不大的一种意识形态。

第十章 谁（或什么）值得我们同情?

那么,社会思想的生物学转向对我们的人性存在潜在的威胁吗?要不是太幼稚或者不够真诚,就不可能否认这种可能性。我们可以同他人生活环境建立的同情为我们的人性意识提供了担保。至少这意味着我们可以在他们承认的跟他们的存在有关系的层面上同他们保持联系,这通常是因为我们有许多共同的问题和关注焦点。然而,还有很多被尝试过和被检验过的方法可以割断那条道德纽带。例如,汉娜·阿伦特谈到大屠杀问题时指出,人们可以充分利用官僚社会的劳动分工使邪恶变得平常。因此,遍布于集中营的罪行可以被折合为一系列不相关的任务,每一项任务在执行者看来都是平常而中立的,因为他没有机会去具体感受这项任务的执行所产生的后果。

与此相类似,在我们自己的时代,生物技术准许了对种族灭绝的一种高度调停意识的存在,准父母们被个别地劝说做出决定,这种决定可能产生繁殖或消除人类基因库中某些特性的累积效果,而这正是生物自由主义的终极目的。毫无疑问,很多人会觉得提到种族灭绝有点夸张了,但愿是因为他们设想这个过程远远不如他们想象的纳粹为宣传雅利安主义做出的"努力"那么蓄意和集中。然而,这种区别也许并没那么大。一方面,正如我们在第六章已经注意到的,纳粹从未像他们的敌人使他们变成的那样有条理(Neumann,1944)。另一方面,与"看不见的手"理论家的幻想相反,尤其是我们一旦进入营销活动和公共服务广告在影响人们的后代设计取向中可能担任的角色,我们的决定远非那么独立。即便基因选择的全面社会成果的具体责任还很分散,该成果本身大概也与被广为播送的信息紧密相关。

当然,根除可遗传的疾病通常被认为是个值得的目标。尽管如此,批准这种形式的遗传调节务必要接受"培育"和"修剪"人文学科的收获这类传统的优生学隐喻的适当性。达尔文的自然"选择"后代就好比农民选择牲畜交配一样,通过这种形象,这些隐喻得到了广泛的传播,以免我们会忘记。然而,从严格的科学角度来看,而且这个角度并不假设我们拥有预言伟大的宇宙农民的能力,变异的物种成员——从突变体到那些被认为是“残疾的”人——很有可能预示着作为旧形式失败版本的生命新形式。这些都取决于选择环境，对此人类碰巧比所有的其他物种拥有更强的控制力。按照更多知识带来更多责任的原则，“残疾的”类属因此逐渐从自然的转为道德的类属，在这个类属里我们可以为这样的个体到底是死是活承担更多的责任。

同情需要在时空相差很远的人们之间架起重要的智力和情感纽带。我们的生物时代重新提出了有关这条纽带性质的问题。例如，如果仅在一代之前就有了相关的生物技术，人们就很可能强烈地偏向于阻止盲人和聋人的出生。“我们”和“他们”之间缺乏自然的纽带意识也许是主要原因，虽然被功利主义政策方面的考虑掩饰了。然而，带着这些“残疾”出生的人已经培养了身份认同政治、特色文学和其他表达形式的强烈意识，更不用说社会其他成员接受他们的“正常”了。难道那时我们想象不出，在将来，人们可能允许盲人或聋人后代存在，不仅是因为这是人类父母的自然产物，而且是因为其被改变了的感知能力中包含了将社会提升到这个社会出生时的样子的潜力吗？这个问题的肯定回答需要培养将来几代人必不可少的同情，他们将逃离现有信仰、欲望和实践的偏见。

要让他人觉得足够“相似”，以便让他们引起我们的同情，这都需要什么？关键意义上的同情意味着需要放宽对这个问题的意识。如果说过去的一百五十年里社会思想教了点什么东西，那就是，我们对规范的理解更多的是历史上地方主义的产物而非真正的普遍本能。因此，关键意义上的同情提醒着人们同情的合适对象是大家共有的未来，我们自己和我们愿对之表示同情的他人可以共同居住在这个未来中，不用考虑此刻最直接给我们——作为决策者——留下深刻印象的差别。这可能需要对消除某些可以遗传的特性的呼吁采取怀疑的态度，因为，据推测这些后代自己可能并不想来到这个世界上。这个与事实相反的判断意味着，那些还未出生的后代并没有太多地指望我们的能力为他们提供住处和变化。

尽管如此，社会技术想象力的暂时缺乏永远不能同基因库的永久缺乏相提并论。特别是，19 世纪“独立”存在的观念仍然贯穿在我们对残疾人的评价中，即便当今越来越多的“正常”人的一生中大部分日子里需要药物治疗或处于定期的监管之下(的确，当今“患有”唐氏综合征的人的预期寿命要比 1900 年时 60～65 岁的标准长一些)。未经残疾人和受压迫者的同意，我们如此随意地认为他们遭受着痛苦，这掩饰了一个事实，那就是认为他们的存在令人难以忍受的人是我们。换句话说，对某种出生的任何原则性拒绝都反映了我们展望的自己适应不同环境能力的局限性，而在这个不同的环境中居住的是非常不同的一类人。这种拒绝，不管有多合法，更多地是为评判人说话，而不是为受评判者说话。在这些事情中我们经常会陷入随意的道德和政治评判——不仅仅是屈服于科学上不容置疑的事实，在我们的人性意识很容易全部丢失的时代，认识到这一点对于保持我们的人性意识是至关重要的。

达尔文词汇中的“自私”和“利他主义”之间的关系可以从许多方面考虑。如果我们坚持理查德·道金斯最初的“自私的基因”构想，那么利他主义的每日范例就会被简化为附带现象，也就是说，一种有机体使得跟其有亲属关系的另一种有机体繁殖它们自己的共同基因所产生的宏观行为后果(Dawkins，1976)。这就是以道金斯的牛津大学导师汉密尔顿(Hamilton)命名的“汉密尔顿规则”(Segerstrale，2000)。由于基因最主要的目的是自我繁殖，它必须生产作为媒介的个体有机体，按照这个观点，有机体本身既不自私也不利他，它们只不过被基因为达到自己的目的而利用。

有时候道金斯受到批评，原因是他过度扩展了自私的隐喻。但实际上，这个隐喻非常含糊，被拟人化了。一方面，道金斯的意思是，基因让所有别的东西服从于它们自己的目的；另一方面，他想要指出的是，利他主义只是作为基因驱使的假象存在。然而，被这种模棱两可的含糊掩饰的是，自私的每日范例跟利他主义的每日范例一样虚幻，因为有机个体优势的任何增长往往是该有机体拥有的基因产生的优势的宏观效应。一种有机体的自私或利他趣味跟使得该有机体的基因得以自我繁殖的条件可能相一致，也可能不一致。在这个方面，道金斯严重误导了辛格，使得后者认为达尔文主义“证明了”有机体“本质上”更加自私而非利他。如果没有别的理由认可与政策相关的辩论中各种层面的因果关系，那就必须避免这样的混乱。

自私基因隐喻的这种解构允许我们见证的是，自私的归因非常容易在有机个体和其基因组成部分之间转换。但是这种转换可以在认识论上逆流而上吗，也就是说，在个体和其所属的社会之间进行吗？似乎不能。细想一下“自私的社会”这个概念的修辞生存力，它不会被理解为自私个体的社会，而是消耗其个体成员的社会，正如道金斯所说，一种基因消耗其有机体携带者。的确，用这些术语来讲述社会学的历史是很容易的，涂尔干、帕森斯和卢曼(Luhman)标志着三个相继的时刻，将把人类看成生产自己属于其中的更大社会系统的媒介的隐含意义表达出来。实际上，到了卢曼的时候，这个社会系统已经变得如此自我组织，或者说“自制”，以至于原则上人类可以由其他动物或机器代替，承担相应的社会功能，甚至包括做人。然而，有趣的是，“自私”这个隐喻很少被引申到社会学上。相反，被谈到的这些社会学家通常被认为提出了这样一种社会体制理论：在这个体制中，为了向他们行使权力的更大存在，个体被“牺牲”或“处于从属的地位”。

道金斯的自私基因隐喻利用了一种隐性的常规，按照这个常规，自私是底朝上的，而权力是自上而下的。我们倾向于说向个体行使权力的是社会而非自私，因此

"天生"自私的个体构成了社会。然而,一旦基因出现在这个公式中,事情就复杂了,因为基因可以被理解为这个有机体的具体组成部分,也可以理解为表达许多有机体共性的媒介。多数逻辑矛盾都是因为搞混了部分与整体以及一个与多个的关系,而有关基因的讨论过度继续着这个庄重的传统,并在下面这个问题中得到了集中体现:更多的遗传学知识可以让我们随心所欲设计人类或者迫使我们面对我们自然奴役的条件吗?道金斯的追随者辛格对两个问题都想给出肯定的回答。再者,一旦我们了解了一种有机体中不同基因相互作用产生的效果,这两种方法都是可能的,这种效果表达的是构成其历史的独特环境体制下其独特的基因组成。但遗憾的是,我们掌握的有关这些效果的知识不够完美,从而导致了这两种形而上学措辞之间的转换非常方便。

一方面,部分与整体这对词语被用来捕捉自由主义的冲动,最近发现的"X 基因"激发了这种冲动,"X"是突出的社会特性。这里遗传学关心的是在特定个体身上可以自然地方化的东西。另一方面,更加确定的一个与多个关系被用于体现一种广泛的特性,这种特性对于政策干预来说似乎很难应付。这里的遗传学关注的是在大众身上无法预测出来的捉摸不透的倾向。因此,辛格允许对遗传上残疾的胎儿进行产前操纵或流产,这无形中为长期存在的对妇女在工作上的发展的歧视找到了借口。当然,谈到诸如同性恋这种社会上有争议的特性的合法化,其反对者将会利用遗传言辞将它掐死在萌芽状态,而其支持者会动用同样的言辞强调该特性在现有人口中的不可避免性(从而有其正常性)。在两个例证中,我们拥有的遗传知识现状提供了借口,分别让策略干预的容易和困难比起其他情况具有更重要的形而上学意义。

然而,改变乍一看不太想要的局面的相对容易和最终改变这种局面之后带来的功效之间有着重大的差别。从暂时的角度出发尤其能体现这种差别,例如,即便我们现在能够轻易地阻止某些身体的残疾,那些残疾在历史上也可能有助于提升我们体验现实并将现实概念化的集体能力。从哲学、心理学和语言学的角度看,聋和盲是明显恰当的例子(Rée,1999)。过快地赞同辛格消除"基因缺陷"的呼吁忽视了一种文化价值,这种价值源于过去对他们的培育,源于"正常"人被迫发挥想象力与独创性从而帮助他们(Lewontin,1993)。这并不是说残疾应该被无限期地保持,相反,在辛格本身的功利主义基础上,要为自然发生的残疾辩护,至少要一直到他们独特的视角被并入我们共有遗产的时候。的确,这个策略需要遗传科学发现的调和,因为某些胎儿的反常可能导致一些个体遭受的真实苦难无法通过任何合理的社会评判得到缓和。

值得赞扬的是,辛格意识到,和道金斯对自私的呼吁以及通常与自私相关的现象有关联的不过是一个隐喻而已(Singer,1999)。不过,他允许道金斯的"基因概观"来主导他对利他主义政策展望的讨论。结果,辛格赞同人类行为层面上自私有着过度的重要性,更重要的是,他提出在以自己为取向的行为和以他人为取向的行为之间通常有一种平衡。因此,尽管辛格保证,如果有正确的动机,某些自私的行为也可以为他人带来好处,但他的对策趋向于隐藏的威胁和明确的惩罚,好比“现在多交税,否则将来的犯罪会更多”。这意味着,他相信宣传利他主义是一场反对我们自私倾向的艰苦斗争。

然而,我们可以观察行为自身层面上自私与利他主义的区别所隐含的意思,而不是仅仅借助基因对这个区别的定义来解释行为。这场争论有个极具挑衅的参考标准,即“不利条件原理”,它标榜将利他主义解释为自我牺牲的一种有限形式,动物通过这种自我牺牲来标识它们相对于自己物种的成员地位,有时甚至是其他物种(Zahavi,1997)。就社会学和认识论而言,如果没有这样的利他主义,动物要让自己适应周围的世界就会比较困难。“不利条件原理”旨在宣扬普遍性,包含配偶的选择以及猎食者和猎物之间的相互确认,更不用说基本的有代表性的做法了。最后一种情况尤其具有启示作用,因为符号的使用通常被解释为节省力气,好比最突出的关系往往介于单词和它所指的东西之间。那么这里的重点在于,说出这个单词往往要比提供这个东西更经济(Fuller,1988)。然而,按照“不利条件原理”,进化过程中突出的关系发生在单词和说出这个单词的人之间。为什么有人从一开始就觉得必须说点什么?这个问题的答案明显地并不是为了节省力气,因为什么都不说更节省力气,而说出来后得到好处的往往是听话的人而不是说话的人。同样,人们也许会问:可能的配偶——或猎食者与猎物,就那件事而论——为什么要先宣布他们的地位(如唱歌或展示漂亮羽毛)然后再让其实现?

要关注“不利条件原理”产生的区别,可以考虑一种有代表性的实践,跟我告诉你一些你不知道的东西一样基本。本来我可以花时间做一些对我有更直接好处的事情,可我用这个时间跟你讲话,因此我就“处于不利条件”了;再者,告诉你一些我所知道的事情,我就去掉了我跟你比起来在这方面所具有的任何优势。然而,你要是认识到我是一个可靠的信息来源,是一个将来你要顺从的人,那么这些代价都得到了补偿。简而言之,你逐渐对我有依赖,因为我首先冒了这个险,向你伸出了手,而后又证明了对双方都有好处,哪怕这种好处的意义不同。利他主义者的最终目标在于展示他们相对于那些从他们的行为中受益的人的优势(“宽宏大量”)。对利他主义的这种诠释抓住了这个概念的核心问题,就好像这个概念在 19 世纪中叶在慈善事业的争论中得到普及一样。它假定一个资源十分充足的世界,它使得个体倾向于追求具有风险的行为,而这些行为的目标在于扩展人们对他人的要求。这里我们已经开始看到了寻求认可斗争可能的进化论基础。然而，它同行为的现代进化论描述所假定的更倾向于霍布斯的世界有着显著的区别。在那种情况下，个体为维持他们已经拥有的东西而斗争，因此他们反对冒险，除非事先可以预见明确的利益。在这种情况下，自私是可以理解的。

这里简述一下进化的自私描述和利他主义描述间截然不同的宗谱似乎派得上用场，在霍布斯将亚当的堕落世俗化之后，达尔文和他的追随者在遗传倾向和环境表达的某些偶然结合中探寻无神论的救赎。相比之下，像福山对寻求认同斗争的描述一样，“不利条件原理”开始时的立场更接近希腊罗马传统而不是犹太和基督教传统。也就是说，个体将自己看成发展中的神，通过成功的自我扩展展示他们令人钦佩的地方。一旦《伊利亚特》(Iliad)取代《创世纪》(Genesis)成为创世神话，就容易看清“不利条件原理”在你我展示优势并力图胜过对方的过程中如何灌输“竞争性利他主义”的精神。实际效果是，我们更多地牺牲了自己，在此过程中留下更多成功与失败的痕迹，我们的继承者可以从中受益。

20世纪初令弗朗兹·博厄斯(Franz Boas)和马塞尔·莫斯(Marcel Mauss)如此着迷的夸扣特尔人非常招摇的送礼物实践——土著人经常愿意以部落承认的名义拿他们自己的福利来冒险——很明显属于这个类属(Boas,1921;Mauss,1954)。但复杂信息和沟通交流的发展可能也是如此，不管它们是在城邦中、运动场上、科学杂志的某几页中，还是在互联网上。很难将这些竞争性利他主义的范例简化为隐藏的私心，因为从长远看来接受者往往比捐助者得到更多的好处。在更大的生物圈里，随着可能的猎食者与猎物相互展示各自的地位，这点在跨物种间尤其站得住脚。然而，竞争性利他主义的真正流行可能被“强迫性”行为这样有侮辱性的标签掩盖了，这种行为认为，人们应该更多地为自己的亲朋好友而不是一些不认识的他人做些事情，后者他们只是在较特别的环境中才会遇到。

再者，竞争性利他主义不能被同化为罗伯特·特里弗斯(Robert Trivers)提出的“互惠的利他主义”，后者试图将利他主义变成利己主义的一种延伸形式，因此，当人们给予他人一些东西的时候便期待得到相当价值的东西的回报。在游戏理论界，这正是为人所熟知的“针锋相对”策略。辛格本人大概为将这个策略变成伦理原则做了很多努力，然而作为利他主义的基础，它依旧很有限，因为它停留在人们在自己的同类身上获取的利益之上(Singer,1981)。辛格接着提出扩展“种类”的相关意义，主要是基于生物学和更广泛意义上生态学方面的考虑，它们对人类福利可以脱离动物福利进行处理的观点提出了质疑。他扩展他所谓的“伦理学界”——他的利他主义代称——的基本策略是证明人类与非人类的动物间存在的某些生理和遗传相似性迫使我们将这些非人类纳入我们的福利计算，这就产生了人类生活的重新评价，因为允许一只健康的猪活着而将一个残疾的婴儿杀死可能会给这个被扩大的圈子（甚至它的组成个体）带来更多的利益。对这种权衡的需求明确意味着资源无可救药地缺乏的政策制度。而跟种族卫生运动中他的前辈不一样的是，辛格有分寸地继续前行，第十四章我们将谈到他的这些前辈们。

辛格为利他主义的辩护主要基于——或许是过分依赖——苏格兰启蒙运动关心他人的概念，这个概念仿效的是牛顿的地心引力平方反比定律，按照该定律，太阳依照各行星与它的距离的平方反比控制着各行星的运动。照此类推，随着他人与个体本身的社会距离增大，对他人的关心就会缩小（Singer，1999）。这个概念未能承认的是，随着我们对同伴逐渐获得科学上的细微差别的理解，我们开始质疑他们的道德价值，后者有时候颠倒了社会距离原则的显著性。例如，许多富有的中产阶级比起无家可归的人或最近被夺去土地的非洲部落更加直接关注被关在笼中的实验室动物的一个原因是，他们深信其他特定的人群，如果不是他们自己，对它们所处的困境负有更直接的责任。其结果当然是，人们在改善这些人的条件方面做得很不够，但没有一个人感到特别内疚："不是我的问题！"换句话说，更多地了解人类间而非动物间压迫的原因会让我们丧失我们同样应该为人类状况负起责任的意识。但承蒙辛格，"普遍受害"的意识正在被转向动物。

我们这里有亚当和夏娃吃善恶之树的果实这个创世纪故事的一个现世版本。我们对人类状况的各种历史轨迹了解得越多，心理上就越难"把每个人当兄弟看"——认为每个人拥有神圣祖先的传统基督教体现。让一保罗·萨特宣称所有人类在广岛或大屠杀这类突出的行为上都是串通一气的，他大概是以绝对的真诚为这个视角的现世版本辩护的最后一位大思想家了。消极责任的强烈概念——可以解释当某些行为可能导致更好的结果而人们没有实施这些行为的原因——仍然可以在萨特的直觉上得到实现（Fuller，2003）。尽管如此，当今我们掌握的动物知识有争议地向人类知识靠近，而后者最初使得一神论宗教的普适伦理如此强烈。相比之下，我们可能相互了解得太多，因此要和陌生人建立真正的"仁爱"关系。

在过去的三十年里，美国存在主义的主要诠释者罗伯特·所罗门（Robert Solomon）对辛格在推理的圣坛上牺牲怜悯的策略提出了批评。他指出，按照辛格的逻辑，不仅残疾的婴儿应该任其死亡，那些拒绝找工作的无家可归者也该如此。如果一个人从道德上确认，某个人的成本要比他给那个扩大的圈子带来的利益更多，那么这个人就应该被从这个圈子中剔除出去。照此类推，可以了解一下约翰尼斯·开普勒（Johannes Kepler），他是17世纪的占星家，人们认为是他发现了行星的椭圆形轨道。

他最初提出平方反比定律捕捉到了照度相对于光源的距离功能。那时候,如果增加光源的强度,就可以照亮更远的物体(如健康的猪),人们也许会无意识地更少消费较远的燃烧体(如无家可归的人)。

我同意所罗门的观点,所有这些似乎都是由辛格的论据推理出来的。但我不同意其指出辛格没有同情心的超理性主义源于不妥协的功利主义。相反,要是没有低估他的功利主义,辛格更会被认为是一个具有同情心的超经验主义者,让他所掌握的更多有关人类与非人类行为模式和动机结构的不同经验知识损害他在功利计算中赋予的价值加权。换句话说,人们可以对个体有很多的了解(或者认为人们了解),从而做出合适的道德评价。怀疑的好处因此符合那些我们了解更少的人。在那个基础上,我认为辛格对人类是有偏见的。

在法庭审判有限的程序中,法律体系通常消除了超经验主义的危险:谁会是某个案件的陪审员?什么才算许可的证词?等等。约翰·罗尔斯曾给予这种做法以哲学名望,他指出,决定最基本的正义原则需要一层“无知的面纱”,在这里,做决定的人只了解所处社会的最普遍特点而不是其在那方面特定的地位。当今的政治理论家倾向于把罗尔斯的“无知的面纱”仅仅看成一个有趣的策略,支撑着一种在别的基础之上值得我们认可的正义理论。然而,这个面纱也反映出我们迫切需要临时替代者来抵制我们对同伴不同程度的了解对我们的规范判断可能造成的任何不恰当影响。虽然罗尔斯本人在超验的基础上为这“无知的面纱”辩护,但在“反射性自然主义”的基础上它可以得到更好的辩护(Fuller & Collier,2004)。换句话说,在我们的规范判断的经验构成要素中应该有这样的“超事实”:就为人知的内容和知其内容的人而言,人类知识的历史发展是不平衡的。与罗尔斯自己对“无知的面纱”做出的解释相反的是,未能认识到这一点不仅仅局限于我们对自己处境的更多了解给社会上远离我们的他人带来不利。在更广泛的层面上,它讽刺性地证明了拉罗什富科的格言“熟悉易生轻辱”。特别是,跟动物相比,我们对人类的更多了解可以滋生对人类同伴的蔑视理解。

“熟悉易生轻辱。”这点一直没有人注意到,因为辛格依赖的社会生物学文献通常认为,我们对非人类的了解以某种规范上相关的方式胜过对人类的了解。考虑到我们的基因潜能与环境相互作用的较为复杂的方式,人类通常被认为会比其他动物做出更加复杂的行为。当然,社会生物学对非人类的描述充斥着隐蔽的、无意识的以及另外一些不被承认的从马克思、涂尔干、韦伯和弗洛伊德借来的词语。问题是要让社会生物学家认识到马克思等人与人类的相关性,他们的理论最初就是为人类提出的!对这种颠倒的局势的一种仁慈理解就是,社会科学理论通常只识别一些突出的变量来解释人类行为。社会生物学家觉得这个太简单了,除非这些变量可以在道德上“更加简单”的有机体身上找到，从而为人类行为提供进化的先例。蚂蚁因此成为认识权威的保持者。

然而，一旦我们取消我们对非人类的了解可能比对人类的了解更多这个幻想，还有别的方法来为拉罗什富科的解释原则辩护吗？答案是肯定的，但需要我们同时超越人类和动物的视角，站在上帝的角度上——在特定的启蒙运动意义上，使得隐蔽的上帝成为对伏尔泰和他的自然神论信仰者同伴有如此吸引力的形象。对他们来说，“所有可能的世界中最好的”意味着人类是按照上帝的形象和外表创造出来的，包括给予上帝的自由。然而，这是一种刻意不完美的再生，用于挑战人类利用他们的自由来获得救赎。相比之下，动物的创造处于非常理想的无道德感状态。动物常常就是它们生来的那个样子，而人类总是比他们本来的样子多些什么。在这个基础上，熟悉人类的潜能可能滋生对由这些潜能构成的特定个体的蔑视。这种态度可以追溯到拉罗什富科自己的出生，他是17世纪中叶的法国贵族，非常熟悉自己这个阶层的人是如何挥霍特权并最终让位给路易十四的君主专制政体。因此，他以更加仁慈的眼光看待那些利用遗产获得进步而非因为遗产而堕落的人。辛格的诠释立场与拉罗什富科的区别在于，前者未能认真对待通过意志和努力可以加给遗传天赋的东西。在这个意义上，辛格依旧对寻求承认的斗争充耳不闻，至少在人类方面是如此，在别的物种方面也许也是如此。

第三篇

人类是我们这个时代濒于灭绝的物种

第十一章　科学与宗教方面即将到来的世界历史斗争

科学与宗教的关系中不存在需要“弥合”的天生的敌对。现代科学是基督教世界世俗化的自然结果,而基督教世界本身是中世纪伊斯兰教寻求对被自己行为捆住的上帝创造的现实的统一理解的衍生物(Fuller,1997;Collins,1998;Sardar,1989;Stark,2003)。相关的敌对意识纯粹是老一套的,也就是说,自然科学取代神学作为欧洲和美国大学的知识和精神领袖。即便是20世纪科学与宗教间非常明显的小摩擦,其得到的最好诠释也是,“宗教”在提醒“科学”注意它们的共同目标是使人类变得更加高尚。基督教原教旨主义的第一波现代浪潮是对第一次世界大战以科学为主导的破坏的反应(Livingstone,1984)。的确,这些提醒经常遭遇人们的充耳不闻——而且不仅仅是科学家们不听。然而,很重要的一点是区分让人类变得高尚的竞争策略和更加原教旨主义的敌对,这是我们这里要关注的,也就是那些深信科学应该使人类高尚的人和那些深信科学没有这个义务的人之间的区别,这就抓住了人类的世界观与因果报应世界观的区别。

人类的和因果报应的区别打破了科学与宗教的分界线。例如,人们可以作为佛门弟子来实践技术先进的自然科学,指出这些科学的目标在于提供对自然的和谐理解,在这个自然中,我们的人类中心说冲动首先在物种对遗传学的冷漠中得到升华,然后最终在次原子颗粒的概率分布中散去。如果很快有某些被消除了人类视觉的新达尔文主义者明确指出所有的物种仰仗自己的权利都值得理解,而且继续着迷于从动物身上寻找人类的线索——如进化心理学家,相当于把现代天文学作为占星学洞察力的源泉,我也不会觉得吃惊。在两种情况中,非人类都被彻底迷信地纳入人类范畴。不管怎么说,跟进化心理学一样,占星学认为人类与非人类都是普通事物有效的交替安排,后者反过来说明研究天体运动那么遥远的东西或生活在那么久以前的不同物种为什么可以说明当今人们的日常生活。这个类比非常有意义,它提醒我们,一种迷信可能透露出社会拒绝承认它给予某些事实相对于其他事实的不相称价值加权。

尽管如此，社会科学对宗教的理解经常使得人类的和因果报应的区别变得模糊。的确，社会科学许多显著的方法（如“诠释”）和研究对象（“意义”、“意识”）都是基督教概念的世俗后裔，这些概念最初将人类独特的精神存在同其他的动物和物质世界区分开来。在这方面，社会科学的人类根源非常清晰，但与此同时，社会科学创立者的视线关注的“社会”概念是民族国家，其一贯的做法是排挤宗教——教会和家庭——作为权威和忠诚的主要场所的传统位置。“宗教”在这个意义上充其量指的是功能上有区别的（“私人的”）社会一部分，而在最坏的情况下，它代表了社会整体生活的一种原始形式。因此，我们今天继续称之为“宗教”的实践——一神论、多神论、泛神论和无神论的鱼龙混杂，跨过了人类的和因果报应的分界线——仅有的共性不过是它们将社会生活组织成复杂的、长期的、广泛的行为模式而不需要民族国家的机构能力。当然，国家和宗教经常有互利互惠的关系，但通常情况下宗教较早出现，有时候甚至有助于国家的创建，而之后又跟其产生冲突。

科学与宗教——以资本化的形式——长期处于冲突的观点是19世纪后二十五年受达尔文主义兴起的激发而创造出来的一个西方神话。当时意识形态上受启发的历史学家将达尔文主义投射回去，试图掩饰对伽利略（Galileo）的迫害，后者在那个年代被理解为基督徒之间的内部纠纷（Brooke，1991）。再者，这种冲突的虚构性几乎从一开始就被东方知识分子识破了，反过来使得西方科学在中国和日本等国家的同化变得容易，之前这些国家总是限制其对西方观念的接触（Fuller，1997）。这个神话有两个相关的来源。第一个与“宗教”一词作为当时新兴社会科学术语的使用有关，第二个则关乎神学与自然科学在欧化的世界里为争取国家教育系统控制权的具体斗争。这些事实应该引发当今“认知人类学家”的深思，他们对历史和普通社会科学的实际复杂性没有耐心。用政治上正确表达本能的话说，他们试图以适应进化的“心理模块”将宗教局部化（Atran，2002）。用认知人类学家的官方语言来说，用于界定心理模块的短语“认知的不可入性”被用来更新并积极使不合理性这个已经过时的概念重新转起来（Fodor，1983）。

正如前面提到的，人类学家和社会学家起初用“宗教”来表达所有形式的社会组织，它的凝聚和永存不需要依靠民族国家的存在。因此，这主要是一个残留的词，用来覆盖社会生活所有所谓的“传统”形式，从没有文化修养的小部落到复杂的印度种姓制度，前者是19世纪“人种学者”既好奇又蔑视的对象，后者的文学经典吸引了同时期的许多西方崇拜者。寻求所有宗教的共性或认识上突出的某些东西，结果却掩人耳目也就不足为奇了。他们当然对诸神没有共同的信仰，更不用说“神圣的”共同经历了。如果说有什么的话，被称为“宗教”的社会生活的所有形式似乎共同分享的是一种稳定规范秩序的存在，但这种秩序追踪不到阐明集体合同理性基础的社会契约，而在这集体合同的基础上，执行可能与承诺相违背。

因为这个共同的负面特质，宗教社会在两个明显的意义上被认为是“落后的”。

首先，通过简单的归纳就能证明规范的整合性，而这种归纳是先前展现过的礼仪的纯粹重复。在这个背景下，传统社会传播削弱理性进步的先决条件——历史变化和个体责任——的“神话”，从而掩饰过去不完美的可再现性（Brown，1988）。因此，在很多现代思想中，宗教逐渐被看成迷信的同义词。

其次，社会秩序的传递是“向后”而不是“向前”，也就是说，靠继承而不是靠成就。在传统社会中，社会学与社会生物学是一致的。因此，生物繁殖的场地——家庭是社会选择的基本单位。相比之下，从奥古斯特·孔德往后，社会学将其科学自主权建立在人类的物种独特性基础之上，而后者只在现代社会才得到充分的认识。在这样的社会中，人类有条不紊地抵制甚至克服他们的生物特性，最明显的做法是通过国家之类的公司实体（中世纪法律中的“universitates”）的合法化，后者用打破传统亲戚关系和障碍的词汇来重组人类关系。

就宗教社会的这些界定特征而言，一神论的“宗教书”（犹太教，但特别是基督教和伊斯兰教）占据了一个独特但又不确定的位置，因为它们明显的普遍主义志向和改变宗教信仰的倾向经常使得它们的教徒与社会上占支配地位的信仰和实践格格不入。这些宗教没有支撑住传统，反而经常成为社会以自我超越的名义向它们提出质疑并进行改革的工具。为此，基督教和伊斯兰教双双成为现代科学的宗教基础就不奇怪了。即便是伽利略和伏尔泰这两个最初反对宗教对科学的辩护的偶像也不反对宗教对大学的控制。伽利略只是希望神学按照科学的发现调整其教义，而伏尔泰则满足于推进“专科院校”，这些院校享受皇家豁免权，不受宗教所支配的大学的控制。

很明显，伽利略和伏尔泰将前面简述的社会学上宗教的有害意识同神学的知识工程区分开来了，他们实际上诉诸科学来保护神学不屈服于与培训下一代公务员和教会官员有关的宗教规则。这种启蒙运动意识为神学成为19世纪初革新的德国大学体制的“批判的历史的”原则奠定了基础（Collins，1998）。然而，半个世纪后，形势被扭转了，科学家——自然的和社会的——威胁要取代神学家作为社会再生产的知识守护者。在英国，托马斯·亨利·赫胥黎集中体现了这种命运的逆转，受达尔文《物种起源》的鼓舞，他大胆发起运动，用自然科学代替神学作为学术生活的中心。然而，即便是这场运动也只是在第一次世界大战之后在大学高级行政管理层面上扎下系统的根，这时距赫胥黎的死已有一代了。

这个过程中涂尔干在社会学上起到了最热情的作用，他是法兰西第三共和国世俗道德教育设计的关键人物。他处于最适当的位置，认识到了孔德的“人文主义宗教”实证主义梦想，该梦想源于现代科学内容往罗马天主教会的灌输。涂尔干一直致力于回避使得孔德的一生成为学术弃儿的过度空想，尽管如此，他赞同孔德的观点，认为基督教的普遍主义在历史上为人类进步提供了最有前景的手段。遗憾的是，基督教会——特别是天主教——与它们的普遍主义前景发生了碰撞，依旧与反动的政治宗派结盟，如波旁王朝的万民拯救说学派，他们声称自己的合法性有世袭基础，这种合法性即使到了 19 世纪末有时还被表述为“神圣的权利”。

基督教的可取之处在于它是一神论，将上帝概念化为人类素质的理想延伸。在世俗的伪装下，这样的上帝象征着一个值得的目标，也就是一种集体存在的状态，由一定的原则管理，这些原则平等地适用于每个人，每个人都有公平的机会接触到这些原则。从那个立场来看，东方的主要宗教被大规模地抛弃，是因为它们以“泛神论”的名义未能使精神特权符合人性。这点反过来解释了(令西方人满意的)东方宗教对人类实际生活的明显冷淡，因此它们未能发展充分的医疗和法律支持体系来普遍提升人类福利。至于基督教的对手，犹太教被看成是原始的，因为其宗教忠诚还坚持亲属关系的基础，而伊斯兰教则被描述为堕落的基督教，盲目迷恋《古兰经》(*Qur'an*)，贬低人类后来的成就。在这几点上，马克思、韦伯和涂尔干的观点基本一致——虽然在社会科学与世俗化基督教工程的明确等同应该达到什么样的程度问题上，他们的立场是不一样的。

科学与宗教之间这场虚构的战争自开战到现在已经过去一个多世纪了，我们可以开始筛选出其真理的种子。不用说，早期的社会科学家对宗教的混杂性所知不多，态度也是自私的，还对此做出了评判。尽管如此，他们的一大堆不完美的数据和观点所指出的更加普遍的立场也许是对的：不是所有的宗教对人类生活的重视都达到相同的程度，只有一神论的宗教书给予人类形而上学的特权。这点在一个特定的事实上得到了反映，那就是，神圣与世俗的相互作用并非自然的某种未经调停的版本，而是一种人工产物——一本书，人类有特权接近它，因为在创世纪的丰富多彩中，我们是唯一能够创造出跟它相似的东西的人。因此，17 世纪的科学革命是由隐喻性地将自然简化为用数学语言写成的一本书而发起的，伽利略和牛顿之流对后者进行了解码。在随后的一个世纪里，18 世纪的那不勒斯法理学家吉安巴蒂斯塔·维柯(Giambattista Vico)创立了非自然的“人类科学”，他的《新科学》(*La Scienza Nuova*)将与上帝的这种神圣纽带转化为一个世俗的认识原则：像造物主一样，我们最了解我们所创造的东西。当它受到鼓励去纠正甚至重新起草该书的原稿时，欧内斯特·盖尔纳(Ernest Gellner)更新了这本书的隐喻，用于捕捉人性实际上是天生的观点。

遗憾的是，在现代，人类特权和科学成就的历史联系经常被用来得出明显无效的推断——宗教未能给予人类特权意味着超俗的反科学态度。这绝不是事实。相反，人类中心主义的世界观(不管受到一神论还是世俗人道主义的启发)与宇宙的完全自然化和非二元化概念(不管是公开的无神论还是掺杂着各种生态精神的意识)之间存在独特的世界的历史的紧张关系。两者都可以声称具有科学性。实际上，自诩的西方先锋思想家们用于解决科学与宗教间紧张关系的常用战术包含适当采用东方的观点和做法，作为一种手段抵制与基督教相关的反动立场(Clarke,1997)。有时候这种战略的应用给西方思想留下了长久的印象。例如，17 世纪末，莱布尼茨(Leibniz)引用中国的表意文字来研究世界思维语言，后者作为“数理逻辑”成为现代西方哲学的一个发展标志。

历史上，为科学优势而嘲弄各种神学的战术集中用于物理学上。仅在过去的这个世纪里，大范围的科学家和人道主义者，包括尼尔斯·博尔(Niels Bohn)、约瑟夫·尼达姆(Joseph Needham)、卡尔·荣格(Carl Jung)和弗里乔夫·卡普拉(Fritjhof Capra)，提出的气、礼和道等中国概念提供了全面理解相对论和量子物理学革命中更加广阔的含义所需的整个形而上学背景。这些概念清晰地将观察者置于被观察的世界中，从而削弱这种超然的甚至不合群的“不知从哪来的观点”，此观点由经典力学提出，它本身是按照牛顿对基督教上帝对它的创造立场的理解发展起来的。但是随着生物学取代物理学成为 21 世纪的学科先锋，科学与宗教的关系会如何变化呢？

从政治利益和金融投资到哲学争论和媒体关注，有个范式的改变是无可否认的：分子生物学实验室取代粒子加速器成为科学崇拜更青睐的地方。我们的世纪是一个“生物技术的世纪”(Rifkin,1998)。然而，随着学科中心从物理学转向生物学，东方形而上学灵感的来源也发生了变化——特别是从中国转向了印度。如果说广泛的“机械论”和“整体主义”世界观之间的斗争是 20 世纪的一个显著标志，那么 21 世纪人类的和因果报应的角度之间的冲突将会得到更大的缓和。形而上学中岌岌可危的不过是这样的观点：现实是单一的统一体，人类有特权接近它，也就是说，字面意义是普遍世界(universe)而不是多元世界(pluriverse)(Collins,1998)。

从普遍主义的立场来看，每个人都可以得到平等的待遇——不管人们是从“自然规律”的物理版本还是司法版本来理解这种“平等的待遇”。一神论的上帝一直是这个视角的历史化身，跟所有的创造物相比，上帝占有绝对的优势。至于人类，他们是按照上帝的形象和外貌被创造出来的，上帝借助“自然规律”的两层意义进行操作，不光是牛顿表述为万有引力原理的物理版本，还有经常被用来作为现代政治中团结和革命基础的司法版本。在这方面，人类中心主义是马克思主义者称为“霸权主义”的极端例子，其中一个视角支配并约束其他所有的视角。人类中心主义甚至在自身的发展中显示出这种倾向：在我们声称的按照我们的形象和外貌重塑这个世界的集体诉求中，西方富裕的白人男性在其他智人面前逞了威风。然而，正是因为从共同的标准看来被认为不平等的不是西方人，不是富人，不是白人，也不是男性，人们总是迫切要求那些评判的公平性——有时候比较平静，多数情况下并非如此。

然而，一旦"唯一真正的上帝"被消除，使得认识和伦理主张立刻变成普遍的和人类的立场就受到了严重的威胁，如果说不是被彻底削弱的话。社会科学恢复这个立场的历史策略是"人性"，可以理解为结束了"唯一真正的上帝"工程，如果不说完全取代的话。但如果——或一旦——这项工程被认为是失败的话，普遍化的过程就会屈服于全球化的过程(Wallerstein,1996)。谈到相同的二阶实体时，普遍化意味着个体的平等，而全球化意味着个体的相互适应是同一独立系统的一部分，也就是说，不需要外来的创造者来设定标准，甚至纠正这个系统。在后一种情况中，系统的维持需要不平等的对待，甚至需要去除不能作为稳定平衡一部分的那些部分，结果，政治协议性的权宜之计被提高到本体论的层面上，只有那些不会给他人带来很多不便，且能够很好相处的人才有资格幸存下来。

没有人否认，在资源无限的世界上，所有生物都应该被允许活得尽可能多姿多彩，但事实上，我们并没有生活在这样的世界上，在可预见的将来也不太可能这么做。那么，这里就有了一个悬而未决的问题：我们这些已经在这里的人——不考虑物种和能力——应该走最低限度相互抵制的道路，还是应该谋求外来的、有争议的"更高"的标准，从而迫使人们做出一些艰难的决定？在如何理解这个局面的问题上，世界各大宗教意见分歧很大。西方世界宗教(犹太教、基督教和伊斯兰教)赋予了人类——无论能力如何——高于其他所有生物的特权，而东方宗教则普遍对自然的丰富持更加平等的态度。这种区别有助于解释西方文化传统上非常重视个人的出生和死亡，并拒绝将这些大事简化为包含所有物种的更大宇宙进程中的过渡阶段。这种意识导致西方对从现代医学到存在主义哲学等似乎不相关的世界思想做出诸多贡献。当然，它同样意味着西方宗教——特别是基督教以及实证主义与马克思主义这样的世俗继承者——不可能完全逃避环境掠夺的责任，后者已经加入了资本主义的全球竞赛，而这也被认为是人类超越于自然的像上帝一样的创造力的基本延伸。

那么我们怎么从过去的错误中学习呢？我们是仅仅把人类工程作为过多的现代主义负担扔掉，还是留心这些错误的确切本质，从而让这些工程能够完成？有一点必须非常明确，我希望继续向前：既支持科学又支持宗教的社会不需要为人类提供避风港。

20世纪召开了许多国际会议,许多宗教信仰和科学学科的领袖在充斥着模糊概念和策略删节的"信仰间对话"的婉转论述中模糊了教义的区别。这既不奇怪也不完全该受指责。欧洲帝国主义后期开始出现对科学与宗教关系的普世态度,到"冷战"时期达到高潮。在整个阶段中,科学与技术为剥削与军事化做出显著的贡献,因为它们在全球的分布如此不均。因此我们很容易达成这样的共识:我们拥有共同的最终目标,但是可以使用的手段是不一样的。普世教会主义因此成为重新定位科学本身更具摧毁性和制造事端的用途的宗教策略。遗憾的是,这个令人钦佩的目标被排外而又统一的结合削弱了,一方面,"目标"与宗教结合,另一方面,"手段"与科学结合。这种区别在历史上和哲学上都是可疑的。再者,随着全球经济和政治力量的平衡得到缓慢而又必然的调整,而在此过程中世俗国家只是众多玩家之一,科学探究的道路被重新开启,并通往赞助商支持的各种相互竞争的宗教意识。

有人说科学与宗教间存在长期的斗争,这种说法极其荒谬,而同样荒谬——虽然毫无疑问更令人高兴——的是,有人宣称所有的科学和宗教教义是相互兼容的,甚至互相补充。的确,后一种错误可能给科学和宗教利益间任何真正的结合造成更大的威胁。21世纪必须做出有关科学与宗教联盟间的世界历史比率的决定。之前我已经提过,这个选择突出了一神论宗教和非一神论宗教(印度教、佛教、耆那教、儒教、道教)的区别,前者将人性置于科学与政治的中心地位,而后者认为人类只是应该得到平等科学和政治待遇的多种生命形式的一种。这正是科学与宗教联合体的人类与因果报应版本的区别的另一种表达方式。

与某些最著名的推广者的言辞相反的是,在新达尔文主义范式前提下进行的生物学研究的显著趋势是怀疑独特"人性"的论断,而后者传统上一直是人类学方向的经验基础。相反,我们和其他生命形式之间势不可挡的基因重叠则指向了亲因果报应的泛自然主义,认为人类与自然的其他部分是延续的。我说到"因果报应"是因为这个词捕捉到了许多东方主要宗教——特别是印度教、佛教和耆那教——的一般"生命力"。这个词没有任何偏见,其作用可以同奥古斯特·韦斯曼(August Weismann)最早提出的"种质"和现代进化理论所谓的"基因"的作用相比。因果报应和遗传论述有四点共同的论断:

1. 人们自己的行为多少受过去生活的限制,无论其是潜在的还是必需的决定因素;

2. 人们自己的一生中可以采取行动(经常和生活方式有关)缓和遗赠的最糟糕方面,但不能彻底消除;

3. 除非目标被界定为平静的自然灭绝,否则没有代与代之间和物种之间意义上的进步；

4. 生命力是所有生命形式共有的，跟外表和情感依恋的表面区别没有关系。

与因果报应情感最接近的古代西方传统是原子主义和伊壁鸠鲁学说的相关伦理教义，其赞同在不可减少的突发事件面前将人们遭受的痛苦最小化。最近，痛苦最小化被提出作为“普世人类学”的基础，这是因果报应占神学支配地位的标志（Charry, 1987）。从有关人类的角度来看，它给宗教仪式设定的标准太低了。

为帮助读者理解我的观点，我在表 11.1 中概括了体现人类的和因果报应世界观在立场上的主要区别。

表 11.1 两大科学与宗教的世界观

世界观	人类的	因果报应的
形而上学	现实与人类共存（实证主义）	现实低于人类（原子主义）
神学	一神论者	多神论者（泛神论者）
人类	代理人	工具
进化	自我实现	自然选择
文化	抵制并超越自然	接受并反映自然
伦理	福利最大化	痛苦最小化
正义	纠正自然的不公正（分配的）	恢复自然秩序（交换的）
生命	人类享有特权	物种平等主义
死亡	医学问题	生物学事实
18 世纪偶像	孔多塞	马尔萨斯
19 世纪偶像	约翰·斯图亚特·穆勒、托马斯·亨利·赫胥黎	杰里米·边沁、赫伯特·斯宾塞
20 世纪偶像	约翰·罗尔斯、弗朗西斯·福山	米歇尔·福柯、彼得·辛格

对以下三个问题的回答最清晰地体现了两种世界观的差异：

1. 宗教：人类与上帝有特权关系吗？
2. 科学：社会科学独立于自然科学吗？
3. 政治：人性是超越个体和他们所爱之人的私心的集体工程吗？

对于每一个问题，人类世界观的回答都是肯定的，而因果报应的回答都是否定的。在这点上，也许最需要直接解释的区别关系到“形而上学”，特别是“实证主义”这个词被用于许多方面——通常还是否定的。不管怎么说，实证主义者为什么强调认识论判断的程序基础通常是感官基础呢？这个问题的普遍回答是，他们相信现实会在某个层面上透露，人类通常遭遇到的是最小的额外努力，或至少可能遭遇到。不管人们对此观点有什么别的话要说,都有一个前提:现实在非常深刻的意义上是以人类为中心的,考虑到该运动的根源在于孔德以及他与民主管理的延伸的历史联系,这是可以理解的。的确,实证主义也许有不足之处,它未能碰触到它的平等主义情感,好比受过科学训练的感觉器官似乎比未受过训练的"更加平等"。尽管如此,它的因果报应对立面——原子主义——否认现实必须从认识上让多数人(如果有的话)可以接近的观点。因此,它的认识政治在怀疑主义和专门知识两个极端之间转变,其中对粒子加速器接近的限制可以被看成与当今对婆罗门种姓制度成员文化程度的限制是等同的。

我对人类的和因果报应一分为二的解释主要受 1893 年托马斯·亨利·赫胥黎的罗马尼斯讲座的影响,之前我已经提到过。赫胥黎在当时以"达尔文的斗牛犬"闻名,是达尔文主义的圣保罗皈依者——不像赫伯特·斯宾塞,后者在《物种起源》的普遍成功基础上背负着长期存在的进化自然主义。因此,赫胥黎继续和那些在斯宾塞的思想中已经解决的问题做斗争。这也许能解释为何斯宾塞能提出一个没有漏洞的思维体系,而赫胥黎总是在争论和辩论的文章中最自然地表达他的思想。赫胥黎放弃一神论,他明白是什么处于危险之中,而斯宾塞不这么做。然而,在自己当时所处的年代,甚至在我们这个年代,赫胥黎一直和政治正确性纠缠不清。在大部分已经转向达尔文主义的观众面前演讲时,赫胥黎听起来就像个老人(此时他六十八岁,两年后去世)在试图为自己留条后路,以防上帝真的存在。一个多世纪后,我们依旧觉得他的启示难以接受。不管怎么说,赫胥黎指出,虽然不是在认识论上,但是在道德上西方优于东方。这样的一个评价很容易作为典型的维多利亚时代傲慢而被驳回,任何他在做出评价时使用的词语都需要进一步推敲。

除了对生物医学科学的贡献,赫胥黎非常熟悉犹太教与基督教共有的经典和异教经典,此外还有更加普遍意义上的哲学史。他观察到古代东方因果报应的教义提供的形而上学基础与达尔文自然选择的进化论发展是志趣相投的,然而,维多利亚时代的英国出了个达尔文。此外,赫胥黎同样认识到,西方早在自己的历史上就涌现出大量的因果报应风格的形而上学——原子主义和怀疑主义。可是,这两者直到 17 世纪才激发人们进行大量的经验探究,当时伽利略和牛顿这样的科学家试图让这些观点与《圣经》的目标相互包容。具有讽刺意味的是,赫胥黎得出的结论是,对于人类来说,要想充分地利用达尔文的理论,必须经过至少持续几个世纪的基本经验探究,还需要《圣经》支持的这种以人类为中心的世界观的渗透。达尔文认为如果没有已经被证实的人类在科学、工程学、法律和医学等方面所取得的成就记录,盲目的自然过程可以导致宇宙设计的出现,这样一个非常具有说服力的实例就会令人非常沮丧——

在过去，每一次这样的实例被提出来都是如此。在这方面，一神论似乎赋予了人类对生命意义的充分信心——如果说不是傲慢的话，而这种意义是达尔文主义潜在的使人丧失权力的含义所不具有的。不像斯宾塞以及当今的彼得·辛格，对于赫胥黎来说，这种免除正是我们独特的“人类”伦理意识的来源。

赫胥黎的教训是深刻的。正如达尔文说生命是偶然的一样，达尔文主义的出现和流传本身在历史上也是偶然的。规范问题因此关注的是看待这个事实的心境了：在这种双重偶然性中，我们应该把自己摆在代理人还是接受者的位置上？赫胥黎的答案非常明确：代理人。遗憾的是，赫胥黎没有预料到偏见的力量，这种偏见倾向于区分对待这两个层面的偶然性，其本身就反映了人类不愿意为过去可能由上帝做出的决定承担集体责任（基督徒会认为这种胆怯是原罪的残余特质，这种观点当然让赫胥黎为他的世俗听众所喜爱）。坦白地说，如果——正如达尔文所说——物种繁殖出比生态可以承受的更多后代是件正常的事，医学为什么还要如此致力于让人们活着？难道我们不是给那些已经活着的人制造更多问题并且将那些即将到来的生命排挤掉吗？只把医学看成加快两种生存状态间的过渡——“从福利到告别”不是更具理性吗？“从福利到告别”是政治理论家史蒂文·卢克斯（Steven Lukes）用来讽刺“功利国”的反面乌托邦社会的。我们生活的这个时代很容易屈服于这些问题中体现出来的各种怀疑，在本书的一开始，我称之为人类状况的临时化，它标志着赫胥黎试图抵制的因果报应意识的复苏。

因果报应意识将人类重新纳入自然最引人注目的社会学特征是强调正常人和异常人或病态人之间的区别，同时消除了生命各种形式之间的区别。最明显的是，这意味着平等地对待各物种的健康与疾病。理查德·道金斯独特且形象地描述了这一点：

> 喜欢吃牛肉的人强烈反对流产，哪怕是最强烈反对堕胎的人也不会声称胎儿比成年的牛更能感受到疼痛、痛苦或恐惧。因此，这种双重标准源于对胎儿人性的绝对主义看法。即使我们不吃黑猩猩（非洲人拿它当肉吃），我们也以其他非人的方式对待它们，我们未经审判地把它们终身监禁起来（在动物园里）。如果它们比需求的更多，或年事已高，变得令人苦恼，我们叫兽医来将它们杀死。我并不是反对这些做法，只是想引起人们对这种双重标准的关注。尽管当我觉得自己不中用时愿意让兽医来了结我的生命，他也会因为谋杀而受到审判，因为我是人（Dawkins，2001）。

做进一步的观察，“正常—异常”这对双体可以被改成具有显著贵族气派的说法“最好的相对于剩下的”。换句话说，加强物种间的公平需要同一物种内部更大的区别，而这反过来恰巧证明了对人类以及原始人类生命终结的相对宽容态度，同样还证明了赋予非人类的高度价值，这些非人类似乎在通常与人类相关的智力、知觉或纯粹的“可爱性”等素质方面非常突出。纳粹和辛格至少在这点上是一致的，当然，他们实现自己的观点时可操纵的政治手段不同。

在自然被包围成一个封闭生态系统的因果报应世界观中，有一系列的本体论转化在起作用，就好像自然作为一个整体本身被看成一个物种，而先前所有的物种被重新指定为自然的构成有机体。先前的个体有机体现在看起来多少起着这个被称为“自然”的超级有机体部分的作用，其中还有一些异常的个体，比如，生活在经济和生态贫困中的过剩人口——成了寄生虫或染上了恶习。如果觉得这有点牵强，那就回顾一下，赋予动物宪法权利的法律论据特别指出，所有人类已经享受到了法律的平等保护，除非他们因为法律或医学的原因被特别排除在外(Wise,1999)。很多并非被正式排除在外的人依旧被排除在这种保护之外，考虑到这个明显的事实，“所有人”在这里到底指的是什么的确是个有趣的问题。不足为奇的是，在反对动物权利的正式确认时，德国基督教民主党曾合理地指出，保证这些权利的努力会让人们的注意力从人类各阶级间长期存在的不公中转移出来(Connolly,2002)。很多动物权利积极分子无疑都相信，加强人类权利的不断失败本身可能间接证明了当前人口的不可持续性。

后现代主义者应该认识到我也正在讲他们的故事，米歇尔·福柯独特的“考古学”方法是从乔治斯·康吉兰(Georges Canguilhem)那里获得的，后者是他在高等师范学院时的历史和科学哲学老师。康吉兰的一生都在解构孔德和伯纳德等实证主义者倡导的生物医学科学中正常与病态这对双体的规范基础。最让康吉兰痛苦的是把在统计学上可以容忍的异常水平偏离的实例或个体看成是可以修正的冲动——涂尔干也有这种冲动。换句话说，在“规范性可接受的”意义上，“病态”往往被认为通过科学的法律或医学调解是可以变成“正常的”(Hirst,1975)。

康吉兰无疑看到，这个观念尽管允许人们进行从微创手术到彻底治疗的各种实践，但是他并没有看到，统计学根本不是我们对实现我们的目标——这里的“我们”指的是那些有权力为“我们”说话的人——所需手段的一种无知的衡量。他采纳了针对随机过程的强烈现实主义观点进行回应。他理解的统计不确定性代表了真正的不确定。因此，他不加选择地尊重自然生成的生命表达，没有特别关注规范上被界定为“人类”的生命种类。康吉兰好像渴望亚里士多德最初的“分配正义”理念，后者意味着承认并尊重作为自然现实的个体差异，其不需要进一步干预，更不用说重新分配了(Fleischacker,2004)。康吉兰思想中的这种倾向有时候被描述为“存在主义的”或“自由主义的”。然而，更准确地应该用其19世纪的名称来称呼它，最近在吉勒斯·

德勒兹和其他新伯格森派的著作中被重新使用，从人性的遗留中除去了这种意识。这个名称便是“活力论”。人们简单地认识自己的本质不过是因为事实便是如此。这里存在身份认同政治与福利之间正在为左派的灵魂而进行斗争的形而上学基础(Fraser，1997)。

赞成从有关人类的角度调整这种平衡意味着给显著的人类进步理念注入活力，但这需要比活力论者打算做的更加严肃地对待人类与上帝的接近问题。一神论者一直保护人类生命的圣洁，因此传统上一直反对自杀、安乐死和流产，而他们在生物医学方面的世俗弟子则致力于尽可能延迟死亡时刻的到来。注意，这些对人类状况的肯定态度最先聚焦的都是个体生命在他们一生中的价值。然而，我们可以代表未来的几代人自愿承担风险，这是作为人类特权的一部分。这可能包含自我牺牲的英雄本领，也可能包含在投机金融企业中更加有计划的投资中——两者经常都不产生有益的后果。但紧跟着纳粹对人的强制实验，我们变得不太愿意将研究对象参与科学研究纳入这种提升生命的冒险中。相反，我们更青睐尽可能依靠动物进行实验，好像人类是唯一怕死的物种，而动物应该被当成实现人类目标的唯一手段。在伦理上和认识论上，这都是很糟糕的(La Follette & Shanks，1997)。

当然，人类的卫生保健受益于以人类和其他动物间重大的基因重合为前提的研究。然而，对于这一点的过高估计，加上周期特别短的厌恶风险意识，同样得为医疗的灾难负责。一方面，这些灾难与化学疗法和镇静剂的广泛使用有关；另一方面，它们与迟迟不肯承认吸烟与肺癌之间的关系有关(Greek，2002)。最能代表反对动物实验的例子是在被囚禁的动物这一方，而不是在动物实验结果基础上对人类的治疗。沿着这些路线，他提出的具体建议是，我们应该逐渐用传统上与陪审团服务、选举和兵役等相关的公民义务意识来看待科学研究的参与者——作为研究者或研究对象。在所有这些情况中，人类在固定的一个时期内将自己组织起来，有时候个人处于危险中，为的是证实他们对一个集体工程的联合献身。

我的建议可能被看成威廉·詹姆斯(William James)1906年的演讲《战争道义》(The Moral Equivalent of War)的更新版，该演讲呼吁大范围的美国兵役计划，其中的元素最终在20世纪中间的三分之一世纪里进入了罗斯福(Roosevelt)的新政和约翰逊(Johnson)的“伟大社会”计划。詹姆斯相信，人类集体抵制对其社会存在的威胁的最古老方式在人们通过自由贸易平静地追求自身利益的20世纪可能已经过时了。很明显，詹姆斯的建议与福山对“历史的尽头那端”及“最后一个人”的命运的后“冷战”关注一样不够成熟。尽管如此，这些建议的精神值得认真对待。通常这些建议的定位在民族国家的层面上。然而，这里我想重新点燃实证主义者的人类理想，其本身就是一项集体工程，个体无法实现，甚至单个的民族国家也无法实现，只有大家联合起来对抗共同的敌人——不管把它定义为无知还是虚弱。

卡尔·施米特的纳粹法学集中体现的现代政治失败是它继续将同胞描述为“敌人”，共和国因反对这点而建立并合法化。因此，对人类知识和道德的共性追求被看成与政治生活必需的特定划分是正交的——如果不是完全移除的话。新世纪里因果报应意识的优势可能会加重这种趋势，而现在只是一些人类和非人类的群体被以“政治生态学”的名义鼓动去反对其他的人类和非人类群体（Whiteside，2002；Latour，2004）。然而，历史上有过扭转这项工程的先例，即有些机构自我界定的和自我组织的工程超越了繁殖的生物学模式（如家庭继承的主张），这些机构的永久存在引起整个社会财富和权力的定期重新分配，其目标是扩大并更新人类的眼界。在罗马法中，这样的机构被称为“universitates”（Fuller，2003）。

第十二章　理解原教旨主义对世俗主义的反击

现代科学对神灵的威胁远远不及对人类的威胁。凭经验而论,传统上由因果报应宗教文化主导的民族生产的科学知识在全世界中所占的比例正日益增大。这是印度和中国等地方中产阶级发展壮大的副产品,他们渴求在世界科学舞台上占有一席之地。这个事实的重要性绝对不可以低估。欧洲中心主义最有可能复原的残余部分也许就是这样一个设想:人们应该再造欧洲的文化历史,特别是其现代科学与宗教的冲突,让其变得真正地科学。实际上这就是要犯遗传的错误,将科学哲学家所称的"发现背景"同"辩护背景"混淆起来。欧洲是自然选择进化论的发源地,但这并不意味着欧洲(更不用说美洲)为接受该理论提供了最宜人的环境。实际上,远东地区接受进化论比接受社会主义快多了,赫伯特·斯宾塞比卡尔·马克思的译本早了好几年。

然而,西方人有时候错误地将远东对达尔文主义的相对容易的接受诠释为进化论普遍真理的证据,这个看问题的方向就不对了。人类凌驾于其他生命形式之上的一神论特权更有可能阻碍了达尔文主义在家中的接纳,因为坚持自然多元化和生命形式基本平等的宗教应该发现——已经发现,它们与达尔文主义在形而上学上挺意气相投的。这里有一个普遍的教训:认识普遍性的断言经常和对合法化曲折故事的一种迷信反应没什么差别。确切地说,一个人的工作在家(达尔文的例子是公认的极大夸张)的时候可能得不到尊重,却可能在别的地方得到尊重,从而使得该工作在家得以重新被接纳,不过当然是在已经被独立证实的幌子下了。这里的迷信在于被神秘化的"独立"概念,它掩饰了这样一个事实:工作从属于每一种接受文化的正常评价程序,它的全面重要性在于借给了工作一种"普遍性"的超然气概,而这不过是因为各种文化的评价标准有区别而已(Fuller,1996)。

世界上部分地方的科学发展脱离了欧洲文化历史,将来人文学科的存在也受到其他两种威胁,这将是本章的重点。首先,来自传统上由人类宗教文化主导的民族的科学家越来越怀疑自己改善人类状况的能力。这种西方的主要倾向已悄然潜入正规的科学思维，远远超出笼统术语“后现代主义”的想象。向更具因果报应意识的轻微转向就是标志，包括接受作为现实而不能减少的特性的“命运”，并相信人的纯粹充裕——又叫“人口过剩”——对全球生态造成严重的威胁。其次，这也是潜在的重要倾向，人们对科学研究在市场力量中的方向和应用的感受性逐渐增多。这有助于解散任何将人类福利看成知识“生产者”与“消费者”之间的一套具体交换的统一意识，这个倾向代表了我所称的科学世俗化的消极一面(Fuller，1997)。

任何有关世俗化的讨论总是要提起欧洲基督教的历史特异性，我这么说不是要将基督教“相对化”，限制它的历史重要性，而是要设置障碍，不让基督教的启示传达到不了解其先前历史的人中间。世俗化包含教堂和国家的正式分离(Martin，1978)。因为教堂不再指望国家来巩固它们的权威(或资金，就那件事而论)，它们不得不进行募集运动。这段时期通常被认为始于1648年的《威斯特伐利亚和约》(Treaty of Westphalia)，该和约的签订结束了德国天主教和新教之间三十年的战争，由此产生了一种“福音主义”的信仰改变形式，许多基督教教派的代表认识到他们在相互竞争，这种最新创造出来的市场环境影响到了福音主义者的争论，后者又导致他们强调普遍教义同它们潜在皈依者生活的直接关系，过去，这种强调是没有必要的，那时候宗教享有国家垄断。在本篇的后面，我将深入研究普遍主义这种被误会很深的重新详述。

“冷战”后全世界——主要是在西方，国家对科学扶持的转移应该被理解为这种世俗化过程的加强。在19世纪初德国唯心主义和法国实证主义出现以后，科学的概念跟现代社会的国家教堂一样得到了许多言辞的、哲学的和制度的支持。二者都渴望用科学进步的大众叙述来代替基督教救世的大众叙述，无论是通过哲学还是物理学来履行。在该世纪剩下的日子里，欧洲的民族国家承担并加强了先前掌握在基督教牧师手里的教育责任，并将它们移交给过去的和尚及牧师的那些世俗代替者，即分别为研究人员和专家。然而，随着20世纪这些世俗的代替者与社会和经济再生产力量的纠缠，他们自己的权威也遭遇妥协的判断和学说错误的指控。马丁·路德(Martin Luther)一定会狡黠地一笑——要不是最近的这一轮世俗化将科学敞开在做决策的环境中，认识权威的选择很大程度上将受市场力量的限制，相当于跳出油锅又入火坑。接下来的两段将从宗教和经济两方面对这一点进行详细的描述。

认识权威的加强、堕落和改革顺序——先是在牧师中间后是在科学界——也许在世界重要的宗教传统中是基督教特有的：希腊异教徒固守沉迷于内化的受迫害妄想症的季节周期，用一个词形容就是异端学说(Evans，2003)。科学已将这个过程世俗化为假设和测试无止境的产生。异教研究的根基甚至延伸到要将执迷不悟的反叛者逐出教会，他们仍然可以继续寻找自己的教会(即“学科”)，并始终宣称忠诚于涉及他们自己和迫害者的真理概念。尽管宗教经常谴责对神灵和对上帝的亵渎,伊斯兰教等一些宗教对于在世俗政体中过着神圣生活的前景意见分歧很大,基督教却因其反复无常的倾向非常突出,它既鼓励个人见证神灵的信念,又不顾见证的诚意去迫害那些见证大大偏离社区规范的人。卡尔·波珀自吹的"猜想与反驳法"本意是要概括所有对现代科学的理性阐述,却减弱了科学家"忠诚信念"的认识地位,从而更新了这种倾向。因此,猜想和假设不再被看成不可动摇的承诺,而是一种娱乐的思想,对它的反驳将给予其表演者第二次机会(Fuller,2003)。总的说来,基督教对其他异教的偏见也许有助于解释西方人在知识创新和对创新的抵制方面都表现出高水平的独特能力,而东方人在两方面同时表现出较低的水平。

从经济的角度看,当所有 GDP 相对较高的国家——包括人均 GDP 仍然相对较低但人口相当稠密的国家——培养了科学精英的时候,科学就越来越多地暴露在市场力量上。这有一大部分都归因于资本主义生产方式比社会福利补偿制度发展得更快,这种形势使得全球科学的未来变得比任何时候都更加变幻无常。随着科学发展的单一路径概念在国家中逐渐失去物质基础,这种概念对知识分子思想的直观吸引力也逐渐消失。1979 年,让-弗朗索瓦·利奥塔(Jean-François Lyotard)在《知识现状报告》(Report on the State of Knowledge)中提出后现代主义概念,此概念被用于强调 20 世纪重要科学创新的多样化源头,其中包括战争和商业等完全非学术的背景。大学声称自己是知识产出的主要场所,这个目标间接揭开了国家指导知识产出全面路径的权力的神秘面纱——尤其是考虑到欧洲传统国有化大学体制,而利奥塔想要削弱的正是这个观念。强调后见之明的好处的愤世嫉俗者可能得出这样的结论:利奥塔给经济负担过重的国家提供的仅仅是他们需要的一个借口,从而减少那些愿意并有能力支付费用的人的学术研究活动(Fuller,1999)。

无论如何,利奥塔的报告无意中准许了特定拥护群体的知识专用化。在这种背景下,区分两种专用化的显著区别是非常重要的。一方面,为了享受科学的好处,每个人都可以被邀请转向自己的宗教。这个策略更新了对抗普遍主义的旧福音模式。最近,它还大量催生了"创世纪科学"和"伊斯兰教科学"等运动。另一方面,科学带来的好处可能仅限于那些达到经济门槛的人,根本不考虑钱的来路,也不考虑需要科学的原因。这种新型的为交换关系而进行的深度知识相对论简化逐渐出现在新兴的知识产权体制中。两种知识专用化的版本中都包含普遍主义的成分,但只有前者忠实于经典启蒙运动的观点,认为知识只有到了每个人的手中才算是真正意义上的普遍,从而成为传播的工具,而不是权力的集中。考虑到创世纪科学和伊斯兰教科学的宗教基础,近代它们同启蒙运动目标的结盟非常可笑——至少可以这么说,但又不是没有根据的。

人们经常说创世纪科学和伊斯兰教科学是“相对论的”,这项指控可能是出于对媒介和信息的混淆,因此可以解除。信息跟往常一样依旧是普遍主义的,但媒介需要个人的呼吁。当宗教受到国家保护的时候,对个人信仰的辩解就没有必要了,宗教教育直接由国家教育权威机构授权就可以了。然而,一旦国家的支持被去除,用营销人员的话来说,“该产品自己是卖不出去的”,这并不一定意味着该产品不值得买了(也就是说,它并没有削弱宗教知识声称的普遍地位),但它的确增加了明确说明某些人应该购买的原因的必要性(也就是说,宗教的普遍知识声称如何在生活中实现)。科学正统学说的西方拥护者已经如此习惯于国家对知识产出的垄断,以至于他们对一些拥护者表示出敌意,因为这些人的拥护需要他们去培养。美国公立学校论坛中进化生物学家言辞上的屡屡失败就是非常醒目的一个恰当实例(Fuller,2002)。

尽管如此,对于那些习惯于基于国家垄断的科学政策的人来说,与创世纪科学和伊斯兰教科学的宣传密切相关的福音主义总有些模模糊糊的令人怀疑的东西。然而,随着科研资金的核心从物理学转向生物学,为了进行比较,值得关注的是自“冷战”以来科学福音主义在西方采取的形式。物理学声称立即让每个人受益,比方说军事防御和可再生能源,这两者都被经济学家合理地归为“公共利益”,因此在科学的国家教会中一直居最高统治地位(Fuller,2002)。自然规律产生的利益如此重要,以至于将“免费搭车者”排除在外要比将所有人容纳进来要付出更多的成本。然而,随着核灾难时代离我们远去(有希望),公众对世俗科学的持续支持一定会得到越来越具体的工具词汇的辩护。因此,英国生物技术与生物科学研究委员会最新的五年计划(2003～2008)被称为“走向更具预测性的生物学”。这个报告的主题是,生物学的基础研究已经达到了临界质量,现在是时候将这个领域的重点放在推广有助于政策制定、医疗和环境保护的产品了。的确,这些产品将给某些人带来更多的利益,但是之后就适合某门知识建立在统计基础之上的科学,因此不能保证投资的回报。

再者,通过放松国家对科学的垄断,西方人加强了科学的世俗化,甚至到了威胁科学知识普遍性的程度。这种转向集中体现在新的知识产权体制上。正如比对人类基因组的竞赛首次揭露的那样,知识生产者正被迫不仅同其他有公德心的生产者竞争,还同以利益为导向的知识生产者竞争,后者许诺以受消费者青睐的知识产品作为知识生产方式私人拥有权的回报。这种混乱的局面在最近的一次协议中得到了最透彻的体现,跨国制药公司以折扣价格为南非提供治疗艾滋病的药物,交换的条件是南非不得发展自己的生物医学工业(Fuller,2002)。这个协议被广泛地报道为南非(世界上15%的艾滋病患者来自南非)的一大胜利,然而对于知识的普遍性和所有人都可以得到的理念是个打击。这些跨国公司有效破坏了生产知识和消费知识的能力之间的关系,从而将普遍主义的教义从解放变成了从属。

这种转变在经济史上实在太熟悉了。世界体系理论家萨米尔·阿明(Samir Amin)借助主导力量对地方政治经济的冲击区分帝国主义的古代和现代形式。在古代罗马和中国帝国,主导力量向附属国征税,但基本不干预地方的生产方式和社会关系。相比之下,源于西欧的现代帝国彻底地重组地方经济或使之"合理化",从而使它们成为剩余价值的高效生产者,以便继续转换和扩张市场,英国自由党人士约翰·霍布森(John Hobson)和社会主义者列宁都承认的新兴全球劳动力分工因此而产生。全球知识经济有一场类似的运动,从西方科学、技术和医学与局部知识共存——和谐或紧张——的局面到西方形式通过知识产权体制的强制执行取代或吸收局部知识局面的改变。南非的这个例子是取代的典型,是商业主义的认识论对等物。在第八章我们已经了解到,吸收的最严重形式,即资本主义的认识论对等物,大概就是生物勘探了,或者说是基于商业目的的遗传信息转让。优生学家可以用来控制生物繁殖方式的知识与资本家用来控制经济生产方式的知识碰巧一致。因此,生物勘探创造了计划经济与非计划经济二者最具剥削性倾向的不合理结合。

随着 2001 年 9 月 11 日纽约世贸中心的毁灭,知识分子和政治领导也许比任何时候都更加怀疑宗教原教旨主义能理性地应对任何事情。尽管如此,一股一神论原教旨主义思潮构成了相称的抵抗力,应对之前提到过的世俗化科学的具体变形(Armstrong,2000)。考虑到自"9·11"以来明确的伊斯兰教原教旨主义者已经为对世俗社会进行的恐怖袭击负责,将重点放在一神论宗教增强了我的论据的相关性(相比之下,所谓的印度教原教旨主义是一项具体的政治工程,创造出来的是经历了印度民族身份考验的因果报应宗教和后现代科学)。这里我要阐明的主要意思是,对当代科学界秩序的可能被称为"原教旨主义的"和"自由主义的"反应之间的区别大致可以追溯到前一章中我提出的科学与宗教这对联体的"人类的"和"因果报应的"取向。

要是不对这个类比进行进一步阐释,读者也许会感到奇怪,我竟然把原教旨主义同人类学角度联系起来,而把自由主义同因果报应角度联系起来。不管怎么说,难道原教旨主义者不是经常诉诸自杀式爆炸,而从各方面考虑,自由主义者为了报复,拿人类的生命冒险时总是格外地谨慎吗?更普遍的意义上,原教旨主义者难道不是反对人权向妇女延伸,迫害追求另类生活方式的人,并抑制科学与技术的发展——而这些在自由主义的社会中都是得到拥护的?这些问题的答案绝大多数都是肯定的。尽管如此,我极力主张将原教旨主义的复苏诠释为对自由主义者的一种提醒,提醒他们注意长期为错误理由做正确的事情或根本就忘了做正确事情的正当理由可能造成的危险(Fuller,2001)。在这种背景下,我们需要探讨当今非常时髦的两个互补术语的重要性:东方主义和西方主义。

在后殖民研究中,"东方主义"意味着现代社会中西方对伊斯兰教(有时候更普遍地指的就是东方)的贬损构建。这个词出自近代的爱德华·赛德(Edward Said),他是巴勒斯坦基督徒,曾在英国和美国受教育,其研究的是伟大的殖民想象小说家约瑟夫·康拉德(Joseph Conrad)。跟他发展的后殖民主义领域一样,赛德的学术重心介于早期的卢卡奇和早期的福柯之间。他用"东方主义"暗指"东方研究"的领域,后者于 18 世纪末因欧洲对梵文的兴趣而出现,当时人们认为梵文很可能是欧洲所有语言的来源,并逐渐成为帝国主义在亚洲统治的知识基础(赛德和他大部分追随者的著作中再现的东方研究的文本重点与非洲研究的人种学基础形成对比,而 20 世纪初人类学作为一门独立的社会科学正是从后者发展起来的。这种区别是旧"文明主义"角度的残余,按照这个角度,只有在社会无法提供自己的官方记录的时候,人们才必须"诉诸"实地调查。这种思维的最后堡垒就是西方科学,其最早的人种学于 20 世纪 70 年代末才出现)。

赛德最初使用"东方主义"一词相当模棱两可,因为东方主义的目标经常不经意间落入西方的俗套。在这方面,东方主义在过去的两百年里给欧洲的学者和作家发出了警告。在这种情况下,如果他们不走世俗进步的正义道路,他们自己的社会就很容易走向衰弱。不管怎么说,伊斯兰教和基督教的根源是一致的,实际上,主要是穆斯林保存并巩固了希腊、罗马知识遗产,使得中世纪鼎盛时期基督教得以恢复学习之风。然而,基督教社会将这份遗产发扬光大,使之带有现代性,而伊斯兰世界却停留在中世纪的教条主义上,挥霍他们最初比起西方所更具有的物质优势。有些欧洲人对于自己的社会工业化和世俗化所经历的变化不确信,对于他们来说,同期伊斯兰世界的状态就是活生生的例子,提醒他们如果拒绝现代性可能会有什么样的命运。因此,东方主义的幽灵激励着西方人下决心推动现代化。

在东方主义想象中,伊斯兰教产生的这种威胁意识应该同亨廷顿(Huntington)提出的普受欢迎的"文明的冲突"命题严格区分开来,后者在"冷战"后时代将伊斯兰教放在"反文明的"主要位置上,其不断增长的数量据称给全球的稳定带来最大的长期威胁。亨廷顿最大的错误在于他未能看清所谓的伊斯兰教威胁是欧美对自己未来的恐惧的一种投射。之前我已经指出,在未来的几十年中可能较有意义的更加深刻的文明冲突将在人类学与因果报应之间展开,而像基督教及其世俗继承者一样,伊斯兰教将坚定地站在人类学一边。从这个角度看,围绕东方主义和西方主义讽刺描绘的斗争就是因果报应世界观不寻常的人类学妖魔化。人类学与因果报应观点更加广泛的冲突将更多地发生在贸易领域而不是在战场上,因为国家会把对公民的控制权越来越多地让位给私人机构和个体,他们的利益不太可能与人文学科的整体结盟。这正是生物自由主义当前正在接受的严峻考验,对此西方主义给出了直接反应。

"西方主义"一词作为赛德"东方主义"一词的反像提出(Buruma & Margalit,2004)。两个词都捕捉到了"对方"被妖魔化的固定印象,这种固定印象因对方急于为自己的美德意识辩护并推广而产生。西方主义意识始于伊斯兰教和基督教的共同祖先,但现在重点在它们共同的人类与神之间特有的关系概念之上。从那个立场来看,基督教的世俗化有个明显的标志,那就是对人们之间的物质差异越来越不关心,因此,西方丢掉了基督教最初和伊斯兰教共有的人类视野。例如,进步这个概念意味着更多先进的人的存在,他们在前面带路,以便剩下的人可以跟上。然而,进步的承诺到最后经常变成空话,因为人们之间差异的维持本身成了一种标准,在这种标准下,人们才得到成功或比他人更好的评判。

在标准的这种相对性背后隐藏着一个观念,即人性的发展可以用比较的而不是共同的词语来评判,也就是说,是人们相互之间的相对地位而非人类相对于威胁到他们生存的共同事物的整体状态。进步的信条摧毁了全球人类社区的意识,因此,西方社会——集中体现在美国通常奉行的孤立主义外交政策——看待人性的角度在两端极不对称:一方面,在原则性的冲突中,他们对拿自己公民的生命去冒险极端敏感,但在另一方面,他们漫不经心地忽视了在世界上其他地方因为贫穷而经常导致的非暴力的生命终结。他们宁愿将痛苦最小化,也不愿意将人类的福利最大化。在西方主义者看来,这就是经验主义和伊壁鸠鲁学说在肆虐:眼不见(或不联系),心不烦。

西方主义可以被理解为古典怀疑主义给予哲学的非凡教训的说教版本,也就是说,如果结果本身不是经常被想起并作为手段的二阶检查,那么对推理手段的不懈追求很容易削弱推理的结果。说得更明白一些,漫不经心地试图提高某种实践的效率可以摧毁从事这项实践的意义。因此,人们必须定期回到"基础"上。美国精神病专家乔治·安斯利(George Ainslie)最近提供了一个有关这种局面的非常有趣的分析。他指出,古典西方宗教的罪恶概念发展成适得其反的行为,原因是不知道或不愿意加入经济学家所谓的"跨期比较"——也就是短期对长期满意度的影响。在安斯利看来,意志这个概念正是为了补救这种不足被创造出来的。当代原教旨主义者因此也可以被看成对意志失败的自由主义严惩者。

从更加学术的角度看,西方主义者可以引用与这点相关的 17 世纪和 18 世纪欧洲的两个特征,马克思认为它们是历史上黑格尔"理性的狡计"不正当的应用(Adorno & Horkheimer,1972)。首先是地主和农奴之间封建关系的决裂产生了一个推定的自由劳工市场；其次是学院的创办，它们独立于教会的控制，因此可以自由开展科学研究。两种措施的正式目标都是充分实现人类的潜力，但它们的探究不受控制，结果反倒使人们失去了人性，实际上还可能提高了西方人对无人性的忍受力。因此，资本主义将人性的概念分解为个体责任的伦理观，而科学至上主义则将其驱散为一种无所谓物种的对生命的尊重。在政治经济的层面上，人类的价值被降格为纯粹的劳动力，这是一种可以被技术代替的物质要素。在哲学的层面上，人类这个独特物种的存在已经被降格为基因组成中的边际差异，鼓励在特定人类和非人类的维持之间达成平衡，这还得取决于他们充分过好自己所属物种生活的能力。那么，一点也不奇怪的是，正如我们在第九章首次谈到的一样，我们自己近代的赫伯特·斯宾塞、彼得·辛格将启蒙运动这份遗产的两个组成部分结合起来，明确呼吁后马克思主义的"达尔文左派"。

以上有关西方主义的讨论可以被概括为以下这样一个矛盾：原教旨主义者不能容忍无限期的容忍，而自由主义者能容忍不能容忍的东西。从那个立场看，智力上与原教旨主义结盟的恐怖分子最适合被理解为利用了自由主义者对提升特定规范议事日程的科技教育的"价值中立"态度。归根结底，如果一个人通过了相关的考试，能够支付得起相关的费用，现在有哪所西方的高等学校——除了明确的国家干预——如今可能不顾其政治动机而拒绝录取这样的一个人？在这方面，即便是西方通过法律手段试图抑制恐怖主义扩散的努力也不再研究恐怖分子为什么会采取如此极端的形式。嫌疑犯依据"除非你能容忍他人，否则你也无法被人容忍"这样的自由相对主义理由受到审判。尽管这项政策可能使定罪更容易，或者至少是无限期地搁置（在美国），该原则本身是对普遍主义意识的一种侮辱，而恐怖分子相信，这种意识是西方自己建立的，但现在已经被遗忘了。

无限期容忍的政策意味着自由主义者对自己的历史有种迷信的依恋，将容忍从一种调解方式提升到最大的美德是在中世纪的基督教世界出现的，是对伊斯兰世界中更加破碎的政治经济形势的一种适应性反应，而伊斯兰世界被认为是基督教国家之间任何内部分歧的潜在受益者。实际上，政治自治——包括非常重要的"universitas"种类——的法律概念的出现是从必要性中创造出一种美德（Fuller，1997）。从世界历史的角度看，对差异的内在容忍和对意识形态一致性寻求的搁置总是"速效对策"，碰巧已经持续了将近一千年——中间有 16 世纪和 17 世纪欧洲宗教战争期间明显的间隙（Seabright，2004）。然而，伊斯兰原教旨主义的现有潮流不太可能是对自由主义"抑制性容忍"文化的最初承认。现代社会科学的犹太传统——包括马克思、齐美尔、弗洛伊德以及后来的诺伯特·伊莱亚斯、克劳德·利瓦伊－斯特劳斯(Claude Lévi-Strause)和欧文·戈夫曼(Erving Goffman)——热衷于记录基督教慈善事业向最早的骑士精神的堕落。当时称“礼貌”，而现在称“礼仪”，这是一种虚伪，源于拒绝鼓励差异或承认差异——不是为了倡导普遍人性的工程，而不过是阻止全面战争的爆发而已(Cuddihy,1974)。

认为伊斯兰原教旨主义对现有世界秩序的反应令人反感的西方人往往将它的反国教主义姿态误读为“超凡脱俗的”，这也许是因为原教旨主义者经常挪用一些被认为更加纯洁的过去时代的做法(Armstrong,2000)。在世界贸易中心被摧毁后的几个小时内，美国基督教原教旨主义者的反应清楚表明这种观点是一种误解。包括杰里·福尔韦尔(Jerry Falwell)在内的一些原本与激进的国内政治不相关的福音传道者将这次灾难诠释为上苍不赞成世俗美国自恋的预兆。但更重要的是，穆罕默德·伊克巴尔(Muhammad Iqbal)和赛义德·库特布(Sayyid Qutb)——分别是现代泛伊斯兰教运动的巴基斯坦和埃及英雄——的作品将伊斯兰原教旨主义者放在特罗茨基分子的自然继承者位置上，仍然渴望启蒙运动的世俗化一神论承诺得到充分的兑现，但越过马克思追溯到了《古兰经》(Horowitz,2004)。在拉丁美洲罗马天主教的“解放神学”中可以找到类似的基督教精神，把《圣经》中谈到的上帝被动赐予的“救赎”转变成一场全球人类有权利获得生产手段的积极政治运动(Gutiérrez,1990)。

原教旨主义者对待弱者、穷人和体弱者的态度给社会道德设定了一个标准。正是在这里，人类与上帝的联系得到了最痛苦的考验，因为神是通过其表面上最不迷人的以及社会上最累赘的人类形式表现出来的。的确，正是在这点上，原教旨主义者与最初自由主义改革派的意图最为接近，后者作为启蒙运动的后裔呼吁传统上处于劣势的社会群体得到政治和经济的解放。至少在原则上，原教旨主义者和自由主义者一致以宗派自我促进的名义谴责人类生命的浪费。然而，自由社会到最后通常提高其成员的政治和经济福利，原因却与这些最初崇高的更大的包容性情感没有关系。至于每一次以民主的名义对旧制度的暴力推翻，不过是因为统治阶级逐渐认识到开发劳动力市场、吸引更多消费者、装满未来领导者的水池以及平等都是对他们有利的。这种策略性的让步接着为“谬误的乐观”准备好了舞台。20 世纪之初乔治斯·索雷尔(Georges Sorel)已经认识到这种“谬误的乐观”，后来通过罗伯特·米歇尔斯(Robert Michels)，其逐渐被看成先锋而进入新当权派的“选举”——人性工程还远远没有结束。

此外，当代西方科学防卫往往支持自由主义的社会自满。它们有个令人不安的倾向：总是辩证地预先提出事情原本可以不是那个样子的观念。这并不是说哲学家和社会学家否认事情可以有改善，而是说这种改善只能随科学本身的自然步伐发生，而不是因为人们认识到最近科学向坏的方向发展了。结果，迷信的“垂滴说”科学政策支配着基础和应用研究之间的关系（Fuller，2000）。例如，过去的四分之一世纪里有很多时髦的自称“现实主义”的哲学争论，它们跟随希拉里·帕特南（Hilary Putnam）宣称，如果不是更接近真相，科学的“成功”将是一个奇迹。这下我们可能要为这里回避的重大问题惊叹了。什么样的成功？什么科学？什么样的真相？尽管如此，社会学家同样还追随罗伯特·默顿（Robert Merton），坚持“积累优势”原则支配着科学成就，因此一流大学的毕业生往往做出最重大的贡献，而这反过来又证明了他们得到了最好的教育。帕特南和默顿都认为，接近终极现实的过程受资本积累的追踪，无论它是严格意义上的经济词汇还是更广泛意义上的文化词汇。

因此，我们见证了提供证据的责任向可能的批评家的大转移，这点集中体现在以下的反问句中。为什么这么大量的人类和物质资源为分子生物学所用？要不是因为分子生物学提供可信赖的生命本质知识，它的研究怎么会产生这么大的影响？当然，大规模投资和重大影响之间可能存在比这个问题提出的更加直接而不那么神秘的联系——对“可信赖知识”作为调解解释的呼吁起着自私的“鸿沟之神”作用。也就是说，任何能够处置大量可以分享到的资源的研究项目可能都显示出相同的特性，在相对友好的社会政治环境中给自己留有策略。在那种情况下，回顾性地给予有幸得到这种待遇的研究项目以特别认识（或精神的）地位的就只有迷信了。遗憾的是，提供证据的责任如此重大，以至于总是让人觉得哪怕拥有这样矛盾的想法都像个笨蛋。

从神学的立场看，前面列出的哲学和社会学的科学防卫看起来很像天意的世俗化版本。在英国基督教神学家约翰·米尔班克（John Milbank）看来，这不是偶然。米尔班克把“科学”研究人类事务方法的出现既看成基督教神学的世俗移位，又看成一种特定神学角度的证实（米尔班克只抱怨前者而不是后者的发展）。用最普遍的话来讲，它标志着西方文化的焦点从人性的自我形成向历史养成的决定性变化，在前一种情况中，人类通过出色的工作来满足甚至了解上帝，原罪被简化为创世者本身根本的不完整性在人类身上的反映，两者结合起来在创世中得到了实现。而在后一种情况中，人类生来和上帝有很大的距离，后者的完美与原罪的根本不完美存在天壤之别。我们与上帝能达到的和谐程度只能间接得到评估，好比我们的行为方式可能最后都被认为是得到了上帝的批准。在异教研究的记录中，这种转变标志着圣奥古斯丁（St. Augustine）最终战胜了与他同时代的贝拉基（Pelagius），后者是英国律师，他曾指出，仅出色的工作就足够去救赎了（Passmore，1970）。

因此，奥古斯丁的恩典、天意和选举教义作为看不见的手、狡诈的推理和自然选择逐渐蜕变成社会科学的这些解释性主题。每一种情况中都有一个前提，即意图和后果之间存在重大下滑,在这中间,在更加笃信宗教的时代里,上帝以典型的神秘(或者,"具有讽刺意味的")方式插进来。然而,奥古斯丁教义的宗教和世俗版本一致同意,个体应该被理解为更大力量——无论是神学的还是社会学的——的工具,不在他们自己或任何其他人的控制之内。在那种情况下,神圣的和解可能意味着在更大的格局中逐渐理解自己的命运,也就是说,应对最终不可逆转的事物。因此,思考代替了干预,这是越来越接近于将人文学科纳入因果报应的泛自然主义的社会科学非政治化概念的政治行为。这条轨迹在国际发展政策的现代历史上表现得最为明显。

第十三章　因果报应的世俗化：发展政策的达尔文倾向

多亏了马克斯·韦伯，从基督教世界到宗教改革再到资本主义崛起的这条路线如今普遍被认为是现代欧洲文化史的特点，在《新教伦理与资本主义精神》（*The Protestant Ethic and the Spirit of Capitalism*）一书中，韦伯指出，资本主义的界定原则不是贪婪的自私自利，而是为了净化人们对根本上神秘莫测的神的救赎的焦虑而对财富的无止境追求。这种富有成效的苦行主义说明了资本家更加青睐长期投资而非短期消费。实际上，弗里德里希·冯·哈耶克和罗伯特·诺齐克（Robert Nozick）等这种观念的近代迷恋者一直到20世纪末还继续热情地相信这种观念将不可避免地向下渗透并造福全人类。再者，如果过去的两个世纪里“工业界巨头”能够以提高全人类生活条件的方式创造财富，那么哪怕以自然界其他事物更大的退化为代价，他们现在也会得到他们中多数人希望得到的待遇，也就是，基督启示的世俗传播媒介。至少，他们可能得到马克思的认同（Grundmann，1991）。遗憾的是，这些大资本家既没有改善人类的命运，也没有改善自然的命运。因此，人们很容易忘记的是，这些目标是分开的，可能互相削弱对方，在这种情况中必须做出一些艰难的选择。随着科学——像资本主义一样——逐渐远离其最初的一神论支柱，在过去的两个世纪里，这些选择只能变得更加艰难。人类的人口政策史为这个主题提供了一个很方便的切入点。

政策制定者最初关注人口问题就在两百多年前，当时在西方出生率开始超过死亡率。这种趋势证实了生活条件的改善，但对于这些多出来的人口应该怎么办还没有任何明确的计划。当时，这被看成一个问题，更被看成一种机会。沿着基督教的神学路线出现了各种不同的观点，乐观的有法国天主教贵族马奎斯·德·孔多塞，悲观的有英国新教牧师托马斯·马尔萨斯。

按照孔多塞的观点，沿着“需要是发明之母”的思想，更多的人口激发更多的创造力，因此人口的增加意味着人类最终可以完成《圣经》中提到的统治世界的使命。一旦人口达到临界量，集体化努力和利益重新分配所附加的价值就会以从未有过的方式变得非常明显。在这种情况下,国家首先应该起到积极主动的,甚至是强制性的作用,超越简单的对个体自由的保护。但随着连续几代公民在人类工程中受到教育,他们自然渴望集体利益,国家因此将逐渐消亡,如此象征社会科学历史的人类工程正是从这种意识中产生的。

然而,从马尔萨斯的观点来看,人口过剩引起的忧虑需要斯宾塞称为"适者生存"以及达尔文更广泛地称为"自然选择"的东西来补救。马尔萨斯设想地球有自己的平衡感,它本身终究要回归这种平衡,从而保持人口与自然资源的平衡。斯宾塞和达尔文设法在这种稳定状态的画面中注入了少许革新论,他们指出,剩余人口带来竞争性市场,后者往往更加青睐——也就是使其能够繁殖——那些在不断被居住者改造的环境中茁壮成长的人。实际上,这些所谓的"适合的"生物在那代人看来是最健康、最聪明的,因此最不需要社会的救济(Harris,1968)。

直到 20 世纪 60 年代末,孔多塞的乐观一直在启示着国际发展政策,主要思想是要发展社会和重新分配它们的成果。受马尔萨斯激发的对人口过剩的焦虑则和优生学的积极政策或消极政策有关,因为它们通常关注的是以损害更加受欢迎的一个类型的人(比如德国人)为代价的另一个类型的人(比如奴隶)的繁衍。这种判断背后的政治激起的怨恨是显而易见的。从孔多塞到马尔萨斯的后退是在 1968 年受到的连续攻击后出现的。第一次是哈丁(Hardin)发表在《科学》(Science)杂志上的著名文章《公共的悲剧》(The Tragedy of the Commons),该文章更新了马尔萨斯的设想,提出海外援助只能推迟平衡的恢复,现在唯一的区别在于,一旦人口过剩最终被解决,这个行星就会成为一个资源更加贫乏的地方(Hardin,1968)。第二次攻击是保罗·埃利希(Paul Ehrlich)的畅销书《人口炸弹》(*The Population Bomb*),该书创造了"人口爆炸"这个新词。生态学家哈丁满足于遵从马尔萨斯最初的建议,让看不见的死亡之手通过海外援助的撤退使地球恢复完整,遗传学者埃利希却倡导在世界上"人口过剩"的地方,通常是第三世界国家,实施更加主动出击的大规模避孕甚至绝育的政策。

20 世纪 70 年代初的气氛发生了变化,变得更加赞同马尔萨斯的观点,后来发展成对福利主义制度和社会主义制度承诺的夹攻。这两者遭遇公共投资逐渐缩小的回报,从而造成更大的财政负担。高科技的一端出现了罗马俱乐部 1972 年扩大事态局面的《增长的极限》(*The Limits to Growth*)。次年,低技术的一端出现了舒马赫(Schumacher)的佛教经济学宣言《小即是美》(*Small is Beautiful*)。两边都得到了紧随 1973 年阿以战争的阿拉伯石油抵制的支持。到 20 世纪 70 年代末,发展中国家依旧政局不稳,经济落后。富国与穷国之间的差距以及国家内部的贫富差距开始再次拉大,所有这些都导致人们对全球发展前景越来越悲观的态度。生物学家开始作为选择的专家与经济学家竞争,发展的领域被拓宽,涵盖了生态管理工作,全人类是这个行星的一个祸根的说法变得愈加流行。如今我们的生产能力和繁殖能力都必须加以限制——前者的目标是第一和第二世界,后者的目标是第三世界。长期担任世界银行行长的罗伯特·麦克纳马拉(Robert McNamara)的思考例证了新马尔萨斯主义向主流发展政策的渗透,他将人口控制纳入全球繁荣的一部分,而全球繁荣在别的方面会得到孔多塞的赞同(McNamara,1973)。

的确,当时有人做过一些聪明的尝试,试图在生态意识中恢复孔多塞的见解。其中最著名的有巴里·康芒纳(Barry Commoner)的“批判科学”,他将人口过剩和环境恶化诊断为世界经济持续不公平的副产品,在世界上的部分地区高出生率是婴儿高死亡率的预防措施,因为在这里童工是维持家庭生计所必需的。随着科学家将自己组织成一个有知识的游说团,迫使政治家处理更大的经济问题,康芒纳对科学通过创建环境和合成食品扩大这个行星的承载能力的能力保留实证主义的信赖。康芒纳凭借自己作为科学家组织者和宣传者的经验来反对“冷战”时期核技术的激增(Commoner,1963)。拉韦茨(Ravetz)为这个立场保留的最明确的哲学和社会学辩护,是由英国科学社会责任协会的一个创办者写下的。

20 世纪 70 年代, 彼得·辛格为了达到自己的目的,再次盗用康芒纳最著名的书的书名,这标志着孔多塞的观点被边缘化。康芒纳谈到人类对生存的选择时提到缩小圈子,而辛格则呼吁扩大圈子,将人类之间财富的重新分配扩大——或挥霍——到跨物种间情感的重新分配。发展政策最近的历史中最引人注目的不再是所有物种生来平等或人性是宇宙的一个可牺牲的特征等观念,这些观念已经很古老了,但在西方之前从来没有被自称为政治进步的人士如此热情地信奉过。辛格呼吁我们将道德的圈子扩大到整个自然界而不只是在人类周围将这个圈子合上。跟随马尔萨斯足迹的人口过剩预言家相信我们永远不可能达到最初的目标,因此最好的策略就是减少人类在这个行星上的整体存在。这种减少损失的策略不过是利用科学掩饰了政治意愿的丢失,从而将西方主义从神话变成现实,这无疑到处受到笃信宗教和世俗的人们的争辩。

世界远远不止包含智人,这点不需加重厌世政策制定者的负担。接纳整个行星可能讽刺性地减轻他们的负担。因此,生态成果可以用减少二氧化碳排放等来界定,而这些已远离政治契约敏感区,比如人均收入或预期寿命等。做污染分担贸易的市场在政治上比明确重新分配国家收入的超级大国更令人容易接受。决策制定者可能相信,生态指示物和人类指示器之间多少有些联系,但环绕这种联系的科学模糊性为“创造性执行”提供了很大的空间,最终可能在更普遍的意义上以人类的利益换取其他生物或环境的利益。想想2002年的约翰内斯堡地球峰会,当时各国在为世界上的穷人提供干净的水而不是水本身的必要性上达成了一致。从冷酷的"资本逻辑"来看,这个貌似奇怪的结果是可以理解的:如果穷人已经有水了,那么将其净化是使得他们能够作为工人和消费者的有效手段。然而,对于干旱严重的地区来说,水的供应就需要大量的资本投资,得到的回报可能需要多年才能成为现实。在本章的结尾我将就"企业环保主义"发表类似的见解。

在新马尔萨斯时代中最有影响的生物学家大概要数备受争议的社会生物学之父、哈佛大学的蚂蚁科学家E.·威尔逊了,当代人恢复了他"生物多样性"之父的名誉(Wilson,1992)。威尔逊的生物多样性教义提醒人们警惕即将到来的"孤独时代",在这个时代里,如果我们不改变方式,人类就会成为唯一剩下的物种。无可否认,严格地从达尔文的观点来看,生物多样性是一种奇怪的教义,因为物种的频频灭绝为达尔文本人提供了他的自然选择起作用所需要的证据。难道威尔逊那时正试图逆转自然的进程吗?相反,威尔逊想要将公平的意识引入自然选择,为每个物种提供平等的生存机会。这是受到了"热爱生命的天性"的驱动,这种天性是基于所有生命形式之间90%以上的基因重叠的一种伦理学。从威尔逊的争论中得出的逻辑结论是,任何以人类为中心的发展政策必定是目光短浅的。

作为发展政策的基础,生物多样性是非常自以为是的。只有其中一些可用的生态模式声称近期物种的灭绝率有上升的趋势,但是没有人确凿地证明人类的活动是造成这些传闻中上升趋势的原因(Lomborg,2001)。威尔逊最重要的假设到最后的结果是,随着更多的人逐渐适应最富裕国家的生活方式,物种将被消除。然而,考虑到最近试图缩短贫富差距的发展政策的失败,在可见的未来里这种情况不太可能发生。在那种情况下,威尔逊可以被看成提供了一种"酸葡萄"解释,说明了为什么发展政策一开始就不该有那么大的野心。这个结论是英国政治理论家约翰·格雷(John Gray)明确提出的,他幻想对东方宗教的更低期待成为西方世俗化一神论的人类自恃的对抗手段,因此,为过去的失败以及对未来更低的期待提供安慰的科学成功了。

因果报应精神在进化生物学的新达尔文合成论中扎根很深。它无疑有助于解释对于多数美国人来说似乎完全可以接受的达尔文的一种观点的下意识抵触,这个观点认为,进化本身可能是一种受神启发的"智能设计"的产品,人类处于特别适当的位置来领会、完成,并(或)精通这种设计。但新达尔文主义者不是一贯地坚持因果报应,否则,他们将被迫下结论说自己的理论不过是一种局部有适应能力的偶然事件,是从漫长自然历史的不完整的以及不具代表性的化石记录中轻率地概括出来的。的确,这正是持不同意见的"进化支学者"提出的对进化理论的诠释价值的批评,他们为进化论者提供了作为数据的物种分类学(Gee,2000)。

结果,达尔文主义者带有人类学的残余。进化的过程很方便地被分开,以便为智能设计留出空间,但只是在智人控制了之前不分物种的进程之后。在过去的三百年里,我们的科学追求多少成功获得了一种前所未有的目的和进步感,并在新达尔文合成论上达到顶点。用哲学术语来说,这种立场是“趋同科学实在论”。但对那些熟知历史的人来说,这不过是“完美主义”自然神学的一个更新版本——把所有明确提到上帝的地方去掉了(Passmore,1970)。这当然正是美国实用主义创始人查尔斯·桑德斯·皮尔斯(Charles Sanders Peirce)的意图(Laudan,1981)。

不足为奇的是,对设计在自然中的作用的这种二元处理让达尔文主义者可以说是“从上”和“从下”都陷于尴尬之中。“从上”,学术人文主义者对科学史的因果报应描述越来越感兴趣,后者威胁要解构新达尔文主义的双重信念,而这种双重信念给予有科学倾向的人的恰恰是其他生命形式和自然本身被否认的目的性(Latour,1993)。在这方面,彻底坚定的达尔文主义者会坚持更接近于后现代主义者的认识论,后现代主义者会将所有的普遍知识主张——包括他们自己的——简化为暂时有效的自私叙述。“从下”,生态战士和动物解放论者积极发起运动,试图让达尔文回归为因果报应的信徒,他们叫停实验遗传学研究和其他“物种歧视的自恃”表现,后者会把人类福利放在其他生物的福利之上。在科普著作中,当代进化生物学的因果报应根源同误用的辞藻掺杂在一起,激发了读者的想象力,同时又让他们偏离作者论证的总体思想。在我脑子中的这些作家——E.·威尔逊、理查德·道金斯和彼得·辛格——在笃信因果报应进化观结果的人的名单上顺序越来越靠前。

我把威尔逊放在低端是因为他是受欢迎的最明确表达人类情感的进化论者,这些人类情感可能反映了他的浸礼会渊源,正是这个最初激发他通过研究蚂蚁的社会来寻求自然中的秩序,20 世纪 70 年代中期他给这项蚂蚁的工程命名为“社会生物学”(Wilson,1975)。然而,尽管已经为新达尔文主义事业尽了他的义务,当他在 1998 年的畅销书《知识大融通》(*Consilience*)中试图更新“科学统一性”理想时,还是受到了其他达尔文主义者的严厉谴责(Wilson,1998)。“一致”(consilience)一词遭到了宗教的玷污。该词是威廉·休厄尔(William Whewell)创造的,他是 19 世纪中期剑桥大学的导师,同时致力于地质学和圣职的统一。如今,休厄尔主要作为科学的历史和哲学研究创始人为人所知(不含他的宗教兴趣),虽然他在自己的那个年代里最著名的是坚决支持将实验科学作为自然神学的辅助纳入大学的课程(Fuller,2000)。的确,他创造了英语中的“科学家”这个词,用来强调普遍的系统知识的贡献者需要正式的委派——在像他自己所在的那样的大学里。然而,休厄尔也批评了达尔文的自然选择进化论，认为该理论使得自然秩序的统一性变得比以前更加神秘了。在本章的最后，我将回到这种批评中来——约翰·斯图亚特·穆勒也提出了这种批评。

威尔逊没有跟休厄尔一样质疑达尔文，但这并没有去掉压在他思想上的一些休厄尔的观念包袱，这在威尔逊赢得普利策奖的《人性论》(*Human Nature*)的书名中得到了最好的例证(Wilson,1978)。在新达尔文时代，人性的概念是不合时宜的，它使人想起亚里士多德的物种本质主义教义，历史证明，它为人类在动物之上被抚养(形而上学上)和养活自己(道德上)提供了坚实的基础。的确，亚里士多德教义的消失并不平静。我们只需想想乔姆斯基和哈贝马斯试图通过我们独特的物种能力语言(据声称)来使特权符合人类所做的持续努力。真正的达尔文主义者会觉得这种呼吁很奇怪，但已完全过时，因为人类与其他生命形式的区别不在种类上，而在程度上。对于他们来说，我们发现其他生灵的沟通系统与人类语言在句法上一样有规则并且在语义上一样丰富只是个时间问题。

人类语言的研究史在这里开创了富有启发性的先例，只是在过去的半个世纪以来，所有大脑正常的人类都被自己赋予了同等的语言使用者地位。在我们的后乔姆斯基世界里，人们很容易忘记的是，传统上语言只有在它们经常被使用的环境中才被认为是“同等地”恰当，作为认知工具却不是同等地复杂或具有创新性。在这个方面，哪怕是跟萨皮尔-沃夫(Sapir-Whorf)的语言相对性假说一样，从表面上看来非常开通的角度，都意味着思维能力与人们通常所说的语言联系得如此紧密，以至人们可以解释理解宇宙学的不同能力，后者构成了爱因斯坦(Einstein)的宇宙基础，这个基础可以很容易地通过人们的本族语来表达(Fuller,1988)。这个假设引发了一阵战栗，它意味着有些非欧洲语言(比如霍皮语)在句法上比欧洲语言更适合来表达近代像爱因斯坦宇宙学这样的科学中的概念创新。但这充其量只是为特定语言接近现实特定方面未开发的能力辩护，并非为了所有语言接近现实所有方面的能力而辩护。

乔姆斯基自己将主要是哲学的争论应用到欧洲语言的标准语法上，而让这个经验主义的例子来体现所有语言的平等性需要超越他的这种应用。所谓不合标准的方言是最主要的挑战，社会语言学家巴兹尔·伯恩斯坦(Basil Bernstein)因为它们表面上有限的表达能力而称之为“限定编码”时(起初先与英国工人阶级的言语模式有关)用的就是这些例子。一般说来，可以放宽句法概念来应付这个挑战，从而将像乔姆斯基这样受传统训练过的语言学家所认为的语言使用环境因素包含进来。因此，对语言模式和节奏的关注可以用来展示句法复杂性的另一个层面，而这个层面是很可能被忽视的，这就使得随意分布的语法错误可以被重新解释为有条理的不同规范的表达。在这种视角的转变中最关键的是词形变化情况的更多应用，比如说美国黑人英语通常被使用的情况，此外还有那些传统上将语言的认知功能与社会功能隔绝开来的语言学家的普遍自我批评(Cole，1996)。

语言学研究方案的变化已经逐渐渗入动物行为的研究中，特别是灵长类动物学，这导致了人们对动物间沟通潜力的激进的再次评价。像克劳德·利瓦伊－斯特劳斯这样一位结构人类学家的观点已经被有效地装进了他们的头脑。与将社会结构看成认知结构的一种投射相反的是，人们越来越普遍地将认知结构看成社会结构的内化——或更好的说法是"模仿"。类人猿被迫预测约束其类人猿同伴行为的复杂可能性时可以被看成进行了复杂的逻辑运算(Byrne & Whiten，1987)。无可否认，类人猿似乎依旧缺乏从事教育学的冲动。换句话说，被模仿的类人猿并没有努力去改进那些试图模仿它们的类人猿的行为——除了在实验室的环境中，而这并不能概括它们的天然栖息地(Premack，1994)。但这种未能概括的失败是人们非常熟悉的，萨皮尔－沃夫假说的捍卫者曾用它来说明不同人类语言传达的是不能比较的世界观。普遍主义者对此做出回应，他们认为，随着更多的研究和更受欢迎的更多社会交往，人们即便不能完全将它们结合为一体，也会逐渐弥合这样的差别。如今，新达尔文主义者从这种观察中得出逻辑结论，将论证的责任转给那些不认为这个原则可以被延伸而用于弥合类人猿和人类的差别的那些人身上。

更普遍的意义上，如果新达尔文合成论真的要开拓大众的想象力，那么威尔逊和其他社会及生物科学家就"培育对天性"在决定我们的人性中所起的作用而进行的颇有争议的辩论可能就不存在了。威尔逊和对手都继续假定这样的人类学观点：人类身上有些东西非常特别且需要解释，为此打一场学科的范围争夺战是值得的(Rose，2000)。因此，我们需要依靠遗传学或社会学(就那件事而论，或神学)来解释我们的语言能力吗？各个方面一致同意，非人类对自己命运的掌控相对较少，但人类积累起来的成就为培育、经验和意志的养成作用提供了初步证据。然而，如果说从某种意义上其是表明所有物种都有沟通，都形成社会，甚至还含有灵性，那么"天性"和"培育"之间的评判的形而上学观点就会开始消失，哪怕是通常对之别无其他而只有鄙视的社会学家们也已经开始心神领会了。美国社会学协会最近增设了一个有关"动物和社会"的部门(Patterson，2002)。

威尔逊最初是通过自然历史而非遗传学成为新达尔文主义信徒的，这也许有助于说明他的人类学残余，这种残余往往在进化论者身上表现得更加强烈，他们的跨物种模式研究重点是行为而非基因。蚂蚁聚居地看起来就像人类社会的进化原型。然而，无论有多独立，一旦有机体在清晰的裸眼看来只是一连串氨基酸而非个体，那么将非人类看成人类的低等版本的诱惑就会减弱(Fuller，1993)。不管怎么说，从遗传学的角度看，人类与其他所有动物的基因组成上有90%以上的重叠——灵长类动物达到97%以上。如果我们对生物多样性的理解是建立在这些遗传事实的基础上，就很容易看出达尔文主义者如何将我们的“独特性”看成我们因对人类比起对其他生命形式更加熟悉而产生的一种幻想。这样，生物科学的一个目标就会是调整我们知识中的这种不平衡，从而消除这种人类学幻想，后者在因果报应传统中可能就是个幻境的例子，也就是西方知识最渊博的因果报应哲学家亚瑟·叔本华(Arthur Schpenhauer)眼中所有不幸的来源，即逐步引发优越感和自卑的差别幻想。

这就把我们引向了误导的第二个主要来源——理查德·道金斯，这位牛津大学的动物学家也许是英国最著名的无神论者了。跟威尔逊需要使最初的宗教冲动升华不同的是，道金斯的问题仅仅在于为了自己的利益，他的文笔太好了，从而给人留下了达尔文与常识不间断的印象。他长达四分之一世纪的代表“自私的基因”和“基因的世界观”运动经常被理解为延伸过长的隐喻，给许多读者留下我们从遗传上被安排好要自私的印象。但这种印象是错误的，道金斯要传达的信息更具因果报应意识：包括人类在内的个体有机体最终都是由基因创建从而自我繁殖的工具。因此，不管我们做什么——利他的还是自私的——都不过是这些更大的遗传阴谋的副产品。这里隐含的宇宙学比起《圣经》中发现的东西更接近于伟大的印度史诗《摩诃婆罗多》(*Mahabharata*)。简而言之，正如我在第十章提到的那样，道金斯的“自私的基因”要照字面来理解。

然而，如果把自私基因的隐喻所引起的误导全部归咎到道金斯本人身上就错了。新达尔文主义研究者还必须充分地处理自己理论中的因果报应特征。例如，道金斯的牛津大学导师汉密尔顿致力于利他行为的解释，他认为这是新达尔文合成论的一种异常现象(Segerstrale，2000)。他的答案——利他主义源于一种有机体使得同类的有机体得以繁殖他们的共同基因——在现代理论生物学上是最简练的。无论如何，汉密尔顿似乎认为一般的自私行为当它不自私的时候更容易通过新达尔文合成论得到解释。严格说来，特定的有机体是自私还是利他只是遗传中立问题。如果有机体要做出对它们的遗传主宰者关系重大的“自私”行为，它们就会努力在后代中将其基因的繁殖能力最大化，就会真正将自己变成纯粹的基因工具，本着对冲投注的精神，很可能提高性滥交的层次——根据遗传传递的统计性质。从长远来看，这种策略将使得亲属关系以及其他与“我”相对于“你”以及“我们”相对于“他们”等人类自我取向心理相关的明显的社会学特质变得模糊并最终消失。随着家庭血统和群体特征逐渐消失，个体的自我意识将以经典的佛教形式消失。

当然，对达尔文的《物种起源》最初的支持大部分来自于像赫伯特·斯宾塞一样把它当成亚当·斯密为私人恶习向公德转变辩护的“看不见的手”的自然化版本来读的那些人。斯密本人认识到,一个人在为他人的利益服务的时候,自己的利益才能得到最好的服务,他利用这点为自私行为的长期存在辩护。斯宾塞只是将斯密的利己主义概念延伸到繁殖自己基因物质的利益上。但优生学家梦想犹在,他们认为新达尔文合成论中没有任何东西指出这些资本主义运算直接刻在遗传密码上。达尔文最初的德国捍卫者之一奥古斯特·韦斯曼已经认识到了这个残酷的现实,他于 1893 至 1894 年间与斯宾塞展开了激烈的争论(Richards,1987)。

在孟德尔数学遗传理论广为传播二十年前,韦斯曼在理论上明确区分达尔文的选择进化论和拉马克的定向进化学说,他认为“遗传物质”(即一种有机体的遗传潜力)不受纯粹身体变化(即人类学家所说的“身体上的铭文”)的影响。随着 20 世纪初孟德尔融入主流生物学,达尔文的追随者开始严格区分一种有机体的显性(“表型”)和隐性(“基因型”)特征,而这之间只存在统计关系。如今,道金斯甚至都承认我们最可能通过改变基因自然选择环境的“延伸的显型”(又称“文化”)来影响进化进程(Dawkins,1982)。

实际上,一种类似的次宇宙被创造出来了——最初称“遗传学”,如今称“基因组学”,它受比斯密的“看不见的手”更不可见的手的支配。长期的遗传生存并不仅仅是局部优势行为的快乐撞击,相反,它是各种因素的结果,人类对这些因素的控制非常有限,对它们的理解也很有限。达尔文主义者认为理性代理人的目标在于将他们基因的繁殖最大化,这点没有问题,但是对于确切地该怎么做,他们就没有什么可说的了,尤其是涉及代理人所认为的自我利益是什么的时候。这种“理性”相当于掷骰子,其结果只能被猜测。充其量人们只能安全地将可能的最坏结果最小化,比如通过使身体残疾的基因无效的手段。这甚至使得一些分析哲学家降低他们对科学改良能力的规范期待(Kitcher,2001)。无论如何,当我们接触到道金斯提出的自私基因的时候,我们已在过去启蒙运动的迷雾中放弃了亚当·斯密为理性的自私自利所做的辩护。

在彼得·辛格最近发动马克思主义的“达尔文左派”继承者的尝试中我们已经遭遇了这种误导的第三个来源,这也许是因果报应政治中曾经有过的最引人注目的壮举了(Singer,1999)。达尔文左派总体上接受人们的真实面目,然后又试图通过加强(或“选择”)他们自然而然地做碰巧有利于他们同伴的事情来让他们做一些好事。左派的这种比例缩小的视野传统上正是右派专属的领域:在人们作为个体所拥有的财产基础上,左派的超人文主义理想要么在原则上不可实现,要么已经自发实现。因此,右派政策视野的可选择形象要么受自然选择的残酷之手支配,要么受资本主义这只仁慈的看不见的手支配。两种选择都排除的是政治和科学产品——法律、医学和技术——在提高人类成就的标准上所起的建设性作用，它们系统地改变人类生存的条件并为了后代人的利益保持那些改变。

这并不是达尔文左派第一次被提及。三十多年前，在“冷战”的高峰时期，激进的行为学家 B.F. · 斯金纳(B.F. Skinner)在他颇受争议的畅销书《超越自由与尊严》(*Beyound Freedom and Dignity*)中就有这样的呼吁，该书本身是构成他的社会工程学幻想《沃尔登第二》(*Walden Two*)的原则的哲学发挥(Skinner, 1971)。斯金纳在他自己的那个时代当然是最有影响的理论心理学家，他也许还是社会科学界最坦诚的达尔文主义捍卫者。他提醒我们达尔文主义理论有两个部分：遗传多样性和环境选择。作为一个第二次世界大战之后坚定的达尔文主义者，斯金纳极力避免纳粹和苏联优生学的放肆，他将我们的大脑和基因组成“装进黑匣子”，指出人类只因他们的“强化程序”不同而有差别。斯金纳提出假设，他认为选择的压力比普通物种成员间身体和遗传的小差异重要得多。尽管如此，1950 至 1975 年间，他的被看成是典型的“达尔文主义”的观点如今被进化心理学家嘲笑为“标准社会科学模式”，他们把斯金纳列入马克思主义者和进化论者之列，据称他们都相信人的无限可塑性(Pinker, 2002)。

斯金纳强调国家相对容易接近行为修正的相关秘密技术，这点在他自己生活的时代里已经引起了关注。他没有发现可以用修辞上合意的单词“激励”(incentive)来描述自己正在谈论的东西。不奇怪的是，至少有一个进化心理学家发现，斯金纳的言辞失败正说明了我们从遗传上更倾向于拒绝我们是操纵的受害者的观点(Pinker, 2002)。在斯金纳这方面，他可能用生活在民主国家中的人们因为怀疑他们不赞成的权威形式而受到奖赏来做出解释。再者，斯金纳是一个完全从经验中学习的科学家(因此表现出一种可贵的自身前后一致性，这点在进化心理学家看来是令人讨厌的，后者认为，在很大的程度上，我们接受培训并相信我们所做的事情)。

这里值得重提的是，斯金纳试图将达尔文主义的选择纳入社会政策，但是没有成功，其价值没有得到承认：对通过重新安排我们的“强化程序”或我们现在所说的“智能环境”来大体上改善人类状况的前景表现出来的开明且科学的乐观。他努力让承担人类行为的偶然性变得透明。让斯金纳时代思想正统的知识分子如此震惊的不仅仅是对强化程序——或经济学家所谓的“信息不对称”——的接近彻底植根于社会生活框架之中的想法，而更让人烦恼的是，斯金纳指出我们应该就此做点什么。那么，斯金纳的观点未能扎根的一个深刻原因可能是他把决定社会成员命运的太多责任放在了社会身上，严格说来，个体碰到的每一个人对选择性地加强他的行为的环境都有贡献。更让懦夫感到安慰的是，达尔文主义在遗传潜力上预支配了我们的行为能力，而拥有者对这种遗传潜力只能实施边际控制。

在辛格方面，他熟知所有的动机及其使用可能带来的社会理想状态。经他革新的达尔文左派非常适应新自由主义的政治环境，在这种环境中，弱国很乐于提供刺激，将私人恶习变成公德，而不是好心好意地铺好通向地狱的道路，而后者是斯金纳希望它做的。这种有点愤世嫉俗的特征描述并不是要否认刺激作为提高社会福利工具的恰当性，但在辛格的达尔文左派环境中，它变成了人类行为的“自然底线”，它的存在得到了“深刻”(遗传上牢固的)的解释，意味着成功的立法相当于对无法控制的局面的或多或少的灵活适应。再者，辛格的达尔文左派非常清楚这条底线在哪里，也就是对繁殖适度做出积极或消极贡献的行为模式。的确，与斯金纳正好相反，辛格将行为看成遗传表达的一种调解方式。

作为地球上的一种生命科学理论，达尔文主义专注于研究物种如何设法尽可能长久地生存。然而，作为一种政治理论，达尔文主义则让物种的生存成为最终的好处，哪怕这意味着牺牲或操纵某个物种的个体成员，包括我们自己。因此，辛格臭名昭著地——虽然一贯地——倡导健康的非人类应该受到保护，不受实验的干预，而不健康的人类不应该被给予昂贵的医学治疗，特别是在生命周期的末端。从慈善的角度看，辛格的达尔文主义政治相当于古典自由主义规则的二阶运用，其认为在理想的社会中每个人都享受到最大的可以合力实现的自由。但是自由主义者通常认为的“每个人”指的是每一个人类(或每一个公民)，而辛格指的是每一个物种。因此，正如古典自由主义者要求个人自律从而让每个人享受到同等程度的自由一样，辛格要求基于物种的限制——包括流产、安乐死和节育，从而让每个物种有充足的成员可以享受愉快的生活。

理论上，辛格的达尔文主义政治含蓄地提倡“均变论”教义，也就是说，社会政策应该受到那些已知的在过去支配着自然的原则的限制。特别是，人类不应该为了扩大他们相对于其他物种的生态优势而试图去撤销这些原则。这种权利剥夺的一个明显目标就是使用动物进行实验和治疗，而其唯一的目的就是延长人类的生命。在实践中，达尔文主义政治将把我们带回到医学史上的较早时期，当时医生的作用是促进而不是阻碍自然的进程。这可能包括治疗的撤回，从而让出生到死亡的道路受到最小的阻力。的确，让这种政治活跃的伦理意识一般说来是多文化的，伊壁鸠鲁学派和佛教就是两个先例，两者都赋予个人不幸的最小化以最重要的价值。然而，我并不相信这种意识可以成为让明显左派的政治复苏的跳板。

辛格认为将古代的伊壁鸠鲁和现代第一位功利主义者杰里米·边沁联系起来的

几个提议是不证自明的:所有的感觉都是平等的,并为它们的感知者提供积极或消极的功用,感知者体验这些"快乐"或"痛苦"的感觉。再者,这些感知者本身有权得到作为同一基本事物的可选择形式的平等待遇。在这种情况下,经常容易被忘记的是边沁已经非常接近辛格本身的立场。例如,边沁对人类权利只是"高跷上的胡说八道"的嘲讽不仅仅是对政治上形而上学辩解的一种原实证主义重击,还是对言过其实的人性观在法律未能认识到的残忍对待动物的失败中所起作用的具体抱怨。而边沁在《道德和立法原则》(*Rrinciples of Morals and Legislation*)中则提出这个问题:法律为什么要拒绝保护任何有感知的生物呢?

边沁的教子约翰·斯图亚特·穆勒随后的背信恰是说明一个人的"感知"如何构成另一个人的"粗俗"的一个例子。当今的道德哲学家普遍认为,穆勒的人类意识比起边沁的因果报应意识即便不是伦理学的必然结局,也是一种进步。这里,辛格被认为给穆勒对不满意的苏格拉底(Socrates)相较于一只满意的猪的偏爱提供了功利主义的反驳,他把一只功能齐全的猪排在残废的苏格拉底——如四肢瘫痪的斯蒂芬·霍金(Stephen Hawking)——之前。辛格对穆勒的回答非常狡猾,其基础似乎是科学上对生命的进步理解。

辛格被称赞为伦理学的先驱通常是因为他以无限痛苦的缓和对至善进行彻底的重新定义,与人类福利的具体改善是相对的。对于辛格来说,对生物学的更多理解使得我们能够预测并消除可能的痛苦源泉,从而不给世界增加更多的不幸。在前科学时代,这种意义上的最少阻力的经典之路是自杀。安乐死和流产经常更富争议性,因为它们必须要有他人的操作,这些人在此过程中也可能遭受痛苦。然而,随着道德和法律地位逐渐同个体独有的"权利"联系起来,这些反对意见开始失去一部分力量。辛格很大程度上是这种传统的一部分,其往往轻视快乐与痛苦的社会分配。因此,辛格最关注的是每个个体,无论物种成员还是更具体的群体纽带,都应该受到保护,不受无故的痛苦,并尽可能高效地解除任何这样的痛苦(Singer,1994)。

在辛格的世界观中,生物医学科学的发展起到了奇怪的反复无常的作用。当然,我们对动物拥有的感知和智力水平认识的提高,无疑缩小了人类和其他动物之间的道德价值差别,更不用提它们和我们之间的重大遗传重叠了。然而,这些远见的获得往往是通过被现如今辛格和他的动物权利激进分子同伴所谴责的手段,也就是实验室实验,他们长时间监禁动物,这足以对它们造成痛苦。基于黑猩猩的手势语表达,辛格对它们给予了高度评价,这点可以缓和一下这种讽刺,尽管手势语本身最初是为了满足感官残疾的人类的需要发展起来的,而如果辛格得逞的话,他会让这些人出生前就被终结(Rée,1999)。

在这种情况下，辛格应该不会是为旨在推翻当今科学假设的研究提供大量公共资金的最大支持者，尽管(或因为)他很乐于用那些假设作为他的判断基础。当然，他的追随者通常也有这种倾向。因此，在我们的时代里，有个极具影响的“政治正确性”版本支持人类的流产和安乐死，与此同时反对生物医学技术的生产和分配，其可能通过使生命终止复杂化的方式来延长人类的生命。对新生物技术的反对经常得到官方的正式表达，理由是环境危险和遗传怪物(还有地球已经给太多的人类提供了住处，无法再给所有生命形式提供可持续环境的背景信念)。的确，这些关注在事实上有一定的基础，但是更加明显的是，它们意味着人们不愿意接受人类向世界引进的大量新奇事物。然而，同样的这些人对于接受一种不涉及任何人类干预的最新变异的有机体可能就没有疑惧。

简而言之，辛格生活在当今是幸运的，如果他生活在一个世纪之前，他就永远不会支持赋予他的伦理学以科学外衣的研究。相反，他很可能追随叔本华的脚步。辛格和叔本华对人类的道德成长能力的评价都是悲观的：在我们最聪明的时候，产生的痛苦是最少的。不足为奇的是，比起 19 世纪生物医学研究的方向，《奥义书》(*Upanishads*)最新的德语译本给叔本华留下的印象更深。那时的生物医学研究经常以“实证主义”为幌子，认为人类处于独特的位置，可以提高世界的全面福利，而不仅仅是将坏影响最小化。具体说来，进步就是我们适应那些大大偏离自然和道德规范的人的集体能力。跟叔本华以及紧随其后的辛格不同的是，这些实证主义者不把人性看成一种很糟糕的状况，而是看成正在进行中的一项工程。

然而，实证主义和人类学宗教精神之间的延续性很容易被忽视。在兴盛的时候，尤其是在其狂妄自大的创立者奥古斯特·孔德手中，实证主义承诺“宗教人文主义”，公开与罗马天主教会竞争(Wernick，2001)。这种由来已久的挑战留下了永远的伤疤，尤其是挥之不去的科学与宗教是天敌的普遍印象。的确，实证主义对神与人的混合亵渎了上帝，让基督徒非常愤恨。尽管如此，有了后见之明提供的优势，实证主义如今被认为对待基督教的人类学特征非常认真，这种认真在彼得·辛格和他的追随者从达尔文那里得到的规范教训中是缺乏的。具有讽刺意味的是，主要的一神论宗教及其现代世俗陪衬者是天生的同盟，反对达尔文主义更具因果报应的倾向。

实证主义向基督教、犹太教和伊斯兰教传达了一个共同的信息：应该珍惜我们种类中最弱的和最被鄙视的人并向他们学习，而不是将他们看成自然的不幸怪物而除掉(MacIntyre，1999)。实证主义者在更新早期主要教父哲学家圣艾雷尼厄斯(St. Irenaeus)的神正论时，往往将这些人类状况中明显的负面倾向看成穆勒所称的“建设性不幸福”的场合，后者旨在加快将人类作为一个整体提升到更高水平的存在的过程。这种意识激发了19世纪大范围的文化创新。政治上,它刺激了穆勒为少数异议的自由主义辩护。在迅速民主化的政治格局中,濒临灭绝的“自然怪物”扩展到身体残疾的个体,他们可能被看成体格健全的人的“负担”。他们还包括社会上和知识界不墨守成规的人,给社会秩序的顺利——无心的——发展增加了摩擦。正如易卜生(Ibsen)所说,公众舆论的一点点摇摆就有可能决定离经叛道者是被看成天才还是“人们的敌人”,他们同样都需要特别的保护和培育。

医学上,实证主义的影响主要在于将医生的职责重点放在人类生命的维持上,而不是加快“自然进程”,后者使得医生对病人很容易悄然做出安乐死的行为。从泽维尔·比夏(Xavier Bichat)到克劳德·伯纳德的法国临床医学界激发了人们将死亡重新定义为生命的枯竭,而通过有组织的科学抵制有可能预先阻止它的发生(Albury,1993)。泽维尔在孔德的实证主义圣徒一览表上占有重要位置。再者,实证主义的遗迹悄然进入了辛格自己将道德秩序扩展至包含所有动物的工程中。“动物权利”是从人权向传统上不拥有财产的人——特别是妇女和工人——的延伸中被仿效出来的。这方面实证主义者支持各种能力的指示器,导致19世纪的后半个世纪人们将文化水平测试的贯彻和手势语言的发展作为扩大民权社会范围的手段(Rée,1999)。

有趣的是,实证主义者看待达尔文主义总是抱着矛盾的心理。他们接受这个理论只是因为它鼓励人类去改善条件,因此,实证主义者非常热衷于教育、资助、改造以及行为修正和遗传操控等事业。这种多面性在卡尔·皮尔逊的事业上得到了集中体现,他是应用统计学的创立者,还是首位在英国拥有学术席位的自诩的实证主义者。此外,实证主义者非常留心从遗传信息中获得的教训,遗传信息是达尔文主义的新多样性和有机体物种的基础。如果这些异常的生物只需适当的环境条件就可以繁殖,那么这些条件为什么不可以人为地创造从而提高人类的总体状况呢?现代生物医学研究很大程度上归功于这种意识。

达尔文主义中实证主义者不能接受的是所有带有因果报应意味的观点,即有机体在改变自己对环境的适应方面无能为力——该观点认为我们的命运是天注定的。这也许说明了实证主义者对这种过时进化观的感激,该进化观更多地归功于乌托邦生物学家拉马克而不是达尔文本人。这方面约翰·斯图亚特·穆勒再次开创了感知的先例。达尔文的《物种起源》于1859年首次出版之时,穆勒便在该书的批评者之列。他批评该书过分强调自然的偶发多样性特征,人类对此无能为力,只能进行观察并适应它的进程。作为一个有强烈福利主义倾向的自由主义者,穆勒对于放任主义社会和经济政策拥护者对《物种起源》的欣然接受非常敏感,他们现在可以鼓吹自然本身就证明了资助那些一贯不能通过自己的手段生存的人是无益的。让我们回顾一下从托马斯·马尔萨斯到查尔斯·默里再到达尔文的知识分子世系。

但是对于当时的大多数基督徒来说，穆勒提出的哲学解药结果被证明与它试图治疗的疾病一样糟糕(Sell,1997)。首先，穆勒想要丢弃达尔文过度强调的“自然”与“虚伪”之间的传统区别。对于穆勒来说，上帝和人类一样都是有创造力的生灵，通常被称为“自然”的不过是他们共同创造的原材料。现代科学的目标是一种统一的世界观，它并不打算体现最初的神圣计划，相反，在穆勒看来，它意味着人类完成了由上帝开始的工程。这里隐含着这样的观点：上帝至善至美，但不是万能的。因此，人类所体验的无知和痛苦最终让上帝的工作富有成果，最可以肯定的是，它们不直接表现神之愿望或人类进步不可克服的障碍，这是穆勒认为达尔文主义可能支持的“自然”的两种普遍意义。

作为最支持孔德的英国读者，穆勒被同时代的基督徒认为试图在英国的土壤上灌输实证主义者的宗教人文主义。但既然实证主义不再是基督教的一种确实有效的威胁，我们大概可以更加理解到底是什么吸引穆勒关注孔德的被弱化的神了。孔德本人强调的价值是他对上帝的看法不能简单地被简化为纯粹的权力崇拜，这方面孔德有意反对法国革命前后独裁统治者的倾向，借助神的万能和全知来为他们的政策辩护。当今，一种类似的权力崇拜意识最可能从科学中流露出来，特别是当现有的科学理解被固定在生命和死亡被判定的形而上学基础之上时。的确，辛格“受到科学启示的”较先天残疾人而显示出的对一只健康的猪的偏爱让孔德和穆勒都感到苦恼，他们苦恼的是它的结局：辛格对于我们现在所知的东西提出了这样高层次的一种观点，以至于我们发现得越多就越容易受挫，尤其是如果它可能导致现有偏好发生逆转的话。

最主要的问题是，最少不幸的最大化——辛格的全球功利主义伦理版本——设定的道德进步标准太低，一个不愿意让其成员的正常行为模式去适应不太适应该社会的默认环境的新来者的社会很容易达到这个标准。因此，有关流产的争论可能掩饰了社会对于承担养育父母亲不想要的孩子的责任的不情愿(然而，我怀疑“反对流产”的人同样不真诚，因为他们很少设想，这些被流产掉的胎儿如果出生的话也有可能是残疾的)。类似的假象可以解释安乐死以及在最普遍层次上第三世界国家节育的那种不言而喻的吸引力。如果剩下的人对于维持这些人的(以及原始人类)生命真的有兴趣，就会给他们让出空间，哪怕这意味着财富和权力的大规模重新分配。如今“最少不幸”借助“不生活”很容易操作，说明了为笨拙的他人让出空间与其说是政治想象力的激励因素，不如说是个人和社会的麻烦。在笨拙的他人方面，这种麻烦感是相互的，尤其是那些因为取消他们“不出生的权利”而被允许起诉父母(比如在法国)

的残疾人(Henley,2002)。

熟知辛格和其他动物权利以及全球生态伦理支持者作品的细心读者会注意到我争论中的讽刺维度。不管怎么说,辛格和他的同类难道不是向人类做出类似的恳求,恳求他们为动物王国中的笨拙他人让出空间,而这些人不能以身体健全的成年人期待的方式保护自己吗?当然是。尽管如此,这样的一种讽刺应该让我们警惕两件事情:

首先,表达人类对动物和自然环境的同情——比如以"权利"形式出现的立法保护和自由的自我表现观——所用的词语都是从赋予残疾人和穷人力量的历史运动中仿效而来的。例如,传统上选举权是需要财产权的,因为它明确体现了社会能力。考虑到财产权的精英本质,民主的现代史一直致力于识别各种手段来体现同样的东西。"理性"或"聪明"行为的标准的民主化也有类似的情况。如今人们不必用纯粹的数学术语或口头语言来表达这些素质——某些实用的技能一样算数。辛格只会将这些标准放宽一点,从而与我们对动物精神生活的了解——并将继续学习——相符合。在盲文、助听器和其他技术的发明使得盲人和聋人能够对现代社会做出创造性贡献之前,想想辛格会如何看待这些人的出生便令人不寒而栗。然而,如果没有这些受人文主义启发的政治和科学先例的发生,达尔文左派也不可能对当今的人类中心说提出如此强烈的直觉的挑战。

其次,即便辛格和其他环保人士的动物权利保护运动仿效的是人权运动,他们也指出了人类与非人类本质范围的延伸之间需要长期的权衡。那么因为对人类有用而变得数量众多的物种的地位又如何呢?如果人类不是有计划地进行养育,如今农场上的动物和宠物就会少得多。也许幸运的那一小部分可能过着更好的生活,但同样,如果没有人类的干预,整个物种可能已经灭绝。诚然,这些情况都是猜测性的,有理性的人是不会同意的。尽管如此,辛格的立场在直觉上的貌似合理性依赖的就是这样一个明确的观点:畜牧业和宠物所有权对相关动物在系统上是不利的,因为被赶出了它们生活的自然环境。按照同样的逻辑,人们尽可以说资本主义根本就不该存在,因为它迫使绝大多数人彻底改变生活和居所,而且在此过程中有很多人遭受痛苦。当然,有些环保人士愿意做这样的类比,尽管如此,对于马克思来说,这还是很怪异的,他认为资本主义为社会主义打下了物质基础。

以上考虑引导我对所有的左派政治工程提出一个基本条件:自然的授权不允许先于人类的授权。这条禁令并非要否认动物或自然环境的重要性。规范上,它旨在树立明确的政策优先权;经验上,这条禁令对于我们目前在政治历史上所处的位置进行了一次现实核查。我担心的是达尔文左派指出所有人类已经享受到了——或至少是渴望享受——那些在发达国家中生活在中上水平的人的生活方式。简而言之,达尔文左派的道德罗盘固定在了避免反面乌托邦的未来上面,后者认为智人在物质上比实际情况更加先进。因此,达尔文左派不再继续缩小富人与穷人之间物质条件的差别,而是把我们的政策重点转移到改善这个行星上非人类居民的命运上来——只要不脱轨,哪怕这延误了左派最初的人文主义工程的完成。

我的沿着这些路线的担心是基于公司环保的出现。大公司逐渐意识到,废物管理、预防污染及动物保护可能同人类劳动力的惯常开发相结合,形成意识形态上非常实用的"全面质量环境管理"政策(Hoffman,1997)。尽管有着冒险成瘾的名声,曾经追求过新利润的互相竞争的跨国公司发现,维持他们可能从中无限受益的自然资源的管理工作,风险相加,对各自的利益是互惠的。不管怎么说,仅 1984 年在印度博帕尔发生的联合碳化物工厂爆炸这样的一次灾难就足以危及整个行业在更大地区的未来。然而,公司用于阻止和遏制生态灾难所采取的"防范"措施很少被延伸到预期寿命的延长、生活质量的提高以及当地工人权利的提升等社会公平问题上。这些领域的进步更难用数量来表示,这往往导致投资的回报缩小。从底线看,绿党比红党更加追求利润率。此外,绿党和红党之间须照这样维持权衡的观点至少部分受到了"可持续发展"的言辞的鼓励,后者指出了人类对这个行星来说是个负担的本质。

第十四章　我们会成为天堂里的纳粹吗?

在未来的几年里,随着个人生活方式与研究选择同更大的公共利益问题发生冲突,公民会越来越发现自己和他们自己的国家有矛盾。在这些国内冲突中,国家——受社会科学的鼓舞和合法化——可能依旧是反对个体和群体反复无常“这样”的人性的最后上诉法庭。在上一章我们了解到,国家作为加强人类对自然统治权的机构的理念藏在孔多塞对马尔萨斯的历史性替代之后,人类的繁殖刺激了技巧的生产,从而来克服自然的不足(Rothschild,2001)。对人口增长持类似乐观看法的不仅有孔多塞的实证主义追随者,还有黑格尔和马克思,以及像耶稣古生物学者皮埃尔·泰哈德·德·查丁(Pierre Teilhard de Chardin)和俄国东正教遗传学家西奥多修斯·杜布詹斯基这样的近代受神学启示的科学家,前者发现了最早的原始人(“北京人”)头颅,后者帮助将自然历史和实验遗传学锻造成今天的新达尔文合成论(Wagar,1967;Dobzhansky,1967)。

值得强调的是,因果报应对人类视野的威胁源于科学本身的中心区域。辛格试图将动物权利限制在感知力和智力上,这点尚未普遍被认为是对人类生命价值的一种威胁,主要是因为我们对动物的了解非常有限,跨物种间的感情和思想属性仍然相对受限。然而,随着动物行动学、社会生物学以及最新进化心理学的发展,越来越多的动物被发现是越来越有感知力而且越来越聪明。再者,这种奇妙的发展不能简单地用荒唐的拟人论来解释。两种相差甚大的东西似乎在一起起作用。首先,比起过去,动物正在被更加细致地研究,既涉及已改善的研究方法论,又涉及同情水平的提升。但是不明确的是这两者是否可以被灵巧地分开:前者可以是后者自我加强的产品(Crist,1999)。其次,随着科学家们设计出更加有力的感知和解决问题的计算机模式,我们对感知力和智力的概念变得更加抽象,甚至有些另类。即使这些模式没有在生物学研究中公开出现,它们的普遍存在亦有助于减弱人们用人类的标准来评价动物的直觉倾向。

达尔文主义者一般不对自然的规范轨迹发表意见,但当他们闯入自然神学的这个传统基础时，他们是反对人类视野的。之前提到过的 E.·威尔逊的生物多样化概念是自然的一个切入点。威尔逊追随从马尔萨斯到保罗·埃利希等人口理论家的轨迹，他们指出，一种规范上较理想的自然秩序可以通过物种范围的最大化获得，哪怕需要缩减自然的繁殖趋势(Schwartzman，1995)。在极端的形式中，其内在的原则是，任何个体的生命永远不可能等同于整个物种的生命，不管是什么物种。激发这种直觉的是生态学家所谓的"拉波波特法则"(Rapoport's Rule)，按照这个法则，生物多样性较少的环境(通常是温带气候)适合各物种居住，比如蟑螂和人类，他们在许多不同的环境中同样可以生存，因此有潜力将当地的物种排挤出去(Eldredge，1998)。换句话说，在自然的经济中，个体与物种的繁殖之间似乎存在一种平衡。那么剩下的唯一问题就是，要达到合适的平衡需要多大程度的人类干预，如强制避孕、绝育或个体的终结。在这点上，马尔萨斯和埃利希分别占据了放任和干预的两极，而威尔逊本人则处于中间的某个位置。

斯蒂芬·杰伊·古尔德的畅销书《美妙人生》(*Wonderful Life*)是这种意识特别悲观的一个版本(Gould，1989)。古尔德指出，当代对生物多样性的关注太微不足道、太晚了。古尔德认为自然的调节理想应该包含生命基本蓝图中尽可能最大的悬殊，这样才能构建大范围的物种多样性。从这个角度来看，寒武纪时代最接近这个理想。过去的五亿年里一个显著的标志就是平稳的衰退，而智人的进入只是加快了这种衰退。尽管如此，在古尔德看来，这种衰退不仅仅被忽视了，而且经常被误认为是真正的进步，好比自然的明显"方向"要通过逐步缩小自然的自我表达能力来获得。值得注意的是，古尔德明显是用形态学术语而非严格的遗传学术语来构想这些蓝图，因为他看重的"悬殊"可能是 DNA 细微差别的产品。这里古尔德重提了一种规范意识，它是在达尔文之前，但在基督教之后，这是一种世俗化的认识，即我们生活在自然的一种"堕落"状态中——大约从 1750 至 1850 年这段自然历史。在这个方面，古尔德更像是劫数难逃论者居维叶而不像是社会向善论者拉马克。但是人类的轨迹为什么要用自然的全面表达能力来评判呢？即便这种标准是合适的，人类的贡献为什么不能被看成为自然指明了它正缺少的一个方向呢？

后一个问题正是实证主义者对这种形势的判断。在孔德或穆勒看来，上帝做实验创造出各种生命形式的时候并不知道也没有控制他们的命运。随着计划逐步实现，进步存在于物种间区别向物种内部区别的转化中。这正是经济学家所谓的"外部效应内在化"。这也许最好被理解为技术历史的粗略描述：人类注意到，被"设计"得非常不同的鸟有理想的飞行能力，然后人类就用他们自己的条件——通过航空技术——继续生产那种能力，此后便不断地与空中的鸟类竞争，通常还除掉这些鸟类。

再者,对航空的依赖成为人类的多功能地位标志。在这个例子中,作为人类先锋的科学进步与对自然环境的内在关注之间的平衡非常清晰。在实证主义者的眼中,对后天性特质的继承的坚信加上《圣经》启发下的人性观构成了自然的驯化者。有时候这个角度甚至被诠释为它意味着动物本身也可以被变成人类。18世纪苏格兰法理学家蒙博多勋爵在"缺少的一环"争论中曾经提到过,他认为如果得到适当的关心和训练,猩猩可以成为公民(Ingold,1994)。

对蒙博多工程表面上的荒谬应该相对于把人类只看成生物统一体另一组成部分的相关政策含义来评判。蒙博多以自己的方式强烈反对他的法律职员戴维·休姆倡导的沾沾自喜的种族主义(又名"善意的忽视"),后者认为人类的各种不同住所,不管富裕还是贫穷,都是"自然的",因此最好不要去打扰,这可能意味着(第九章中我们已经了解)历史上装满奴隶的社会也应该保持原样。随着20世纪上半世纪达尔文的自然选择与人口遗传学的联系更加紧密,物种间的界限变得如此模糊,以至于某些"人种科学家"在厄恩斯特·黑克尔的带领下提出,考虑到他们的成就与潜力的比率,高层次类人猿和非洲人可能需要反转他们在进化层次上的位置了(Proctor,1988)。总而言之,自然物种区别的消失为个体在现在看起来仅仅是传统的物种标志间的规范转位敞开了大门。

物种种类与自然化一元论形而上学的相对产生了引人注意的政治后果。然而,一开始我就应该指出,它们并不都让我们更接近纳粹主义。特别是,黑克尔提出的论点的一个版本经常被用来反驳以下断言:白人与黑人之间或男人与女人之间的平均智力在统计学上存在重大差别。列万廷曾经证明过,某个特定的人种或性别成员之间考试成绩的差异要比人种或性别的普通成员间的差异大得多。这里的政策建议同样包含个体的规范转位,但结果在政治上通常被认为是进步的。因此,前一组的很多成员将被后一组中相关职位的人所替代,而不是本质上给予男人优于女人的特权或白人优于黑人的特权。当然,黑克尔和列万廷的论点所在背景的主要差别在于,列万廷合理地提出一个共同标准(也就是同样的IQ测试),通过这个标准可以对所有个体进行评价,而黑克尔和他的种族科学家同伴们从来没有克服过跨物种比较的最大障碍,也就是一个共同的操作标准,借助这个标准可以对两个或更多物种间的成员进行比较。

尽管如此,这并没有阻止人种科学家假定类似的跨物种标准。例如,第一次世界大战结束后及劲敌马克斯·韦伯死后不久,沃纳·松巴特就指出犹太人跟蟑螂很像,其理由跟"拉波波特法则"相似。作为一个规范原则,这个法则中伤了行动高度自由和具有高度适应能力的生物,因为它们的幸存是以同其他生物分享相同的环境为代价的。这些灵活的生物从更加扎根在本土的生物那里获取更多的利益，却给予很少的回报，这种能力使得它们成为了“寄生虫”。就犹太人这个特例而言，他们的抽象思维能力透过地方知识形式的异化，然后作为专门科学知识重新卖给当地人，寄生性因此成为剩余价值的种族化理论(Stehr & Weinstein，1999)。一些展示生物多样性的更加极端的“深生态学”文献可以理解为这种“高级的反犹太主义”向所有智人的延伸，从而导致某种以动物园为中心的厌世(Franklin，1999)。此外，深生态学与种族科学的联系不是偶然的，它们是纳粹寻求适合“优等民族”的“优等生活方式”的两个方面，也就是对环境的关心和对有机体的关心。

界定癌症细胞的过度繁殖在个体层面上反映了人口过剩在生态上造成的不稳定影响，从19世纪60年代鲁道夫·魏尔啸(Rudolf Virchow)正式确认该病为现代工业社会的最大敌人，到第二次世界大战，德国对该病的研究一直处于世界领先地位(Proctor，1999)。宏观和微观问题的来源都是试图用人类存在模式中的策略来代替自然，这些模式的范围包括从房子、工厂和公共场所的设计到食品和其他生活消费品的生产。这种意识产生了医学科学的另一种可以调节的理想，可以替代实证主义所青睐的对死亡的无限期推迟。这种替代赋予癌症和人口过剩之间的类比以因果关系的意义。因此，实证主义医学创新——其成本包含长期依赖药物和制度监管——提供的被延长的寿命在作为整体的生态系统中本身就被看成是致癌的。在那种情况下，医学的任务就是充当自然选择的代理人。它应该包含，如果可能的话，反转癌症传播的代理人。在实践中，这意味着更加严格的住院治疗和药物政策，以及对避孕、流产和安乐死更加宽松的政策。用来表达这个版本的达尔文医学名称是种族卫生，1930年——比希特勒掌权早三年——它在德国的专业协会声称有一千多名成员，其中很多拥有医疗系的教授职位(Proctor，1988)。当然，纳粹的崛起给予了种族卫生进一步发展的契机，但事实上，早在希特勒之前很久它就很繁荣了，这点削弱了它和生物医学科学正常发展的连续性。尼斯(Neese)和威廉斯(Williams)是“达尔文医学”的一个科学更新版本。

种族卫生1895年作为一门新科学最早由艾尔弗雷德·普洛兹(Alfred Ploetz)提出，他在这个课题方面的研究得到了承认，1936年获诺贝尔医学奖提名。尽管如此，2002版的《大不列颠百科全书》(*Encyclopaedia Britannica*)中并没有有关普洛兹的条目，种族卫生看起来只和奥斯维辛集中营的“死亡天使”约瑟夫·门格勒(Josef Mengele)的生命有关，就好像这门科学是纳粹集中营的产物(这是政治正确性牺牲历史特点来简化手头规范任务的另一实例)。在他大部分的生涯中，普洛兹认为自己是个左派人物，就像高尔顿和皮尔逊等英国生物统计学家——包括20世纪前半世纪世界一流剧作家萧伯纳(George Bernard Shaw)。无疑,在该世纪初的几年里,生物统计学家和种族卫生学家互相理解对方在互补的领域里操作:前者研究整个人口的趋势,而后者研究的是个体特性。

普洛兹的左派信任状应该从我们依旧认为生态学家属于左派这种精神来看。他认为人口过剩和癌症隐隐约约呈现出的社会问题是化学对德国世纪历史视野产生的不正当影响的结果:一方面,生产新药,特别是疫苗,降低了保持人口与环境达成平衡的死亡率;另一方面,合成食品、织物和金属的生产所见证的超越自然局限的愿望产生了从过敏到精神失调等新的疾病,同时加快了癌症的传播。德国化学家是 20 世纪初全世界的骄子,他们通常都是具有实证主义倾向的自由帝制拥护者,极力拥护第一次世界大战中德国皇帝的事业——直到产生灾难性的后果(Fuller,2000)。战后,种族卫生同时需要政治和科学动力来作为整体反击的一部分,反击被认为是非常过度的"唯物主义"和"宿命论"世界观,这种世界观已经开始腐蚀现代科学,最有代表性的是毒气在军事上的使用(Herf,1984)。

从远处——从国外也从未来——观察争论的人往往低估处于危险中的问题,因为争论使用的术语与观察者习惯的术语如此不同。德国从英国引进进化论和遗传学教义就是个非常恰当的例子。19 世纪德国科学优势——物理学、化学和生物学——的秘密在于将英国的观念制度化为研究计划,并最终成为学术学科。这点很容易被掩饰,因为人们对英国的刻板民族印象是"实践的",而对德国的刻板印象是"理论的"。更正确的说法是,德国人更加认真对待英国的观念,而英国人本身无意于这么做。此外,英德之间的知识交易经常伴随着角度的协调,而这是英国方面感到很紧张的。因此,就种族卫生而言,普洛兹认为赫胥黎 1893 年的罗马尼斯讲座《进化与伦理学》(Evolution and Ethics)不像是评论,而更像是赫伯特·斯宾塞进化伦理学的延伸。普洛兹特别将赫胥黎派给自己的扭转"自然化"社会趋势的任务诠释为呼吁人们去除自然选择作用的前科学障碍的最后残余。他完全将赫胥黎颠倒了。

普洛兹对种族卫生的标志性贡献是逆向选择这个概念,指的是民族国家试图逆转自然选择作用的所有尝试。普洛兹跟随斯宾塞的步伐,将福利和战争看成同一逆向选择硬币的两面。对此"社会学"是会进行破坏的,从而促进自然选择的作用。种族卫生因此成为斯宾塞的社会学的政策科学。俾斯麦掌权时期的德国沉迷于尽可能长久地保持人们的健康,表明了这个民族国家已经做好准备,无论在国内还是在国外,随时为保护自己的利益进行战争。这种沉迷在他们的首个社会安全方案、国家医疗保健体系和普遍教育条款中得到了体现,而这是现代福利国家的三大支柱。普洛兹鄙视的一个特别原因是传染病群众性免疫的驱动,这样的话对自然的战争就是非法的,是对另一个福利国家战争的一部分。罗伯特·科克(Robert Koch)为保护普法战争中的德国军队而进行的炭疽疫苗研究还令人记忆犹新。如果有普及教育的话,那么在普洛兹看来,这种教育应该使人们能够适应自然的偶然性,而不是培育在任何情况下都值得捍卫的观念。19 世纪的德国大学经研究后重申"西方文明"源于古希腊,他们一直在培养这种意识(Fuller,2000)。

在一场让人们想起和平主义者对"确保相互摧毁"的"冷战"核策略的"非理性"批评的争论中,种族卫生学家争辩说,如果我们不是如此经常地试图互相杀戮,就没有必要人为地延长人们的生命。按照这个逻辑,人们的出生不是为了生存,而是为了毁灭——这是对自然选择彻底的歪曲。在这些基础上,斯宾塞反对所有形式的军国主义,包括与英国帝国主义野心相关的那些。

纳粹提出的"深度"解决办法来自这种思想,然后被自我描述为"深生态学家"的人延伸到放荡者的增殖和生命的延长上:我们人类应该放弃自己的物种自恃,更加充分地融入自然。正是在这种背景信念下,纳粹开创了反污染立法、"有机"食品和其他有利于生态的社会政策,这些在当今和加利福尼亚思想正统的人所践行的富足而又开明的生活方式是相关的。美国历史学家罗伯特·普罗克特(Robert Proctor)在从德国到美国的路上确定了一个重要时刻。1962 年畅销书《寂静的春天》(*The Silent Spring*)的作者雷切尔·卡森(Rachel Carson)发起了美国的生态福音主义,并引用美国职业和环境癌症研究之父威廉·休珀(Wilhelm Hueper)为其灵感启示。碰巧,1933 年希特勒一掌权,时任宾夕法尼亚大学医学院首席病理学家的休珀在对他来说思想上已经变得有共鸣的条件下未能成功地在自己的祖国德国找到一个教授职位(Proctor,1995)。当然,这并不意味着所有生态学家日后都会成为纳粹,但是很难找到一个不赞同大范围绿色意识的纳粹。实际上,1933 年希特勒掌权之初他颁布的第一项法规就是以"动物实验中无法忍受的折磨和痛苦"为理由禁止进行活体解剖。他威胁把动物当"没有生命的财产"看的实验室科学家。

我提出这些令人感到不舒服的事实,主要是为了反击将纳粹基本上等同于大屠杀的倾向,好像它就是纳粹思想最终的自我实现一样。其隐含的联想导致了当今全世界新纳粹政党的审查制度——在纳粹支持者和像我自己这样的一些自由主义者的观点看来这是不公平的,他们宁愿更加公开地处理他们的知识主张。现在,只要我们有一丁点的历史距离和社会学远见,就能够得出这样的结论:即便用纳粹自己的术语来说,大屠杀也是不应该发生的极端后果。此外,由于我们如此强烈地关注围绕大屠杀发生的实际事件,我们很可能无意识地允许潜在的认知和感情倾向在其他伪装下盛行。声称大屠杀"史无前例"本质的隐含意义没有得到充分的强调(Baehr,2002)。

实际上,令人吃惊的是,新纳粹没有效仿希特勒的心腹,即建筑师艾伯特·斯皮尔(Albert Speer)的例子,他指出,大屠杀反映了希特勒变质的判断,整场运动不应该和它有瓜葛(一些理性纳粹分子放弃了为坚持理想而误入歧途的领袖,他们期待未来有新化身,而不是所声称的希特勒的"人性化")。新纳粹倾向于否认或评价大屠杀——两种情况都以希特勒无过错为前提,说明他们对待历史的态度跟他们的妖魔化对手一样盲目。即便在我们这个不完美的世界中,如果我们不能渴望更加美好的事物,那也是一种耻辱。

在本章剩余部分里我要探讨的是,如果希特勒没有奉行大屠杀,纳粹很可能创造一个绿色的乐园,它很可能与非暴力(或分散的)种族灭绝的种族卫生理想更加协调,非暴力种族灭绝正是当代政治中"自然选择"的翻译。

对于初学者来说,仅仅声称大屠杀是科学丢失明确外部价值取向或在没有阿多诺和霍克海默(Horkheimer)以及鲍曼(Bauman)分别维持的民间社会的调停下与国家融合而产生的后果是不行的。它要说的是,这些倾向于将纳粹的放肆追溯到不受控制的科学冲动上的社会理论家特别提出对科学历史的一种过于简单的理解,其叙述流程受内部逻辑的限制,根据其关联依附的社会政策,有可能产生进步,也有可能导致退步。正是这种"自我组织体系"的简单化科学视野吸引了社会科学家对库恩的科学变化理论如此不加批评的关注,哪怕最多的时候它捕捉了三百年左右的物理学历史(Fuller,2000)。该视野关键性地省略掉的是,科学——和其他任何一种社会制度一样——在其历史的任何阶段都在同时追随着多种轨迹,通常利用相同的知识和物质资源,虽然有些轨迹在那些资源的合法要求上明显比别的轨迹做得好。所谓的纳粹科学并不是科学的一种歪曲,也不是社会未能对科学进行充分的抑制。这是我们共同的科学遗产,其发展方向总是需要探索的,我们也已经看到,它已经在探索之中,而且,更重要的是,在将来会得到更多的探索。

从这个角度看,将大屠杀作为纳粹的缩影——或更糟糕的不受限制的科学世界观——会让我们看不清纳粹主义、生态主义,以及在人类历史上界定深层品系的因果报应意识之间真正的精神连续性。如果希特勒在第二次世界大战早期能与同盟国谈判并达成和平协议,承认纳粹政权及其占领地的合法性,那么安排几个段落描述今天的科学局面应该能非常形象地表达这一点。这项任务包含反事实历史编纂,该方法被广泛应用于经济史,为科幻文学中常见的"替代历史"设想提供了方法上有原则的看法。

用最直言不讳的话说,如果纳粹在第二次世界大战中"获胜",亚原子物理学和核能就不会主导随后半个世纪的科技议事日程,它们可能依旧是科幻小说的素材。相反，随“冷战”结束才引人注意的生态关注有可能继续引导研究和政策，生物多样性、预防原则和动物权利等观念现在就不会成为自愿行为和力量的分散展示所支持的乌托邦原则了。它们很可能成为政治上正确的社会达尔文主义的概念基础，后者是一门生物社会科学，更新了用以援助可持续的全球环境的种族卫生学原则。

我的纳粹科学反事实历史基于两种假设。第一种与反事实历史本身的方法相关。为避免沦为纯粹的小说，所有替代史必须是在实际历史中作为“没有选择的道路”存在的；再者，插入反事实的时候我们应尽量减少对过去的更改。换句话说，我们应该在实际历史上找到最近的那个点，在这个点上，未来可能朝着假设的方向发展(Tetlok & Belkin，1996)。那么，我们要将纳粹德国的历史倒回到多远才能找到这个最近的点，而在这个点上希特勒会有别的行动并最终取得胜利——或至少不被征服呢？我的答案是1941年初，当时希特勒可以决定去占领中东的油田而不是去入侵俄国(Keegan，1999)。即便这不能完全成功，希特勒也完全有可能控制欧洲的大部分能源供应，使战争陷入僵局，从而提前三年结束战争，这便有可能阻止绝大多数的——如果说不是全部的话——大屠杀。有人坚持认为大屠杀是希特勒受到了他所理解的俄国早期胜利中包含的宇宙批准的启发。此外，战争的提前结束还可能叫停制造原子弹的竞赛，纳粹从事这件事情只是对同盟国“曼哈顿计划”的一种极不情愿的反应(Cornwell，2003)。

当然，在这个替代的世界中，纳粹启发的科学可能变得正常化，这便引发了我的第二种假设。因为很难相信我们可以从明显邪恶的行为中受益，我们需要简化社会心理学家所谓的“认知分歧”。因此，如果我们是纳粹胜利的继承人，纳粹科学现在可能就显得更加光明正大。即便在现实世界中，尽管纳粹是历史上最大的恶棍，他们依旧是作为人类集体工程的成员的“我们”的一部分。这正是公众对大屠杀的记忆如此费神的原因(Novick，1999；Finkelstein，2000)。我们觉得自己朝着更好的方向前进的感觉取决于是否能够找到可以补救的东西，哪怕在最邪恶的行为中。这点在与科学相关的问题上尤其正确。从定义上看，科学是人类的共有财产，这点有助于解释为什么战后纳粹科学家在同盟国里如此容易受欢迎。由于我们无法忍受在纳粹的罪行中看到自己，尤其是科学的我们自己，如果不是减轻和原谅，那么忘记和镇压的冲动就会非常强烈。如果说大屠杀在人类历史上是一个独特的事件，那么其独特性并不在于实际上发生了什么，而在于后来为了保证其不被忘记也不被原谅所耗费的努力。因此，大屠杀中被杀的犹太人有“六百万”这个数字远比第二次世界大战中丧生的总人数更为人所知。要是不质疑所有这种集体记忆工作的价值，它很有可能帮助掩饰我们这个反纳粹世界中挥之不去的纳粹意识。

假设1941年的一个和平条约允许希特勒保留他在欧洲(和亚洲)的战利品,非常了解德国自然资源缺乏这一事实的纳粹经济学家必定倡导对被征服的工业国家进行重新分配,从而阻止它们成为竞争者(Neumann,1944)。控制至少一部分中东的石油同样也可以让纳粹控制剩下的自由国家之间竞争的步伐。这种策略一定会得到种族卫生意识形态的支持,种族卫生这门科学的繁荣先于希特勒的得势,而后随他的倒台而衰败。它对待如今被大众化为"盖亚"的地球的看法非常严肃。回想一下,种族卫生学家曾经认为,全球的灾难源于人类被误导并试图去逆转自然选择的效果。

这种逆向选择的象征是让一些人群免于某些疾病的疫苗的发展。正常情况下,这些疾病会让一部分人丧生。种族卫生学家严格区分药物的治疗使用和假体使用:对他们来说,疫苗并没有让身体恢复到自然的状态,而只是人为地增强了体质。历史上,疫苗的研究受帝国主义扩张引起的人群杂居的驱动,这点导致种族卫生学家得出这样的结论:只有同类人群稳定的国家才可能自然地生存下去。这对医学研究和政策的隐含意义非常明确。疫苗将被从我们现在所谓的"预防医学"中驱逐出去,而在预防医学这个领域中,纳粹是主要的先驱(Proctor,1999)。不过,纳粹在辐射、石棉、铅、镉、水银、酒精以及烟草等对健康的影响方面的研究可能发展得更加迅速。纳粹还可能授权有机食品的生产,宣布活体解剖为非法,并鼓励素食和自然康复。此外,纳粹认识到世界石油供应的不足,这种对生态环境有益的意识很可能激发早期科学对削减汽车二氧化碳排放以及可替代能源的兴趣。简而言之,那些在20世纪60年代末才开始谈起的科学上可靠的政策可能在20世纪40年代末就可以见到了。

当然,可能也还有强制性节育和得到准许的安乐死。所有这些做法都是为了逆转19世纪末生物多样性的反对者对生态系统造成的破坏,如路易斯·巴斯德(Louis Pasteur)和罗伯特·科克,他们未能了解,肺结核这样的疾病是自然选择性删减部分无法承受的人口的方法。随着时间的过去,随着自然恢复平衡,有可能就不再需要节育和安乐死了。所有这些发展都有一个前提,那就是国家强制的在大公司和生态价值之间早就达成和解的公司环境保护论。然而,在这个过程中,人类生命的价值变得可以讨价还价。那些对智人的自然选择提出原则性反对的人会被打发到政治和科学的边缘。我们在物种的选择性捕杀中应该起主动的还是被动的作用?是手术去除还是仁慈地忽略?对这些问题的意见分歧将占据整个"中心"。

承蒙沃纳·冯·布朗(Werner von Braun),纳粹可能在早期的载人航天任务中领先,他在投靠美国之前已经在为纳粹展开相关的工作。他们可能已经意识到,把剩余的人送到太空中也许能使他们既能够测试他们最先进的物理科学——天体物理学和航空学——的局限,又能够提高帝国到其他行星或轨道空间站的承载能力,后者会逐渐被认为是选择性捕杀的一种人道的而在科学上又可靠的替代。至于核物理学，由于纳粹会让生态系统的大部分服从于直接的政治控制，因此没有多大必要支持大量的非自然能源。实际上，撞击原子从而产生难以估量的能量的这个想法跟1939年8月2日犹太移民爱因斯坦的一封信有关，信中他鼓动罗斯福制造原子弹，而战后的纳粹利用原子弹点燃了反犹太主义的火苗。不管怎么说，爱因斯坦认为纳粹很可能制造这样的炸弹的想法是错的。尽管他们掌握了一些(但绝不是全部)相关的科学原理，但在意识形态上，他们并没有多大的热情将它们应用到实践上。因此，犹太人继续被妖魔化，而如今的理由是他们推荐了一种炸弹，其一旦引爆，将带来完全不同但又同样致命的“最终解决办法”——结果，美国人实际扔给日本的那枚炸弹结束了第二次世界大战。

结论　真的没办法逃离人性吗?

20世纪的第三个四分之一世纪里,随着福利国家的兴起,"人性"被暂时搁置,而过去的四分之一世纪见证了有关"人性"的传统学科和国际对话的复苏。现在很难相信像阿什利·蒙塔古(Ashley Montagu)和我以前的老师马文·哈里斯(Marvin Harris)这样的人类学家的信心,蒙塔古温和的怀疑主义过于理性和理想化,而哈里斯的方法更加明显地与生态和唯物论有关。然而不管他们的观点有多大分歧,他们总是联合起来让"培育"战胜"自然"。1975年以来,人们对认知神经科学、行为遗传学、进化心理学,当然还有社会生物学的不断关注可能让他们觉得很吃惊,认为这是野蛮的退步,尤其过高估计了斯宾塞和达尔文之间的相似性。他们倾向于将人性这个特别的概念看成一种虚幻现象,且寻找不到解释——甚至可能是前科学世界观的返祖现象。这种启蒙运动意识的残留依旧在虔诚的咒语中,认为种族是一个"神话"或一种"迷信"——虽然旧的赞歌与当今人们越来越强调以"种族地位"和"遗传多样性"作为社会认同的标志不是很搭调。

发展心理语言学家和自诩的进化心理学家史蒂文·平克尔(Steven Pinker)下面的这段评论说出了我们这个时代更加典型的特点:

> 道德和法律的禁止不是在可能的群体差异面前减少歧视的唯一途径。我们对某个个体的素质信息了解得越多,在有关那个人的统计结论中,种族范围内或性别范围内平均值的影响就越小。因此,治疗歧视的最佳疗法是更加准确、更加广泛的心智能力测试,因为它会提供有关某个个体的如此多的预测性信息,没有人会受诱惑去做种族或性别的参照系数(Pinker,2002)。

平克尔很快插入一句:"然而,这是一种没有政治前途的观念。"除非平克尔非常擅长讽刺,否则他大大地低估了自己的观察报告可能被政策制定者采纳的容易程度。21世纪初,种族主义和性别歧视被认为有问题,不是因为它们的歧视性,而是因为它们的歧视不够到位,这是这个时代精神的标志。因此,人们需要更加细致的指标,最终用绘制的基因组读数来代替表面解剖的判断。社会政策的生物化没有消失——它只不过加强了。当然,歧视是与分配公平相关的资源分配的中心问题。在那个背景下,分配被用来补偿被看成过去不公平的产物的缺陷,从而达到社会上个体间相关种类"公平"的大体意识。遗憾的是,平克尔同时认为配置我们的大脑和基因的因素不在我们的控制之中,不管我们对它们的了解有多深。实际上,他总是乐意把知识与权力的联系分割开来,甚至声称我们可能需要承认人道主义者传统上所谓的"命运"存在科学的基础。无论他的意图是什么,平克尔传递的信息对于那些怀疑可能产生更大社会责任感的额外政治改革需求的人的来说,必定是动听的音乐。

当今的达尔文主义者中间存在一种自负,他们认为,在我们的变化能力受遗传限制的观点面前,人们一般都退缩了。实际上,只有那些充满了社会科学精神的人退缩了。应对不可避免的事情比起争夺可得到的东西省事多了。蒙勒佩尼斯(Lepenies)恩准,社会科学不太可能有意——更不用说成功了——去弥合人文学科和自然科学间的"两个文化问题",它们更可能的是创造问题。当然,社会科学已经促成了传统上自然科学和人文学科间存在的善意分离,他们举例说明了每一种文化最不喜欢的对方的文化特质,也许还让每一方提醒对方为什么没有能够改善人类的状况。因此,在遭遇社会科学之后,自然科学更加放肆地小看人文主义的糊涂头脑,而人文主义者则为自然科学家的平庸感到悲哀。而在两种情况中,最接近的目标总是社会科学家。

20 世纪,人文学科和自然学科之间达成的谅解巧妙地将社会科学排除在外,如果想要追溯这段历史,可以从第一次世界大战后美国校园公开课程的"伟大的书"和"西方文明经典"开始。德国科学界对战争的公开支持,加上列宁领导的受马克思启发的俄国革命的胜利,使人联想到"社会科学"的幽灵,将人文学科和自然科学最差的元素混合在一起,从而生产出一种思想上起到镇压作用的战争机器。芝加哥大学校长罗伯特·梅纳德·哈钦斯(Robert Maynard Hutchins)提供了这种前景的免疫力,他相信,所有的知识可以在达尔文——但不是马克思、韦伯或涂尔干——提升的新亚里士多德世界观下被统一起来。当今,这个传统(除了亚里士多德)在 www.edge.org 这个网站上还在继续,由科学明星的文学代理人约翰·布罗克曼(John Brockman)维护,标题是"第三文化"。在这个背景中,社会科学家被刻画为太狭隘、太注重意识形态、太不称职、太高深莫测,因此不能进入这么文明的对话——虽然偶尔我们也设法找到一些有趣的数据,它们还需要比我们能召集的更加"深刻"的解释。

不足为奇的是,尽管以威尔逊和平克尔为代表的人性新科学的传播者的研究结果非常有趣,他们却表现出对社会科学的一种故意的无知。此外,当他们试图与社会科学解释性(与描述性相对)的一面达成妥协时,很快便转向哲学观点——如霍布斯的或卢梭的,这些观点先于社会科学的实际兴起出现,因此,在体现现代社会特点的社会机构和组织中不处于中心位置。相反，这些影响深远但经验上已经过时的哲学立场被概括为研究人类状况的“盲板”(blank slate)途径，这种途径接着被变成所谓的标准社会科学模式(SSSM)的基础，该模式用学习与环境中相应的差别对人类的各种行为做出解释。显然书评人员和文化评论家不是非常理解这个简单而又具有毁灭性的观察结果。更加显而易见的是，我们社会学家这么做的更少。这种沉默允许我们被对手界定，好像我们默认了他们的批评，因此把我们自己放在一个如多世纪前神学家对达尔文捍卫者的攻击所做的事情的位置上。

最终，社会科学家被排除在有关人性的伟大对话之外，因为他们对待这个主题的态度太认真了。布罗克曼的“第三文化”提出的有趣假设不过是有趣的室内游戏——畅销书之类的东西，直到后来在活生生的人身上试验，而不是我们身上跟其他动物身上相似的部分。这意味着要更加认真地对待方法问题，威尔逊或平克尔却不打算这么做。我们该做实验还是人种论研究？这种研究能否得到大企业或政府的资助？我们需要谁的批准？在什么条件下？当证据与理论及观察发生矛盾时我们应该相信谁？我们的研究对谁是有用的？我们要为不利的应用承担责任吗？这些问题构成了过去的两个世纪里社会科学发展的基体。再者，该领域的记录比贬低我们的人声称的好多了，特别是从长远来看，而且还可以扩展到社会科学帮助创立并维持以及描述和解释的社会结构。无可否认，痛苦的经历已经表明社会科学家经常将其搞错。然而，这是在退回到有关“在自然状态下”人性的思想实验中，或是把人类的基因组当成占星家的星相图来看待时应该学习而不是回避的东西。在有关人性的争辩中，如果没有坚强的社会科学存在，这些前现代思想模式也可以作为我们自己的重复发明。

任何人胆敢靠近人性，人性似乎就要将他灼伤。本书一直非常关注的是社会科学家，他们存在的理由是以研究计划和政策眼界的名义试图将人性边缘化，如果说不是彻底消除的话，这些研究计划和政策眼界的目标不太像是把我们变成神，而是将我们从动物本质中解脱出来。反过来，人性已经实施了报复，至少被认为已经设置了各种生物学障碍，从而挫伤了我们的雄心壮志。如今这些障碍显得非常难以对付，因为对我们的生物组成更多的科学了解与社会决策不断的权力下放达成了一致。现在假设我们要做出社会科学没有能力应对这些挑战的结论，它仍然不一定意味着人性可以被纳入社会生物学或进化心理学。人性越是被融入布罗克曼的“第三文化”所倡导的这种一般自然科学，它就越难将特定的人类从一般的自然中区分开来，这是因为人性本身就是达尔文之前的过去的概念大倒退，那个时候的有机物种被认为是拥有基本素质的。人性的确不属于被恰当地达尔文化的世界。

历史上有关“培育”和“自然”间的争辩演变成为个体如何能获得使他们成为自己

的特质:用哲学的术语说,先验还是后验;用社会学的术语说,继承还是成就。然而,按照新达尔文合成论,物种不是本质。你之所以成为人不过是因为你有能力进入生产更多人的关系中,也就是说,你能够履行生物学家所界定的"成为人类"的任务。诚然,这种能力偶然会得到依附在你的基因组上的各种氨基酸的支持,但在"人类"和"非人类"的基因链之间应该在哪里划线区分,目前还没有一致意见。此外,当个体除了不能生育而在其他任何意义上都起到人的作用时,这些明显情况也得到默认。那么,最终你的人性就取决于进化生物学家能否在被称为"智人"的宗谱叙述的某个地方为你找个位置。在这个重要的意义上,现代进化生物学中的人性是个不确定的概念,服从于自封的专家正在进行的社会建构(我说是"自封的"只是因为不清楚生物学家什么时候被正式授予界定人类的任务)。这一点在世俗科学文化中值得进一步宣传和思考,目前只有一神论宗教领袖和神学家充分理解它的重要性。

史蒂文·平克尔如今是进化心理学的公众面孔,他对这点进行了无意但又非常形象的展示。平克尔有个附录,列出了四百多种"人类共性",也就是在所有被研究的人类文化中观察到的行为趋势和心智能力及体力。这个清单作为人性构成的最佳猜想被呈现出来。我们来假设一下,如果一开始平克尔的清单就让认为跨文化间的人有重大差别的相对论者完蛋,这还是留下一个问题。该清单中包含很多人类与其他动物共有的特性:年龄地位、颜色的分类、记忆、疼痛、节奏、性别地位等等。也许平克尔要回应说只有人类拥有所有的四百多种特性。简单看一眼这个清单就可以看出这在今天也许的确如此。前两项看起来当然非常"人类":言语和思想的抽象化、自控行为与不受控制的行为的区别。然而,平克尔很难从这些实例中得到安慰,因为围绕进化心理学的大部分令人兴奋的事情恰恰涉及可能发现动物,尤其是灵长目动物的一些特性——甚至祖先,而这些特性传统上被认为只属于人类。对致力于该计划的人来说,平克尔清单中例外的项目不过是等待人们去做的巧妙的实验,它们将揭露我们自己和自然其他部分之间隐藏的相似性,如果说不是普遍的因果机制的话。此外,考虑到达尔文时代以来的动物行为研究史,这些迷恋者的热情是有理由的。彼得·辛格呼吁跨物种地扩大道德关注的圈子,实际上,人们给予这种呼吁越来越高的声誉正是我们现在能够在动物中看到那些过去我们只能在人类身上感受到的特性所产生的意外结果。

严格而准确地说来,人性新科学致力于将人类重新纳入自然。从严格意义上说,它们是"自然科学",用本书第三篇引进的术语来说,其相应的世界观更加"因果报应",而非"人类的"。但是这些新科学会成功吗?从长远考虑再次帮了大忙。围绕人性科学的最新突破和思考几乎关注到新达尔文合成论的每一个部分。不仅自然历史的证据基础提高了,人类基因组现在也已经被绘制出来了。假使新自由主义坚持,那么就没有国家机构足够强大到可以控制这种知识的流动和使用,相关的历史比较器就变成了宗教改革,这其中文艺复兴恢复了最初的古典——包括《圣经》的——语言,还有现代欧洲"粗俗"语言经典之作的翻译和大量流传,印刷机的使用可以证明这一点。在那种情况下,克雷格·文特尔(Craig Venter)可能就成了我们的约翰内斯·古腾堡(Johanes Gutenbery)。

伽利略渴望用数学术语绘制的"自然之书"现在成了被绘制为氨基酸生化系列的"生命之书"(Kay,2000)。有了这个类比,我们应该理解当今生物学主义世界观的主流倡导者——包括威尔逊、道金斯和平克——都是德西迪里厄斯·伊拉斯谟(Desiderius Erasmus)的当代继承者,他精通古代语言,却依旧相信用粗俗的语言传播基督教不会打乱人们对共同上帝之下的人性统一的基本信仰,而这里的共同上帝受国家资助的新达尔文主义而非罗马天主教会的辅助。然而,如果说没有别的,历史证明能更多地接近某个密码必然产生更大范围的信息。因此,在弱国里——更不用说没有能力执行国际法的国家了,人们对基因组图谱的广泛接近很可能导致图谱绘制之初在场的那些人根本没有想到或不想要的结果。考虑一下紧随宗教改革的新教教派的剧增,其出现于《圣经》原有语言透露出的诠释模糊性。这些很像当今人们建议在生物繁殖的默认模式之外的基础上区分人类与非人类。有关我们如何将残疾人、动物或机器人融入"社会"的争论得沿着跟 16 世纪和 17 世纪有关神圣的属性或救赎的必要条件的争论类似的路线进行,这是一种相关的类似情况。与过去导致内战的自相残杀的语篇辩论相一致的将是(希望如此)公开的辩论,如果必要的话,还有导致内战突然停止的选举决议的温和抵抗。

我在这点上的大概意思有两方面。首先要承认我们一直想要成为人类。其次,在禁止某些全球性管理制度的建立时,我们可能逐渐像目前我们对待"基督徒"一样对待"人类",也就是说,这是一项普遍工程,它可能涉及的那些人也许并不希望被牵扯进来。我相信,可能的原因是做人也不是件容易的事。动物就是要适应环境,而人类不太愿意将自己和他们的生物性等同起来。西方哲学史和神学史可以证明这个事实。所有被指定为我们实现做人的基本要素——推理、真理、正义、善良、美丽——传统上被定义的时候都没有参考现如今认知神经科学家所谓的"湿件限制"。从柏拉图一直到中世纪,再到笛卡尔和启蒙运动,对于我们的动物本质限制我们实现作为人类希望达到的目标的能力方面一直有相当多的思考和抱怨。这些思想家中的诺斯替(Gnostic)教徒编造策略,试图让人类从他们的物质容器中将自己的神圣精神解放出来。这些策略的世俗版本是现代这个时代的标志。两项典型的工程非常突出:避免激情摩擦的理性机器的构建和逃避传统束缚的革命政治的设计。

这里我并不是要对这些工程进行评价，而是要呈现它们的存在对人性新科学提出的问题。正因为人性是由具有某种体格的生物发现的，为什么我们还要认为人性的充分实现需要这种体格呢？突然之间那些满脑子全是人性的生物学基础的人看起来特别像政治理论中的纯粹主义者，他们相信，只有在具有古雅典物理参数的社会中民主才有可能。两者看上去都依赖对历史的迷信理解，也就是说，事物在本质上都是它们的原始状态——考古学的本原。

可是这点对社会科学的未来有什么特别的承载呢？人类进步的轨迹有个有趣的特征：它不仅同不断增长的生产相一致，更重要的是，它同生产力也相一致。进步不仅仅是使得更多人享受到之前仅限于富人的好处，相反，随着新事物——尤其是不太具有物质实质的——逐渐为人类存在质量设定更高的标准，它导致了权力和价值源泉的周期性变化。有关"象征主义"的很多社会学文献都应该按照这个来理解。这点可以被诠释为效率价值的无限延伸。然而，效率的精神特性很少有人注意到。效率的最终表达是"不劳而获"的欲望，是西方一神论无中生有的创造的世俗化(Gouldner，1973)。这个观点看起来是亵渎上帝还是有启示性取决于人类是被看成创世者的苍白模仿还是创造的实际成就者。

化学作为一门独立学科——也就是说，不是作为存在于物理学之前或之后的东西——的历史为这个传统提供了最为可靠的叙述主线。它涵盖了罗杰·培根(Roger Bacon)这样的中世纪炼金术士、约瑟夫·普里斯特利(Joseph Priestley)之流的启蒙运动自然哲学家以及安德鲁·尤尔(Andrew Ure)和威廉·奥斯特瓦尔德之流的生物工程学者(Rabinbach，1990)。这些人都宣扬苦行主义的信条，后者超越了短期内痛苦的缓和(比如在东方宗教中)，从而达到长远福利的提升。从社会学方面看，效率是作为最抽象意义上——比起物质上可以得到的，更多的人正式享有珍贵物品——的"稀缺"条件下的一个动态原则出现的。在那种情况下，社会就会寻找替代品，刚开始时可能包括一些廉价的合成版本，但随着时间的推移可能会对该物品价值的确切本质提出质疑——以及某些完全不同的不太物质的物品是否完全替代。第九章提出的用寻求承认的斗争代替生存斗争正是这方面发展的哲学表现。

正在受到有效率远见意识的企业家驱动的不仅仅是经济革命。在社会和政治领域，同样的趋势涉及的范围更加广泛。如今，拥有金钱和知识可以让人得到各种权力，而在两百年前，这些权力只能通过财权和宗教认可才能得到保证。沿着这条思路得出的逻辑结论，德国社会学家尼科·斯特尔(Nico Stehr)最近指出，世界经济越来越基于无纸化知识，由此人们可以乐观地预测，我们依旧可以创造一个生态上可持续而又越来越富裕的世界。如今,只要用鼠标在互联网上一点击,随时可以获得两个世纪前需要闲置的财富以及在一个世纪前需要大学文凭才能得到的知识:只需更少的资源就可以得到相当的结果——或者说看起来是这样。有争议的是,这个观点低估了仍然生活在最低生活标准中的广大人民的数量,而且这个数量可能在不断上升;也低估了利用新技术形式(如今是基于计算机)来重新构建——如果说不是确切地再现的话——阶级界限的趋势。尽管如此,斯特尔的推理指出了更大的事实,即人性的标准倾向于转变,并使得更多的智人成员能够满足这些标准。然而,这些民主标准的短暂性甚至是非具体性,以及任何情况下越来越高效的本质都对我们人性的确切核心提出了疑问(Fuller,2002)。它在这个随着本世纪慢慢过去必然日益显得严重的问题上得到了集中体现:在社会再生产的各个片段过程中,应该被保留下来的最具显著人性的特征是什么?这是新世纪社会科学要回答的基本问题。

当然,人性的物质基线是身体完整性不可缺少的权利,也得到了来自生物技术的连续冲击。在本书中我已经集中关注了由辛格的达尔文左派带来的第一次冲击,他们观察到人类与绝大多数动物间90%以上的基因重叠将这种负担转移到了那些研究区别于更广泛意义上动物福利工程的人性工程的人身上。然而,第二次冲击对于辛格的世界观来说是非常不相容的,但又带有斯特尔更具诺斯替教派特点的非物质化知识经济的远见。这是机器人的远见,认为碳基器官和有机体有可能被硅基器官和有机体代替,或者与它们相结合——而价值没有丢失。它涵盖了人类生命的假体延伸的全部范围,包括计算机芯片的植入和"智能分子"的纳米技术,还有带有跟人很像的界面的已经非常成熟的计算机化机器人。那么机器人狂热者就要问了:正如辛格还在做的一样,为什么只给纯粹的碳基生物特权,而不给机器人混血儿特权,尤其是它们的内部和外部操作履行了传统上给予实体的道德关注和政治权利资格的相同功能?的确,最精密的人类湿件的生产可能产生审美或工程学的挑战,但如果半硅化机器人在传统上被认为对人类来说是有限的能力方面——如科学或艺术成就——更加优秀,为什么就不能把它们看成人类社会的成员(实际上,为什么不能认为它们比"残疾人"更加优秀)?

一旦有了这样的一种机器人意识,生物科技和纳米技术的新发展就可能无意中打破平衡,比起进化心理学反而更青睐以社会建构主义作为解释人类状况的框架。在科学和技术研究中,这种前景早就被认识到了(Haraway,1990),而机器人伦理学已经得到了一些严肃的哲学关注(Ford et al.,1995)。它反映了人工智能研究史上的创立瞬间,所谓的"图灵实验"(Turing Test)的发展标志着思维能力只不过是作为一个思想者产生的能力(男人、女人或机器人的),这个见解应该会让民族方法学研究者扬起笑容(Fuller & Collier, 2004)。然而,由于大部分机器人讨论的灵感源于卡雷尔·卡佩克(Karel Čapek)、艾萨克·阿西莫夫(Isaac Asimov)和威廉·吉布森(William Gibson)等科幻小说作家,因此有借助“后人类”这样的言辞来描述这种发展的不幸运倾向,从而留下与历史上亲人类意识有脱节的误导性印象(Hayles, 1999)。这其实忽视了社会学想象最初从霍布斯所谓的“法人”那里得来的灵感,“法人”是“universitas”或公司的法律范畴,是一种实体,它的产生主要是为了寻求明显的“人类”特性的终结,它超越了特定个体的个人利益,而不管在什么时候,正是这些特定的个体构成了这个实体。“Universitas”是与人文学科的生物学起源脱节最大的社会实体,然而它保持了迎接我们以新形式“并入”的生控体系统挑战的能力,它有潜力将人文学科重新发展为值得在 21 世纪去研究的一门社会科学。

词汇表

人类的世界观(Anthropic world-view):一神论主要宗教——犹太教、基督教、伊斯兰教——和世俗人文主义共有的世界观,都认为人类是“所有事物的测量尺度”。一般说来,一神论比人文主义更主张平等主义。一神论因为共同的神圣祖先而从本质上重视个人,而人文主义经常区别“最好的”和“剩下的”,好比只有一些人曾经充分实现自己的人性。作为比较,请参考因果报应世界观。

威廉·贝弗里奇(William Beveridge):经济政治学家和伦敦经济学院(LSE)的校长,作为温斯顿·丘吉尔(Winston Churchill)战时内阁成员,他设计英国成为福利国家,作为应用“社会生物学”的一个例子。

生物自由主义(Bioliberalism):我们这个时代新兴的主导思想,主要特点是政治下放的优生学意识,认为涉及生命的设计、商业化以及终止的决定方面,国家的干预应该达到最低限度。生物自由主义让生命的存在或不存在变得非常容易,也就是将人类状况临时化,因此它间接倡导的是因果报应世界观。当生物医学产业成为生产的优势方式时可以将生物自由主义理解为新自由主义的自然结果。

生物学(Biology):最早由拉马克于 1810 年命名的生命科学,一直是亚里士多德科学的中心,但在牛顿的科学中处于边缘地带,在现代从世俗主义两个互相对抗的方面中重得声望。这两个方面分别确认了(1) 死亡的定局——化石记录的发现表明了灭绝的有机体的自然历史:(2) 生存的延伸——医学的发展不再只是阻止人类生命提升的伤害和不幸。

生物勘探(Bioprospecting):动植物——包含人类——遗传物质的自然开采、化学合成和商业化。生物勘探在制药和生物技术产业中日益占据中心地位,在这些产业中它已经带头将生命的字面意义转化为知识产权,有效地让种族主义在全球市场上变得有用。请参照遗传多样性。

英国社会学传统(British sociological tradition):在这个国家传统中,社会学和社会主义的关系最为紧密,其最重要的成就是福利社会,这种知识遗产一直保留在“社会学与社会政策”部门。该传统的招牌人物霍布豪斯和贝弗里奇对达尔文的进化理论做出反应,提供了社会进步这个概念的理性主义和实证主义重建。

奥古斯特·孔德(Auguste Comte):实证主义和社会学的创立者,他认为这些是普通社会运动的各个方面,这种运动旨在通过用科学代替神学作为教育基石来使社会现代化。社会学注定是主要的积极科学,包含前面所有的科学,指出通往进步未来的道路。

马奎斯·德·孔多塞(Marquis de Condorcet):现代社会科学的精髓——启蒙运动来源,他相信,发展人类社会以及对他们集体生产的过剩产品的重新分配可以消除贫穷。他还是提出选举作为民主决策方法的较有影响的理论家。

企业环保主义(Corporate environmentalism):一种商业策略,目标是利润最大化和对自然环境的损害最小化,主要手段是继续挖掘劳动力,为“红党”和“绿党”政治价值之间的权衡提供了一个非常形象的例子。

反事实历史编纂(Counterfactual historiography):认真对待历史的偶然性而使之成为可能的一种著述,要求从前景(即代理人在当时可以做出的决定)而不是回顾来理解历史。该技巧是要在实际历史中找到某个时刻,在这个时刻,事情本来可能朝着与事实不同的方向走,从而得到某种可能的具体结果,如(书中有讨论)第二次世界大战中纳粹的胜利。

达尔文左派(Darwinian Left):辛格试图让达尔文代替马克思作为 21 世纪进步政治的科学基础。它将左派的支持群体扩大到覆盖自然界所有的事物,与此同时降低人类的传统中心地位。在资源缺乏的世界里,它提高跨物种之间的平等,并同时降低物种内部的平等,以期创造一个生态上可持续的政体。

埃米尔·涂尔干(Émile Durkheim):最终让孔德的社会学视野为大家所接受的人,它同法兰西第三共和国教育制度的世俗化是一致的,这点毫不奇怪。

启蒙运动(Enlightenment):18 世纪造成人类世界观世俗化的欧洲文化运动。人类的世界观在 19 世纪留下的主要遗产包括实证主义和社会学,它将人类的解放同科学的传播联系起来,于 20 世纪因为两次世界大战受到不断的攻击,并在后现代主义上达到顶点。

优生学(Eugenics):达尔文的侄子弗朗西斯·高尔顿创造的一个词,用来指为提高社会福利的整体水平而有选择性地繁殖人类最佳特性的政策,最早作为科学社会主义的一部分提出,尽管是在现代遗传学出现之前。当今生物自由主义在继续科学更新且政治上下放的一个版本。请参考种族卫生学。

进化心理学(Evolutionary psychology):对动物,尤其是灵长目动物进行的实验室和实地研究,目的是寻找理解和解释人类行为意向的线索,本质上是社会生物学的一个更新版本,重新引起了人们对研究人性的兴趣。

米歇尔·福柯(Michel Foucault):图腾后现代主义理论家,强调人性作为科学和政治目标的短暂性,不经意间导致社会学突出特点的衰退。

原教旨主义(Fundamentalism):如今被描述为政治上反动的运动,尤其是在基督教和伊斯兰教内部。但从更广泛的层面上看,它更应被看成一神论对世俗主义的反击,后者将神与按照上帝的形象和外貌创造出来的人中的最弱者等同起来。其本身是现代社会主义的神学基础。请参考西方主义。

遗传多样性(Genetic diversity):政治上正确的一个术语,与遗传学者卡瓦利一斯福札有关,指的是大范围基于生物技术的研究使之成为可能的有细密纹理的种族主义。生物勘探鼓励拥有罕见基因组序列的人群生育,从而促进了遗传多样性。

托马斯·霍布斯(Thomas Hobbes):英国哲学家,其经典之作《利维坦》创立了现代哲学对科学和政治的思考。霍布斯提倡社会契约观,有组织地对权力重新分配,从而避免生存斗争。霍布斯坚持认为这种重新分配需要企业超级代理人(见"universitas"),引发了很大争议。霍布斯作品的译者之一费迪南德·滕尼斯是位法律学者,他创立了德国的社会学。

L.T.·霍布豪斯(L. T. Hobhouse):伦敦经济学院首位社会学教授,他试图让德国唯心主义与进化论达成和解,引起人们对权利和公民权的重视,并逐渐成为英国对社会学的独特贡献。

人文学科(Humanity):人类作为智人超越自身的动物性(又名人性)进行的一项集体工程,包括启蒙运动以来与社会科学探索和左派政治有历史关系的工程。请参考"universitas"。

人性(Human nature):用智人的某些遗传特征来界定"人类"的古老概念,这些遗传特征可能受环境的提升或制止。该概念被大部分社会科学边缘化,只是在进化心理学和社会生物学中得到复苏。请参考第三文化。

托马斯·亨利·赫胥黎(Thomas Henry Huxley):与他较闻名的"达尔文斗牛犬"形象相反,赫胥黎的医学背景对进化论的反人道含意提出了无休止的质疑,在1893年的罗马尼斯演讲《进化与伦理学》中,他正式与斯宾塞等较顽固的进化论者决裂。

因果报应世界观(Karmic world-view):东方主要泛神论和多神论宗教以及新达尔文合成论共享的世界观,强调源于同一遗传生命力量的有机物种之间的大量遗传重叠,将人类应有的"独特性"简化为边缘的物种间差异,而后者对于它们自己都不一定很有价值。赫胥黎在思考达尔文主义对"生命的意义"的含意时首次注意到这种世界观的科学意义。

伦敦经济学院(London School of Economics):也许是世界上最初致力于社会科学的高等教育院校,1895年由“费边主义者”创立,他们是自由主义知识分子,对社会主义和优生学都持赞同态度。该学院是英国社会学传统的精神家园。

托马斯·马尔萨斯(Thomas Malthus):经典政治经济学家,他对人类种群循环的观察为达尔文的自然选择理论提供了基础,并隐藏在当今大部分生态悲观主义——如果不是宿命论的话——的背后。

卡尔·马克思(Karl Marx):社会主义的伟大理论家和宣传者,一直是资本主义最能干的诊断专家。随着社会主义的衰败,马克思最初的知识斗争——尤其是人道个人主义与唯物集体主义之间——逐渐被具体化为社会学的一个理论争论焦点。

约翰·斯图亚特·穆勒(John Stuart Mill):被低估的社会科学创立者,最早在英国宣传孔德,让功利主义与人类的世界观达成和解。

新达尔文合成论(Neo-Darwinian synthesis):实验室和现场生物学研究的结合,范围涵盖达尔文进化论更新版之下的分子遗传学到生态学。该合成论只能追溯到20世纪30年代,为当代生物学提供了解释框架。

新自由主义(Neo-Liberalism):从社会主义的历史角度来看的自由主义,这里的社会主义是一项失败的工程,而非一项有魅力的工程。是后现代主义的政治相似物,这其中启蒙运动与社会主义相一致。玛格丽特·撒切尔和她的精神领袖弗里德里希·冯·哈耶克与它的优势地位有关。请参考维也纳学派。

西方主义(Occidentalism):表达西方自由主义“容忍”的堕落形式的一个贬义词,把贫穷和不平等这样的全球性问题转移为个人或亚国家慎重考虑的问题,甚至认为让人们死总是比强迫他人保证他们的生存更可取。2001年9月11日之后这个词的重要性凸显,成为伊斯兰原教旨主义的意识形态目标。

东方主义(Orientalism):随着欧洲在全球经济和文化地位方面开始赶上中国、印度和伊斯兰国家,19世纪初就广泛传播的亚洲文化开始衰落,这是表达这种衰落的一个贬义词。爱德华·赛德在1978年的同名书中指出,考虑到基督文化和穆斯林文化的共同祖先,伊斯兰教尤其代表了欧洲人对自己的所有憎恨和恐惧。

塔尔科特·帕森斯(Talcott Parsons):1951至1975年间世界著名的社会学家,他的“结构功能主义”是所有社会科学的超理论,而这些社会科学基于根据福利国家量身打造的社会概念之上。涂尔干和韦伯加入同一学科工程主要是经他介绍。

实证主义(Positivism):孔德用这个名称同时表达这种科学方法和统一管理的原则,它要假定的是罗马天主教会在实现启蒙运动的人性工程时的制度形式。在穆勒的影响下,实证主义呈现出与自由主义有更紧密联系的新教倾向。尽管如此,20 世纪里逻辑实证主义对科学统一的呼吁中依旧保留许多过去对孔德的热情。请参考维也纳学派。

后现代主义(Postmodernism):主要源于法国的一场广泛的运动,以启蒙运动的失败为基础,认为启蒙运动要么自毁,要么就一直是虚幻的。后现代主义于 20 世纪 70 年代随社会主义的衰落开始传播。请参考福柯。

种族卫生学(Racial hygiene):当今被认为是典型的"纳粹科学",源于 19 世纪末德国医学院校,当时在那里被看成新兴社会学的对手。德国社会学对霍布斯的"人造的"社会概念的大部分兴趣是在反对种族卫生学对斯宾塞更加"自然的"概念的呼吁中构建的。

艾尔弗雷德·舒茨(Alfred Schutz):自称为现象学社会学家,将奥地利经济学院和"现实的社会构建"错误地联系在一起,后者是资本主义"看不见的手"被用来作为宏观社会实体的代表时的一种政治上正确的表达。

世俗化(Secularization):宗教或科学知识的生产与分配的分散。第一波世俗化紧跟宗教改革步伐,当时罗马天主教会在北欧各国失去了国家支持的垄断地位。随着民族国家转移它们在科学的资金筹集和授权方面的风险,我们现在正在见证第二波世俗化。世俗化产生的主要结果是增强知识生产者对市场条件的感受性,了解对于旁观者来说什么可能看上去像知识利益的"相对化"。

彼得·辛格(Peter Singer):"动物解放"(也是他首部主要著作的标题)的主要理论家,热衷于功利主义。辛格是达尔文左派的发起人,他大概是 21 世纪初世界上最重要的公共哲学家了。

社会主义(Socialism):与人类工程最明确相关的政治运动,是 19 世纪初自由主义和保守主义对工业资本主义的出现做出的反应的辩证综合体,集中体现在马克思主义的口号"各尽所能,按需分配"上。社会主义最成功的版本包括福利国家。

社会生物学(Sociobiology):哈佛蚂蚁专家威尔逊 1975 年颇有争议的一本书的书名,开启了近代自然科学对生物学的猛烈反击。最初的时候被妖魔化为优生学的意识形态外衣,如今已得到尊重,被认为是进化心理学的先驱。

社会学(Sociology):孔德用这个名称表达受经验启发的规范学科,旨在实现人类工程作为科学史上的终极驿站。

赫伯特·斯宾塞(Herbert Spencer):自诩为"社会达尔文主义者",是种族卫生学的继父,他先于达尔文提出进化理论,并吸收了很多相同的来源,特别是马尔萨斯。在英国,主要是他让"社会学"一词普及,在他看来,该学科自然涵盖了所有生命形式与水平的自我组织的协会。

标准社会科学模式(Standard Social Science Model):社会生物学和进化心理学在大众和科学环境中援用的对社会科学的讽刺描绘。社会科学家被认为忽略了普遍因素,特别是遗传因素,而更喜欢用环境的差别来解释人类所有的特征。这种刻板印象旨在捕捉历史相对论者、相对论者和行为主义者共有的根本错误。SSSM 最恼人的特征是它作为嘲讽对象的特别地位,而不是做进一步阐述和提高的合理的研究策略。

寻求生存对承认的斗争(Struggle for Survival vs. Recognition):与弗朗西斯·福山相关的一对区别,捕捉的是人性与人文学科这两个概念在存在主义视野下的差异。按照哲学的世系,前者与霍布斯有关,后者与黑格尔有关。

同情(Sympathy):最初与亚当·斯密有关的一个词,同情那些我们可以理解其所处困境的那些人。在功利主义中,它界定的是道德关注的圈子。悬而未决的问题是建立同情的原则,特别是对某个人了解得越多是否会增加人们的同情——或"熟悉易生轻辱"。在后一个基础上,有些动物看起来似乎比某些人更有同情心。

第三文化(Third Culture):最初指的是作为人文学科与自然科学的辩证合成体的社会科学,但如今越来越多地被用于指人文学科与自然科学——排除社会科学——对人性问题的共同探索中达成的和解。

Universitas:"公司"一词的拉丁文,是 12 世纪罗马的法律创新,它使得城市国家、教会、行会、修道院和大学等"法人"的创造成为可能。所有这些实体都遵循同样的非世袭继承方式,通常通过选举进行继承,这样可以享受永久的法律保护,因为它们致力于超越现有成员利益的目标。民族国家是现代占支配地位的"universitas"。后来通常被称为"公司"的厂商就这个身份而言相对来得较晚。社会学的独特性就在于它聚焦"universitates"作为人性的独特表达。请参考霍布斯。

功利主义(Utilitarianism):英国对现代伦理学的标志性贡献,集中体现在杰里米·边沁的口号"为最多的人谋求最大的幸福"。它还捕捉了构成福利国家基础的分配公平原则。悬而未决的问题是"最大幸福"关注的人的范围——所有活着的人、所有体格健全的人,还是所有有感知能力的生物及(或)将来的后代?穆勒和辛格给出了截然不同的答案。

维也纳学派(Vienna circles):希特勒得势掌权之前的十年间,在维也纳活跃着两大知识分子学派,其中离散的犹太人成就了社会科学方法论的黄金时代。较出名的逻辑实证主义学派——包括维特根斯坦、卡纳普和波珀——通常倾向于社会主义,注重宏观社会和数量。而较不知名的"奥地利经济学家"学派——包括米泽斯、哈耶克和舒茨——则倾向于自由主义,注重微观社会和质量。双方都声称是启蒙运动的遗产，前者更具法国特色，而后者更具苏格兰风格。

马克斯·韦伯(Max Weber)：德国社会科学家，受过法律和政治经济的初步训练，后逐渐把自己当成"社会学家"，尤其是在第一次世界大战后他帮助起草了德国的首部共和国宪法。他以预测到自然科学思想在更广泛的文化中传播所产生的去人性化结果而闻名，虽然没有屈服于反科学至上主义。

福利国家(Welfare state)：起初是介于资本主义和社会主义之间的"第三条路"，哲学上源于穆勒版的功利主义，这里缩小边际效用的原则被有效地用来重新分配收入，从而保证与最小的不公平相容的最大自由。然而，具体的福利国家开始时是俾斯麦权力政治的一部分，被用来阻止德国工人接触更受马克思启发的革命社会主义形式。在20世纪的第三个四分之一世纪里达到鼎盛时期，随后逐渐衰落，反映了国家的财政负担和意识形态突出特点的丢失。

爱德华·韦斯特马克(Edward Westermark)：伦敦经济学院首位人类学家。韦斯特马克将文化相对主义普遍化，从而使得它与进化适应主义达成连续性，其著作似乎符合标准社会科学模式的讽刺描述。因此，他预测到了当今后现代主义与新达尔文合成论的融合。

参考文献

Adorno, T. and Horkheimer, M. (1972) *The Dialectic of Enlightenment*. (orig. 1943). New York: Continuum.

Ainslie, G. (2001) *Breakdown of Will*. Cambridge: Cambridge University Press.

Albury, R. (1993) 'Ideas of life and death', in W.F. Bynum and R. Porter (eds), *Companion Encyclopedia of the History of Medicine*. London: Routledge. Chapter 13.

Allen, G. (1998) 'Modern biological determinism', in M. Fortun and E. Mendelsohn (eds), *The Practices of Human Genetics*. Dordrecht: Kluwer.

Amin, S. (1991) 'The ancient world-system versus the modern capitalist world-system', *Review*, 14: 349—86.

Anderson, B. (1983) *Imagined Communities*. London: Verso.

Appignanesi, L. and Forrester, J. (2000) *Freud's Women*. 2nd edn (orig. 1992). Harmondsworth, UK: Penguin.

Archer, M. and Tritter, J. (eds) (2000) *Rational Choice Theory: Resisting Colonization*. London: Routledge.

Armstrong, K. (2000) *The Battle for God: Fundamentalism in Judaism, Christianity and Islam*. London: HarperCollins.

Atran, S. (2002) *In Gods We Trust*. Oxford: Oxford University Press.

Baehr, P. (1998) *Caesar and the Fading of the Roman World: A Study in Republicanism and Caesarism*. New Brunswick, NJ: Transaction.

Baehr, P. (2002a) *Founders, Classics, and Canons: Modern Disputes over the Origins and Appraisals of Sociology's Heritage*. New Brunswick, NJ: Transaction.

Baehr, P. (2002b) 'Identifying the unprecedented: Hannah Arendt, totalitarianism and the critique of sociology', *American Sociological Review*, 67:804—32.

Barkow, J., Cosmides, L. and Tooby, J. (eds) (1992) *The Adapted Mind: Evolutionary Psychology and the Generation of Culture*. Oxford: Oxford University Press.

Barnes, C. and Mercer, G. (2003) *Disability*. Cambridge: Polity Press.

Barron, C. (ed.) (2003) 'A strong distinction between humans and non-humans is no longer required for research purposes: a debate between Bruno Latour and Steve Fuller', *History of the Human Sciences*, 16: 77—100.

Bauman, Z. (1989) *Modernity and the Holocaust*. Cambridge, UK: Polity Press.

Beck, U. (1992) *The Risk Society*. London: Sage.

Berger, P. and Luckmann, P. (1967) *The Social Construction of Reality*. Garden City, NY: Doubleday.

Berman, H. (1983) *Law and Revolution*. Cambridge, MA: Harvard University Press.

Bernal, M. (1987) *Black Athena*. New Brunswick, NJ: Rutgers University Press.

Bhaskar, R. (1979) *The Possibility of Naturalism*. Brighton: Harvester.

Blackmore, S. (1998) *The Meme Machine*. Oxford: Oxford University Press.

Bloor, D. (1979) 'Polyhedra and the abominations of Leviticus', *British Journal for the History of Science*, 13: 254—72.

Boas, F. (1921) *Ethnology of the Kwakiutl*. Report 35. Washington, DC: Smithsonian Institution, Bureau of Ethnology.

Botwinick, A. (1990) *Skepticism and Political Participation*. Philadelphia: Temple University Press.

Brandon, R. and Burian, R. (eds) (1984) *Genes, Organisms and Populations*. Cambridge, MA: MIT Press.

Brockman, J. (1995) *The Third Culture*. New York: Simon and Schuster.

Brooke, J.H. (1991) *Science and Religion*. Cambridge, UK: Cambridge University Press.

Brown, D.E. (1988) *Hierarchy, History and Human Nature: The Social Origins of Historical Consciousness*. Tucson: University of Arizona Press.

Brown, M.F. (2003) *Who Owns Native Culture?* Cambridge, MA: Harvard University Press.

Browning, C. (2003) *The Origins of the Final Solution*. London: Heinemann.

Buruma, I. and Margalit, A. (2004) *Occidentalism: A Short History of Anti-Westernism*. London: Grove Atlantic.

Butler, J. (1990) *Gender Trouble*. London: Routledge.

Byrne, R. and Whiten, A. (eds) (1987) *Machiavellian Intelligence*. Oxford: Oxford University Press.

Canguilhem, G. (1989) *The Normal and the Pathological*. Cambridge, MA: MIT Press.

Cassirer, E. (1923) *Substance and Function*. (orig. 1910). La Salle, IL: Open Court.

Castells, M. (1998) *The Power of Identity*. Oxford: Blackwell.

Cavalli-Sforza, L. (2000) *Genes, Peoples, and Languages*. New York: Farrar, Straus and Giroux.

Ceccarelli, L. (2001) *Shaping Science with Rhetoric: The Cases of Dobzhansky, Schrödinger, and Wilson*. Chicago: University of Chicago Press.

Charry, E.Z. (1987) 'A Step toward ecumenical Esperanto', in L. Swidler (ed.), *Toward a Universal Theology of Religion*. Maryknoll, NY: Orbis.

Clarke, J.J. (1997) *Oriental Enlightenment*. London: Routledge.

Cole, M. (1996) *Cultural Psychology*. Cambridge, MA: Harvard University Press.

Collini, S. (1979) *Liberalism and Sociology: L.T. Hobhouse and Political Argument in England 1880—1914*. Cambridge, UK: Cambridge University Press.

Collins, R. (1998) *The Sociology of Philosophies*. Cambridge, MA: Harvard University Press.

Commoner, B. (1963) *Science and Survival*. New York: Viking.

Commoner, B. (1971) *The Closing Circle: Nature, Man, and Technology*. New York: Alfred Knopf.

Conant, J.B. (1959) *The American High School Today*. New York: McGraw Hill.

Connolly, K. (2002) 'German animals given legal rights', *Guardian* (London), 22 June.

Cornwell, J. (2003) *Hitler's Scientists*. New York: Viking.

Crist, E. (1999) *Images of Animals*. Philadelphia: Temple University Press.

Croskery, P. (1989) 'The intellectual property literature: a structured approach', in V. Weil and J. Snapper (eds), *Owning Scientific and Technical Information*. New Brunswick, NJ: Rutgers University Press. pp. 268—81.

Cuddihy, J.M. (1974) *The Ordeal of Civility: Freud, Marx, Levi-Strauss and the Jewish Struggle with Modernity*. New York: Basic Books.

Dahrendorf, R. (1995) *LSE: A History of the London School of Economics 1895—1995*. Oxford: Oxford University Press.

Dasgupta, P. and David, P. (1994) 'Toward a new economics of science', *Research Policy*, 23: 487—521.

Dawkins, R. (1976) *The Selfish Gene*. Oxford: Oxford University Press.

Dawkins, R. (1982) *The Extended Phenotype*. Oxford: Oxford University Press.

Dawkins, R. (2001) 'The word made flesh', *Guardian* (London), 27 December.

Degler, C. (1991) *In Search of Human Nature*. Oxford: Oxford University Press.

Deleuze, G. (1994) *Difference and Repetition*. (orig. 1968). New York: Columbia University Press.

Descombes, V. (1980) *Contemporary French Philosophy*. Cambridge, UK: Cambridge University Press.

Deutsch, K., Markovits, A. and Platt, J. (eds) (1986) *Advances in the Social Sciences, 1900—1980*. Lanham, MD: University Press of America.

Dickens, P. (2000) *Social Darwinism*. Milton Keynes: Open Unversity Press.

Dobzhansky, T. (1967) *The Biology of Ultimate Concern*. New York: New American Library.

Dupré, J. (1993) *The Disorder of Things*. Cambridge, MA: Harvard University Press.

Dworkin, R. (2000) *Sqvereign Virtue: The Theory and Practice of Equality*. Cambridge, MA: Harvard University Press.

Ebenstein, A. (2001) *Friedrich Hayek: A Biography*. Chicago: University of Chicago Press.

Ehrlich, P. (1968) *The Population Bomb*. New York: Buccaneer.

Eldredge, Niles (1998) *Life in the Balance: Humanity and the Biodiversity Crisis*. Princeton: Princeton University Press.

Elster, J. (1979) *Logic and Society*. Chichester, UK: John Wiley and Sons.

Elster, J. (1983) *Sour Grapes*. Cambridge: Cambridge University Press.

Elster, J. (1999) *Alchemies of the Mind*. Cambridge, UK: Cambridge University Press.

Evans, G. (2003) *A Brief History of Heresy*. Oxford: Blackwell.

Finkelstein, N. (2000) *The Holocaust Industry*. London: Verso.

Fleishacker, S. (2004) *A Short History of Distributive Justice*. Cambridge: Harvard University Press.

Fodor, J. (1981) *Representations*. Cambridge, MA: MIT Press.

Fodor, J. (1983) *The Modularity of Mind*. Cambridge, MA: MIT Press.

Ford, K., Glymour, C. and Hayes, P. (ed.) (1995) *Android Epistemology*. Cambridge, MA: MIT Press.

Foucault, M. (1970) *The Order of Things*. New York: Random House.

Foucault, M. (1975) *The Archaeology of Knowledge*. New York: Harper and Row.

Franklin, A. (1999) *Animals and Modern Cultures: A Sociology of Human-Animal Relations in Modernity*. London: Sage.

Fraser, N. (1997) *Justice Interruptus: Critical Reflections on the 'Postsocialist' Condition*. London: Routledge.

Fuchs, S. (2000) *Against Essentialism*. Cambridge, MA: Harvard University Press.

Fukuyama, F. (1992) *The End of History and the Last Man*. New York: Free Press.

Fuller, S. (1985) 'Bounded Rationality in Law and Science' Ph.D. dissertation, University of Pittsburgh.

Fuller, S. (1988) *Social Epistemology*. Bloomington: Indiana University Press.

Fuller, S. (1993) *Philosophy of Science and Its Discontents*, 2nd edn (orig. 1989). New York: Guilford Press.

Fuller, S. (1995) 'Review of Anthony Giddens, "Beyond Left and Right"', *Sociology*, May.

Fuller, S. (1996) 'Recent work in social epistemology', *American Philosophical Quarterly*, 33: 149—66.

Fuller, S. (1997) *Science*. Milton Keynes, UK: Open University Press.

Fuller, S. (1998a) 'Divining the future of social theory', *European Journal of Social Theory*, 1: 107—26.

Fuller, S. (1998b) 'From content to context: a social epistemology of the structure-agency craze', in A. Sica (ed.), *What Is Social Theory?*, Oxford: Blackwell. pp. 92—177.

Fuller, S. (1999) 'Making the university fit for critical intellectuals: recovering from the ravages of the postmodern condition', *British Educational Research Journal*, 25: 583—95.

Fuller, S. (2000a) *The Governance of Science*. Milton Keynes, UK: Open University Press.

Fuller, S. (2000b) *Thomas Kuhn: A Philosophical History for Our Times*. Chicago: University of Chicago Press.

Fuller, S. (2001a) 'Positivism, history of', In Neil Smelser and Paul Baltes (eds), *The International Encyclopedia of Social and Behavioral Sciences*. Oxford: Pergamon, pp. 11821—27.

Fuller, S. (200lb) 'Looking for sociology after 11 September', *Sociological Research On-Line*, 6, 3, http://www. socresonline.org.uk/6/3/fuller. html.

Fuller, S. (2002a) *Knowledge Management Foundations*. Woburn, MA: Butterworth-Heinemann.

Fuller, S. (2002b) 'Demystifying gnostic scientism', *Rhetoric and Public Affairs*, 5: 718—29.

Fuller, S. (2002c) 'Will sociology find some new concepts before the US finds Osama bin Laden?', *Sociological Research On-Line*, 6, 4. http://www. socresonline.org.uk/ 6/4/fuller. html.

Fuller, S. (2003a) *Kuhn vs. Popper: The Struggle for the Soul of Science*. Cambridge, UK: Iconbooks.

Fuller, S. (2003b) 'In search of vehicles for knowledge governance: on the need for institutions that creatively destroy social capital', in Nico Stehr (ed.), *The Governance of Knowledge*. New Brunswick: Transaction. Chapter 3.

Fuller, S. (2004) 'Intellectuals: an endangered species in the 21 st century?', *Economy and Society*, 33: 463—83.

Fuller, S. (2005) *The Intellectual*. Cambridge, UK: Iconbooks.

Fuller, S. and Collier, J. (2004) *Philosophy, Rhetoric, and the End of Knowledge: A New Beginning for Science and Technology Studies*. 2nd edn (orig. 1993). Mahwah, NJ: Lawrence Erlbaum Associates.

Galbraith, J.K. (1967) *The New Industrial State*. Boston: Houghton Mifflin.

Gane, M. (1988) *On Durkheim's Rules of the Sociological Method*. London: Routledge.

Gee, H. (2000) *In Search of Deep Time*. London: HarperCollins.

Gellner, E. (1989) *Plough, Sword, and Book*. Chicago: University of Chicago Press.

Geras, N. (1998) *The Contract of Mutual Indifference*. London: Verso.

Gerschenkron, A. (1962) *Economic Backwardness in Historical Perspective*. Cambridge: Harvard University Press.

Gibbons, M., Limoges, C., Nowotny, H., Schwartzmann, S., Scott, P. and Trow, M. (1994) *The New Production of Knowledge*. London: Sage.

Giddens, A. (1976) *New Rules of the Sociological Method*. London: Hutchinson.

Giddens, A. (1979) *The Central Problems of Social Theory*. London: Macmillan.

Giddens, A. (1990) *The Consequences of Modernity*. Palo Alto: Stanford University Press.

Giddens, A. (1991) *Sociology*. Cambridge, UK: Polity Press.

Giddens, A. (1994) *Beyond Left and Right*. Cambridge: Polity Press.

Glover, J. (1984) *What Sort of People Should there Be? Genetic Engineering, Brain Control and their Impact on Our Future World*. Harmondsworth, UK: Penguin.

Gould, S. J. (1977) *Ontogeny and Phylogeny*. Cambridge, MA: Harvard University Press.

Gould, S.J. (1989) *Wonderful Life: The Burgess Shale and the Nature of History*. New York: W.W. Norton.

Gouldner, A. (1970) *The Coming Crisis in Western Sociology*. New York: Basic Books.

Gouldner, A. (1973) *For Sociology: Renewal and Critique in Sociology Today*. New York: Basic Books.

Granstrand, O. (1999) *The Economics and Management of Intellectual Property*.

Cheltenham, UK: Edward Elgar.

Gray, J. (2002) *Straw Dogs: Thoughts on Humans and Other Animals*. London: Granta.

Greek, C.R. and J.W. Greek (2002) *Specious Science: How Genetics and Evolution Reveal Why Medical Research on Animals Harms Humans*. New York: Continuum.

Griffiths, P. (1997) 'The human genome diversity project and indigenous peoples', *Newsletter of the Otago Branch of the Royal Society of New Zealand (Inc.)*, May. pp. 1—2.

Grundmann, R. (1991) *Marxism and Ecology*. Oxford: Oxford University Press.

Grundmann, R. and Stehr, N. (2001) 'Why is Werner Sombart not part of the core of classical sociology?', *Journal of Classical Sociology*, 1: 257—87.

Gutiérrez, G. (1990) *The Truth Shall Make You Free*. Maryknoll, NY: Orbis.

Hacohen, M. (2000) *Karl Popper, The Formative Years 1902 — 1945*. Cambridge, UK: Cambridge University Press.

Hall, J.R. (1999) *Cultures of Inquiry: From Epistemology to Discourse in Sociohistorical Research*. Cambridge, UK: Cambridge University Press.

Halsey, A.H. (2004) *A History of Sociology in Britain*. Oxford: Oxford University Press.

Hammond, K. and Stewart, T. (eds) (2001) *The Essential Brunswik*. Oxford: Oxford University Press.

Haraway, D. (1990) *Simians, Cyborgs, and Women*. London: Free Association Books.

Hardin, G. (1959) *Nature and Man's Fate*. New York: New American Library.

Hardin, G. (1968) 'The tragedy of the commons', *Science*, 162:1243—8.

Hardt, M. and Negri, A. (2000) *Empire*. Cambridge, MA: Harvard University Press.

Harré, R. (1984) *Social Being*. Oxford: Blackwell.

Harris, M. (1968) *The Rise of Anthropological Theory*. New York: Thomas Crowell.

Hayek, F. (1948) *Individualism and Economic Order*. Chicago: University of Chicago Press.

Hayles, K. (1999) *How We Became Posthuman*. Chicago: University of Chicago Press.

Henley, J. (2002) 'France limits the right of those born disabled to sue doctors', *Guardian* (London), 11 January.

Herf, J. (1984) *Reactionary Modernism*. Cambridge, UK: Cambridge University Press.

Herrnstein, R. and Murray, C. (1994) *The Bell Curve: Intelligence and Class Structure in American Life*. New York: Free Press.

Hildebrandt, M. (2004) 'Privacy and identity', in E. Claes, A. Duff, S. Gutwirth (eds), *Privacy and Criminal Law*. Antwerp: Intersentia.

Hirsch, F. (1976) *Social Limits to Growth*. London: Routledge and Kegan Paul.

Hirst, P.Q. (1975) *Durkheim, Bernard, and Epistemology*. London: Routledge and Kegan Paul.

Hoffman, A. (1997) *From Heresy to Dogma: An Institutional History of Corporate Environmentalism*. San Francisco: Lexington Books.

Hofstadter, R. (1955) *Social Darwinism in American Thought, 1860—1915*. Boston: Beacon Press.

Horgan, J. (1996) *The End of Science*. Lexington MA: Addison-Wesley.

Horowitz, D. (2004) *Unholy Alliance: Islamic Fundamentalism and the American Left*. Chicago: Regnery.

Howe, H. and Lyne, J. (1992) 'Gene talk', *Social Epistemology*, 6: 109—63. http://www. edge. org.

Huntington, S. (1996) *The Clash of Civilizations and the Remaking of World Order*. New York: Simon and Schuster.

Huxley, T.H. (1893) 'Evolution and ethics', (The Romanes Lecture). http://aleph0. clarku.edu/huxley/CE9/E-E.html.

Ingold, T. (1994) 'Humanity and animality', in T. Ingold, (ed.), *Companion Encyclopedia of Anthropology*. London: Routledge. Chapter 2.

Iqbal, M. (1964) *Thoughts and Reflections of Iqbal*, ed. S. Vahid. Lahore, Pakistan: Ashraf.

Jacques, R. (1996) *Manufacturing the Employee*. London: Sage.

Jevons, W.S. (2001) 'Of economy of fuel', *Organization and Environment*, 14:

99—104. (orig. 1865).

Kay, L. (2000) *Who Wrote the Book of Life? A History of the Genetic Code*. Cambridge, MA: MIT Press.

Keegan, J. (1999) 'How Hitler could have won the war', in R. Cowley (ed.), *What If?* London: Macmillan. pp. 295—305.

Kent, R. (1981) *A History of British Empirical Sociology*. Aldershot, UK: Gower.

King, D. (1999) *In the Name of Liberalism: Illiberal Social Policy in the United States and Britain*. Oxford: Oxford University Press.

Kitchener, R. (1986) *Piaget's Theory of Knowledge*. New Haven: Yale University Press.

Kitcher, P. (2001) *Science, Truth, and Democracy*. Oxford: Oxford University Press.

Knorr-Cetina, K. (1999) *Epistemic Cultures*. Cambridge, MA: Harvard University Press.

Knorr-Cetina, K. and Bruegger, U. (2002) 'Traders' engagement with markets: a postsocial relationship', *Theory, Culture and Society*, 19 (5/6): 161—85.

Koegler, H. and Stueber, K. (eds) (2000) *Empathy and Agency: The Problem of Understanding in the Human Sciences*. Boulder: Westview Press.

Kuhn, T.S. (1970) *The Structure of Scientific Revolutions*. 2nd edn (orig. 1962). Chicago: University of Chicago Press.

La Follette, H. and Shanks, N. (1997) *Brute Science: Dilemmas of Animal Experimentation*. London: Routledge.

Lasch, C. (1995) *The Revolt of the Elites and the Betrayal of Democracy*. New York: Norton.

Latour, B. (1993) *We Have Never Been Modern*. Cambridge, MA: Harvard University Press.

Latour, B. (1996) *Aramis, or the Love of Technology*. Cambridge, MA: Harvard University Press.

Latour, B. (2000) 'E-mail Exchanges', in S. Strum and L.M. Fedigan (eds), *Primate Encounters: Models of Science, Gender and Society*. Chicago: University of Chicago Press. pp. 312—15.

Latour, B. (2002) *War of the Worlds: How about Peace?* Chicago: Prickly Paradigm Press.

Latour, B. (2004) *The Politics of Nature*. Cambridge, MA: Harvard University Press.

Laudan, L. (1981) *Science and Hypothesis*. Dordrecht: Kluwer.

Lawler, S. (2005) 'Rules of engagement: habitus, power and resistance', in L. Adkins and B. Skeggs (eds), *Feminism after Bourdieu*. Oxford: Blackwell.

Lepenies, W. (1988) *Between Literature and Science*. Cambridge: Cambridge University Press.

Lessig, L. (2001) *The Future of Ideas: The Fate of the Commons in a Connected World*. New York: Random House.

Levine, D.N. (1995) *Visions of the Sociological Tradition*. Chicago: University of Chicago Press.

Lewontin, R. (1972) 'The apportionment of human diversity', *Evolutionary Biology* 6: 381—98.

Lewontin, R. (1993) *Biology as Ideology*. New York: HarperCollins.

Lilla, M. (2001) *The Reckless Mind: Intellectuals in Politics*. New York: New York Review of Books.

Livingstone, D. (1984) *Darwin's Forgotten Defenders: The Encounter between Evangelical Theology and Evolutionary Thought*. Grand Rapids: William Eerdmans.

Lomborg, B. (2001) *The Sceptical Environmentalist*. Cambridge, UK: Cambridge University Press.

Lorenz, K. (1977 [1963]) *On Aggression*. New York: Bantam.

Lukes, S. (1996) *The Curious Enlightenment of Professor Caritat: A Comedy of Ideas*. London: Verso.

Lyotard, J.-F. (1983) *The Postmodern Condition*. (orig. 1979). Minneapolis: University of Minnesota Press.

Maclntyre, A. (1994) *Marxism and Christianity*. 2nd edn (orig. 1968). London: Duckworth.

MacIntyre, A. (1999) *Dependent Rational Animals*. London: Duckworth.

Mandelbaum, M. (1987) *Purpose and Necessity in Social Theory*. Baltimore:

Johns Hopkins University Press.

Martin, D. (1978) *A General Theory of Secularisation*. Oxford: Blackwell.

März, E. (1991) *Joseph Schumpeter: Scholar, Teacher and Politician*. New Haven: Yale University Press.

Mauss, M. (1954) *The Gift: Forms and Functions of Exchange in Archaic Societies*. London: Cohen and West.

McNamara, R. (1973) *One Hundred Countries, Two Billion People*. New York: Praeger.

Meek, J. (2002) 'Cancer gene tests "will destroy private health"', *Guardian* (London), 5 August.

Merton, R.K. (1977) *The Sociology of Science*. Chicago: University of Chicago Press.

Merz, J.T. (1904) *A History of European Thought in the Nineteenth Century*, Vol. 2 London: Blackwood and Sons.

Milbank, J. (1990) *Theology and Social Theory: Beyond Secular Reason*. Oxford: Blackwell.

Montagu, A. (1945) *Man's Most Dangerous Myth: The Concept of Race*. New York: Columbia University Press.

Murray, C. (2003) *Human Accomplishment*. New York: HarperCollins.

Mykitiuk, R. (2003) 'Public bodies, private parts: genetics in a post-Keynesian Era' in B. Cossman and J. Fudge (eds), *Privatization, Law and the Challenge to Feminism*. Toronto: University of Toronto Press.

Nanda, M. (2003) *Prophets Facing Backward: Critiques of Science and the Making of Hindu Nationalism in India*. New Brunswick, NJ: Rutgers University Press.

Neese, R.M. and Williams, G.C. (1995) *Evolution and Healing*. London: Weidenfeld and Nicolson.

Neumann, F. (1944) *Behemoth: The Structure and Practice of National Socialism: 1933—1944*. Oxford: Oxford University Press.

Novick, P. (1999) *The Holocaust in American Life*. New York: Basic Books.

Nowotny, H., Scott, P. and Gibbons, M. (2000) *Re-thinking Science*. Oxford: Polity.

Nussbaum, M. (2001) 'Disabled lives: who Cares?', *The New York Review of Books*, 11 January.

Offer, J. (1999) 'Spencer's future of welfare: a vision eclipsed', *Sociological Review*, 47: 136—62.

Packard, V. (1957) *Hidden Persuaders*. New York: Pocket Books.

Parsons, T. (1937) *The Structure of Social Action*. New York: Harper and Row.

Parsons, T. (1951) *The Social System*. New York: Basic Books.

Passmore, J. (1970) *The Perfectibility of Man*. London: Duckworth.

Patterson, K. (2002) 'The petting order: sociologists look at roles humans assign animals', *Dallas Morning News*, 13 April.

Paul, D. (1998) *The Politics of Heredity*. Albany: SUNY Press.

Peukert, D. (1993) *The Weimar Republic*. Harmondsworth, UK: Penguin.

Pinker, S. (2002) *The Blank Slate: The Modern Denial of Human Nature*. New York: Viking.

Platt, J. (1996) *A History of Sociological Research Methods in America*. Cambridge, UK: Cambridge University Press.

Plender, J. (2001) 'Walking with animals, learning new tricks', *Financial Times* (London), 17/18 March.

Polanyi, K. (1944) *The Great Transformation*. Boston: Beacon Press.

Polanyi, M. (1957) *Personal Knowledge*. Chicago: University of Chicago Press.

Popper, K. (1957) *The Poverty of Historicism*. New York: Harper and Row.

Premack, D. and Premack, A.J. (1994) 'Why animals have neither culture nor history', in T. Ingold (ed.), *Companion Encyclopedia of Anthropology*. London: Routledge. Chapter 13.

Prendergast, C. (1986) 'Alfred Schutz and the Austrian School of Economics', *American Journal of Sociology*, 92: 1—26.

Price, C. (1993) *Time, Discounting, and Value*. Oxford: Blackwell.

Proctor, R. (1988) *Racial Hygiene: Medicine under the Nazis*. Cambridge, MA: Harvard University Press.

Proctor, R. (1991) *Value-Free Science? Purity and Power in Modern Knowledge*. Cambridge, MA: Harvard University Press.

Proctor, R. (1995) *Cancer Wars: How Politics Shapes What We Know and Don't*

Know about Cancer. New York: Basic Books.

Proctor, R. (1999) *The Nazi War on Cancer*. Princeton: Princeton University Press.

Putnam, H. (1975) *Mind, Language and Reality*. Cambridge, UK: Cambridge University Press.

Quth, S. (1990) 'That hidden schizophrenia', in P. Griffiths (ed.), *Christianity through Non-Christian Eyes*. Maryknoll, NY: Orbis.

Rabinbach, A. (1990) *The Human Motor: Energy, Fatigue, and the Origins of Modernity*. New York: Basic Books.

Rabinow, P. (1997) *Essays on the Anthropology of Reason*. Princeton: Princeton University Press.

Radick, G. (2005) 'Other histories, other biologies', in A. O'Hear (ed.), *Philosophy, Biology and Life*. Cambridge, UK: Cambridge University Press.

Rapoport, A. (1994) 'Spatial organization and the built environment', in T. Ingold (ed.), *Companion Encyclopedia of Anthropology*. London: Routledge. pp. 460—502.

Ravetz, J. (1971) *Scientific Knowledge and Its Social Problems*. Oxford: Oxford University Press.

Rawls, J. (1971) *A Theory of Justice*. Cambridge, MA: Harvard University Press.

Rée, J. (1999) *I See a Voice: A Philosophical History of Language, Deafness and the Senses*. London: HarperCollins.

Reisch, G. (2005) *How the Cold War Transformed Philosophy of Science*. Cambridge, UK: Cambridge University Press.

Richards, R. (1987) *Darwin and the Emergence of Evolutionary Theories of Mind and Behavior*. Chicago: University of Chicago Press.

Rifkin, J. (1998) *The Biotech Century*. New York: J.P. Tarcher.

Rifkin, J. (2001) 'This is the age of biology', *Guardian* (London), 28 July.

Rose, H. and Rose, S. (eds) (2000) *Alas Poor Darwin: Arguments against Evolutionary Psychology*. London: Jonathan Cape.

Rose, N. (1999) *Powers of Freedom: Reframing Political Thought*. Cambridge, UK: Cambridge University Press.

Rosenberg, A. (1994) *Instrumental Biology or the Disunity of Science*. Chicago:

University of Chicago Press.

Rostow, W.W. (1960) *The Stages of Economic Growth: A Non-Communist Manifesto*. Cambridge, UK: Cambridge University Press.

Rothschild, E. (2001) *Economic Sentiments: Adam Smith, Condorcet, and the Enlightenment*. Cambridge, MA: Harvard University Press.

Rueschemeyer, D. and van Rossum, R. (1996) 'The "Verein für Sozialpolitik" and the Fabian Society: a study in the sociology of policy-relevant knowledge', in D. Rueschemeyer and T. Skocpol (eds), *States, Social Knowledge and the Origins of Modern Social Policies*. Princeton: Princeton University Press. pp. 117—62.

Runciman, W.G. (1998) *The Social Animal*. London: HarperCollins.

Ruse, M. (1979) *The Darwinian Revolution*. Chicago: University of Chicago Press.

Sachs, J. (2005) *The End of Poverty: How We Can Make It Happen in Our Lifetime*. London: Penguin.

Said, E. (1978) *Orientalism*. New York: Random House.

Santayana, G. (1905) *Reason and Commonsense*. New York: Scribners.

Sardar, Z. (1989) *Explorations in Islamic Science*. London: Mansell.

Scheuerman, W. (1994) *Between the Norm and the Exception*. Cambridge: MIT Press.

Schluchter, W. (2000) 'Psychophysics and Culture', in Stephen Turner (ed.), *The Cambridge Companion to Max Weber*. Cambridge, UK: Cambridge University Press. pp. 59—82.

Schmitt, C. (1996) *The Concept of the Political*. (orig. 1932). Chicago: University of Chicago Press.

Schnaedelbach, H. (1984) *Philosophy in Germany, 1831 — 1933*. Cambridge: Cambridge University Press.

Schumpeter, J. (1934) *The Theory of Economic Development*. Cambridge, MA: Harvard University Press.

Schumpeter, J. (1942) *Capitalism, Socialism, and Democracy*. New York: Harper and Row.

Schutz, A. (1964) 'The well-informed citizen: an essay in the distribution of knowledge', *Collected Papers*, Volume II. (orig. 1932). The Hague: Martinus Nijhoff. pp. 120—34.

Schwartz, J. (1999) 'For sale in Iceland: a nation's genetic code. Deal with research firm highlights conflicting views of progress, privacy and ethics', *The Washington Post*, 12 January.

Schwartzman, P. (1995) 'The population growth debate in the public sphere', *Social Epistemology*, 9: 289—310.

Seabright, P. (2004) *The Company of Strangers: A Natural History of Economic Life*. New Haven, CT: Yale University Press.

Searle, J. (1996) *The Construction of Social Reality*. Harmondsworth, UK: Penguin.

Segerstrale, U. (2000) *Defenders of the Truth*. Oxford: Oxford University Press.

Sell, A. (ed.) (1997) *Mill and Religion: Contemporary Responses to Three Essays on Religion*. Bristol, UK: Thoemmes Press.

Simon, H. (1977) *The Sciences of the Artificial*. Cambridge, MA: MIT Press.

Singer, P. (1975) *Animal Liberation*. New York: Random House.

Singer, P. (1981) *The Expanding Circle: Ethics and Sociobiology*. New York: Farrar, Strauss and Giroux.

Singer, P. (1994) *Rethinking Life and Death*. Melbourne: Text Publishing Company.

Singer, P. (1999a) *A Darwinian Left: Politics, Evolution and Cooperation*. London: Weidenfeld and Nicolson.

Singer, P. (1999b) 'A response', in D. Jamieson (ed.), *Singer and his Critics*. Oxford: Blackwell: pp. 269—335.

Skeggs, B. (1997) *Formations of Class and Gender*. London: Sage.

Skinner, B.E (1971) *Beyond Freedom and Dignity*. New York: Alfred Knopf.

Smith, B. (1994) *Austrian Philosophy: The Legacy of Franz Brentano*. La Salle: Open Court Press.

Sokal, A. and Bricmont, J. (1998) *Intellectual Impostures*. London: Phaidon.

Solomon, R. (1999) 'Peter Singer's expanding circle: compassion and the liberation of ethics', in D. Jamieson (ed.), *Singer and his Critics*. Oxford: Blackwell. pp. 64—85.

Sorokin, P. (1928) *Contemporary Sociological Theories*. New York: Harper and Row.

Stark, R. (2003) *For the Glory of God*. Princeton: Princeton University Press.

Stehr, N. (2001) 'Economy and ecology in an era of knowledge-based economies', *Current Sociology*, 49: 67—90.

Stehr, N. and Weinstein, J. (1999) 'The power of knowledge: race science, race hygiene, and the holocaust', *Social Epistemology*, 13: 3—36.

Steiner, H. (1998) 'Silver spoons and golden genes: talent differentials and distributive justice', in J. Burley (ed.), *The Genetic Revolution and Human Rights*. Oxford: Oxford University Press. pp. 133—50.

Tamas, G.M. (2000) 'On post-fascism', *Boston Review*, 25 (3).

Tetlock, P. and Belkin, A. (eds) (1996) *Counterfactual Thought Experiments in World Politics*. Princeton: Princeton University Press.

Titmuss, R. (1970) *The Gift Relationship: From Human Blood to Social Policy*. London: Allen and Unwin.

Toulmin, S. (2003) *Return to Reason*. Cambridge, MA: Harvard University Press.

Trivers, R. (1971) 'The evolution of reciprocal altruism', *Quarterly Review of Biology* 46: 35—57.

Turner, B.S. (1984) *The Body and Society*. London: Sage.

Urry, J. (2000) *Sociology without Societies*. London: Routledge.

Urry, J. (2002) 'Mobility and Proximity', *Sociology* 36: 255—74.

Veblen, T. (1904) *The Theory of Business Enterprise*. New York: Scribners.

Wagar, W.W. (1967) *The City of Man*. Boston: Houghton Mifflin.

Wallerstein, I. (1996) *Open the Social Sciences*. Cambridge, UK: Cambridge University Press.

Watson, S. (1998) 'The Neurobiology of Sorcery: Deleuze and Guattari's Brain', *Body and Society*, 4 (4): 23—45.

Wernick, A. (2001) *Auguste Comte and the Religion of Humanity*. Cambridge, UK: Cambridge University Press.

Wheen, F. (2004) *How Mumbo-Jumbo Conquered the World: A Short History of Modern Delusions*. London: HarperCollins.

Whiteside, K. (2002) *Divided Natures: French Contributions to Political Ecology*. Cambridge, MA: MIT Press.

Wilson, E.O. (1975) *Sociobiology: The New Synthesis*. Cambridge, MA: Harvard

University Press.

Wilson, E.O. (1978) *On Human Nature*. Cambridge, MA: Harvard University Press.

Wilson, E.O. (1992) *The Diversity of Life*. Cambridge, MA: Harvard University Press.

Wilson, E.O. (1998) *Consilience: The Unity of Knowledge*. New York: Alfred Knopf.

Winch, P. (1958) *The Idea of a Social Science*. London: Routledge and Kegan Paul.

Wise, S. (1999) *Rattling the Cage*. Cambridge, MA: Harvard University Press.

York, R., Rosa, E. and Dietz, T. (2003) 'Footprints on the earth: the environmental consequences of modernity', *American Sociological Review*, 68: 279—300.

Young, R. (1985) *Darwin's Metaphor*. Cambridge, UK: Cambridge University Press.

Zahavi, A. and Zahavi, A. (1997) *The Handicap Principle: A Missing Piece of Darwin's Puzzle*. Oxford: Oxford University Press.